军统内幕

黑暗年代的黑历史

朱小平◎著

金城出版社
GOLD WALL PRESS
中国·北京

图书在版编目（CIP）数据

军统内幕：黑暗年代的黑历史 / 朱小平著.
– 北京 : 金城出版社, 2019.5（2023.11重印）
ISBN 978-7-5155-1842-8

Ⅰ.①军… Ⅱ.①朱… Ⅲ.① 军统局–史料
Ⅳ.①D693.65

中国版本图书馆CIP数据核字（2019）第 058910 号

军统内幕：黑暗年代的黑历史

作　　者	朱小平
责任编辑	李明辉
责任校对	李凯丽
责任印制	李仕杰
开　　本	710 毫米 × 1000 毫米　1/16
印　　张	18
字　　数	238千字
版　　次	2019 年 5 月第 1 版
印　　次	2023 年 11 月第 8 次印刷
印　　刷	鑫艺佳利（天津）印刷有限公司
书　　号	ISBN 978-7-5155-1842-8
定　　价	59.80元

出版发行	**金城出版社** 北京市朝阳区利泽东二路3号　邮编：100102
发 行 部	（010）84254364
编 辑 部	（010）64391966
总 编 室	（010）64228516
网　　址	http: //www.jccb.com.cn
电子邮箱	jinchengchuban@163.com
法律顾问	北京市安理律师事务所 18911105819

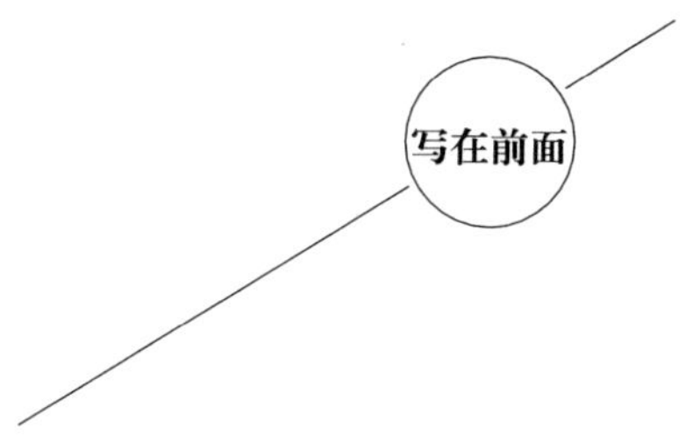

写在前面

意大利历史学家、哲学家贝内德托·克罗齐说过一句充满哲理的名言，“一切真历史都是当代史”，而历史是由史料组成的。史料浩如烟海，历史学家的思想和学识，决定了史料的爬梳、分析、研究、整合，才可以给人们以正确的历史本质和真实，而非不加分析的堆砌。我不是历史学家，但一直对清末至民国的历史兴趣盎然。

比如研究民国史和国民党史，即离不开隐蔽最深的国民党特务组织的历史。国民党的特务组织对于蒋介石国民政府在大陆执政的20多年起到了特殊的作用，因而受到蒋介石的重视，而且在政治、经济、军事、外交、警政等各个领域都发挥了重要的作用；同时，也起到维护专制独裁的“党国”的重大作用。军统毫无疑问在政治层面是蒋介石专制独裁的忠实工具，其本质就是用于维护国民党蒋介石的独裁统治，其性质就是反共反民主，其手段就是集法西斯之大成。国民党政权延续了2000多年封建制度的一些特征，同时延续了唐、明、清等封建王朝直至袁世凯、北洋政府重视特务机构以稳定其统治的做法。其罪恶、残暴的特点更是集封建社会和纳粹德国、美国等特务组织之大成。

因而，研究民国史、国民党史，绕不开其特务组织的历史。国民党的军统、中统特务组织是国民党统治的一个重要组成部分，一部国民党特务组织的历史，就是专制、黑暗、残暴的罪恶史。

20世纪80年代初，我曾写过有关隐蔽战线与军统斗争的电影剧本，开始接触公开出版的有关军统的史料，后来又与军统老人沈醉等相识，并对其进行过采访，还为写沈醉传记进行了积累。后因沈醉女儿沈美娟出版了《我的父亲沈醉》，我才放弃这一题材。1990年，我与友人合著的《蒋氏家族全传》出版，有关军统、中统的章节由我撰写。因为军统早期学习过中共特科(“特务”这一称谓实际上还是中共首先使用的，1927年5月，为应对白色恐怖，中共中央军委成立“特务工作处”，以保卫自身安全并开展特殊的军事行动工作。国民党本身特务组织称之为“调查机构”）和苏联政治保卫的组织方法，后又仿效德国纳粹特工组织，故由此上溯，也研究了有关“契卡”(肃清反革命和怠工特别委员会，后改为国家政治保卫总局)、“格鲁乌”(苏军总参情报局)、德国“盖世太保”（帝国保安处）及党卫军的史实。复兴社和军统确曾向上述机构学习过，康泽还仿效党卫军建立了“别动队”，军统的交警总队确有党卫军的痕迹。近年不断发现的或台湾方面公布的有关史料也在我浏览、研究之列，当然必须加以甄别。

军统与“契卡”“格鲁乌”“盖世太保”以及美国情报机关是不同的，后三者在国内没有像中共那样有组织的对手。军统在某些方面如电讯侦破技术等还青出于蓝胜于蓝。在与中共较量期间，军统还一直担负着与日寇侵略者的斗争，是上述情报组织所不可比拟的。在这本书中，我不惜篇章突出中共隐蔽战线与军统的较量，这是过去一些有关军统的书籍未谈及或很少反映的。中共的隐蔽战线斗争艺术、中共地下人员坚贞的革命信仰、超强的政治素质，就连军统、中统也不得不恐惧并佩服。

另一方面，军统不仅是一个特工组织，还担负着经济秩序管控的任务，尤其在抗战期间，军统趋于公开化，在缉私、经济管制、交通检查、税务、海关、邮检、航空及对日伪的经济战等方面，全面负责管制，虽然军统参与了抗战，但国民党的独裁统治亦因之得到巩固。本书特辟专章予以介绍，使之可以窥见军统的另一面。另外，对军统在抗战中的锄奸、策反、肃奸及军统渗透军队、警政和建立自己的武装部队等方面所起到维护国民党独裁统治的作用，也做了系统的揭露。对从军统到保密局的机构沿革、保密措施乃至称谓等细节，亦有专章叙述。

同时，针对加入军统、中统的中共叛徒对革命事业的危害，本书有系统叙述，对今天仍有警示作用。这也是以前有关书籍中少见的。

军统作为蒋介石最残暴的反共工具，其罪行必须要秉笔直书。国民党政权的专制独裁、贪污腐化是它的一个典型特征，这也是它失去民心并导致最终失败的重要原因。军统作为国民党政权统治的主要支柱之一，毫无例外受到腐蚀。军统由于有种种特权，从上至下贪污受贿、腐化享乐成风，在某种程度上更甚于国民党政权的其他部门，而并非如军统所标榜的“革命团体”“清白家风”等说辞。过去一些有关军统的书籍多揭露戴笠的腐化享乐，其实军统的中高级领导人甚至一般特务，都普遍存在敛财腐化和钩心斗角，本书辟有专章予以揭露。

对书中所涉及的人物，作者尽量还原历史的真实，既不美化，也不丑化，更没有添枝加叶。对一些所谓“秘闻”，如无信史资证，概不采用。对一些所谓“谜团”，则尽量利用新发现的有关史料加以丰富，如戴笠坠机之谜，直到今天仍悬而未解。我的一些个人心得或可抛砖引玉，供专家和读者参考。

本书不是研究专著，因而力求言简意赅，避免冗长，当然可能会有一些舛误之处。说其是一本民国史普及读物，似乎更恰如其分。

也许，读者掩卷仍然会问及：除了上述，还有何目的？我想引用中共隐蔽战线杰出的创始人周恩来当年对沈醉的一番话说明。

1961 年 2 月 21 日，周恩来在中南海西花厅接见沈醉等特赦人员，希望沈醉“把军统的种种内幕如实地写出来”，将“那些阻碍革命、屠杀革命人士等等见不得人的东西，都揭露出来，让后人知道革命的艰难和反革命的残暴，使大家懂得革命胜利来之不易，是多少人抛头颅、洒热血，前仆后继，艰苦奋斗几十年，牺牲多少人才换来今天的红色江山”。“如实地把这些写出来，这就对后人起了反面教育的作用”。周恩来还再三叮嘱，“写这些东西，一定要真实……不要避讳，知道什么就写什么，过去有些同志为了革命工作的需要，冒着生命危险同你们打交道，那也是值得歌颂的”（沈醉：《军统内幕·前言》）。我写这本小书，可以说基本遵循了周恩来在50多年前的这番话。这些语重心长的话其实并没有过时，似乎也可以成为写作此书的宗旨。据民政部2009年不完全统计，在新民主主义革命28年浴血斗争中，英勇牺牲在战场和刑场的英烈多达2000多万人，仅有176万人记录在各级人民政府编辑的《烈士英名录》中。其中有多少英烈被军统枪杀、暗杀，至今也没有准确的记录。周恩来的“革命胜利来之不易”，是何其沉痛之言！

鲁迅先生说得好：“捣鬼有术，也有效，然而有限。”当年不可一世的军统、中统在俯仰之间，已为陈迹。但是历史绝不能被忘记和淡化，革命前辈的鲜血不能白流。读史可以知兴替，中国的前途必然会更加开放、富强、昌盛、民主，作为中国人也应该知道往昔，珍惜现在，憧憬未来，为中华民族的伟大复兴和实现中国梦贡献自己的力量。

目录 Contents

三、　军统档案

四、　中共与军统的较量

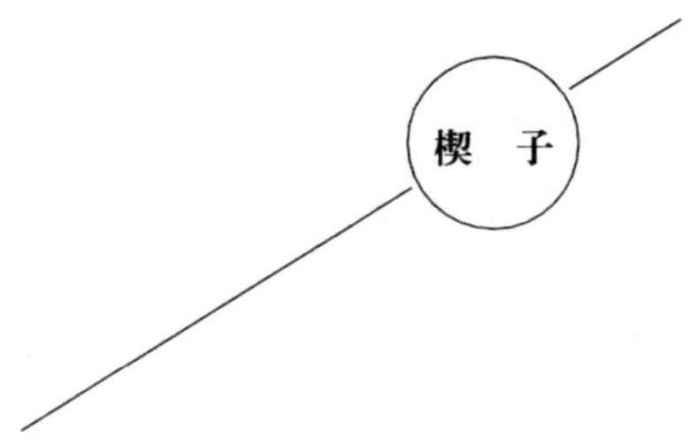

楔 子

中国以往的封建时代，不少皇帝特别重视特务及其机构的作用，例如唐代武则天重用的周兴、来俊臣之流，南宋秦桧的“察事卒”，明代令人谈虎色变的厂卫，清朝雍正皇帝的“粘杆处”等等，史不绝书。袁世凯也有自己的特务组织，一时杀人如麻，屡兴大案。到了民国时期，为了巩固统治和排除异己，蒋介石更加注重建立和强化庞大的特务组织，诸如复兴社及随后的中统、军统等。这些特务组织和他的统治相辅一生，起到了其他手段所不能替代的作用，而且在掌握国家权力前，他就已经开始培植自己的特务小系统。

蒋介石在年轻时就干过暗杀工作，因为他在上海入过青帮，于绑票暗杀之类多有心得。当时震惊朝野的暗杀陶成章一案，就是蒋介石的亲手杰作（国民党官方史料一直讳莫如深，但野史征信却是不可涂改，见徐铸成先生《旧闻杂忆》）。蒋介石主政黄埔军校期间，一直在有意培植特务打小报告，特别是在黄埔学生中，广为发展特务网。例如，后来成为军统特务“三巨头”之一的警察总署署长的唐纵，在黄埔六期学习期间，就经常秘密向蒋介石打“小报告”。不仅同学中他认为有问题的言行或对蒋介石不满的议论，他要向蒋介石汇报；就连教官中他认为有问题的言行，也要向蒋介石汇报。特别是共产党学生和国民党左派学生，更是他格外监视的对象。

唐纵的告密行为很诡秘，很多人一直没有发现，因此有不少共产党学生受到他的暗算。他因之也受到蒋介石的喜欢和信任，这使他以后得以飞黄腾达。唐纵何以这样做，因为他看透了蒋介石的心理。这样的例子可以举出不少，由此可见蒋介石在还没有完全取得和掌握政权时，就已经非常注意特务工作和培养特务骨干了。

一、　国民党的特务组织

第一章　中统前身：从机要科到调查科

1927 年，“四一二”反革命政变后，蒋介石总司令部机要科划归国民党中央组织部，成立调查科，陈立夫出任首任科长。

蒋介石很早就注意建立特务组织，而且特别重视选择特务头目，从来都是将特务组织交给最亲信的人把持。

早在北伐战争时期，蒋介石自任北伐军总司令和黄埔军校校长，于1925年年底，把从美国回到上海的陈立夫召到广州，安排他做了黄埔军校校长办公室机要秘书，从此陈立夫一直参与机密事务。蒋介石总司令部有个机要科，完全是做特务工作的。“四一二”反革命政变后，机要科划归国民党中央组织部，成立了专以特务活动为任务的调查科，陈立夫即出任调查科首任科长。陈果夫、陈立夫控制的国民党中央组织部在许多政府机关成立特别党部，特别党部的党员证均注明“特字第×号”，其中虽有调查科人员，但并非特务组织。当年打入国民党中央党部的地下工作者沈安娜，为掩护身份“特别入党”。所谓“特别”，即由三个国民党中委介绍，手续简单，批准时间快，党证上有“特”字。持此党证者，与中统组织无关，只是在党内被认为是有后台、有来头而已（《中共情报员沈安娜口述实录》，中共党史出版社，2016 年 10 月版）。

在第一次国共合作期间，国民党组织部也有党务调查科，其任务只是收集整理党内的各种档案资料，间或做一般性的社会政治调查，谈不上搞什么特务活动，所以蒋介石认为这个组织起不到他所希望的特殊作用。“四一陈果夫（1892—1951），名祖焘，字果夫。浙江吴兴人。1926年，陈果夫当选为国民党第二届中央监察委员，任中央组织部代部长。1929年，35岁的陈果夫任中央组织部副部长，成立国民党中央政治干部学校。与其弟陈立夫掌管国民党党务机构，至此有“蒋家天下陈家党”的说法。

陈立夫（1900—2001），名祖燕，字立夫，浙江吴兴人。父陈其业。曾历任蒋介石机要秘书、国民党秘书长、教育部部长、立法院副院长等各项要职。陈立夫是中统特务机构的创始人。

二”反革命政变之后，蒋介石担任了国民党中央组织部部长，陈立夫之兄陈果夫担任了副部长、代理部长，陈立夫担任了调查科科长，调查科的性质就完全改变了。

蒋介石规定调查科的任务，是调查国民党党员的思想、派系隶属和搜集共产党及其他异己组织的情报。“四一二”反革命政变之后，在蒋介石的授意下，调查科发挥了非常重要的作用。当时在“清共”浪潮下，国民党的“清共”整党组织和军警机关一时手足无措，是调查科积极配合提供共产党组织状况及党员的情报和名册，致使大批共产党组织遭到破坏，成千上万的共产党员被捕遇难。在这方面，调查科为巩固蒋介石的统治充当了马前卒。据中华人民共和国成立后中央组织部门和政府民政部门统计：1927年“四一二”反革命政变到1932年这一期间，有100万以上共产党员和革命群众被杀害，而其中在调查科直接策划下的牺牲者更不是一个小数目。

蒋介石看到了调查科的重要作用，所以他愈来愈重视这个特务组织，并对它予以特殊的偏爱。蒋介石一贯认为有两个法宝最能维护自己的江山，一是军队，二就是特务组织。从某种意义上来说，蒋介石是靠特务活动和特务组织起家的。

在调查科成立初期，蒋介石还没有一统天下，政权并不稳固，财政状况也相当困难。黄埔军校的某届学员班曾遭到遣散，但对于调查科他却不惜血本，真是要人给人，要钱给钱，从各个方面予以大力支持。

首先，从任命陈立夫任调查科科长就可以看出蒋介石的良苦用心。蒋介石与陈家的关系非同一般，不仅因为陈立夫是浙江人（蒋介石很看重同乡关系），还因为陈立夫的叔父陈其美在民国初年曾任沪军都督，蒋介石是陈其美的老部下；同时蒋介石与陈立夫之兄陈果夫在上海交易所是老搭档。有了这层关系，蒋、陈两家关系极为亲近。陈立夫称呼蒋介石为“蒋三伯伯”。陈立夫在天津北洋大学工学院毕业之后，留学美国匹兹堡大学并获得了硕士学位，其留学费用常常由蒋介石供给。所以陈立夫留学归来，蒋介石立即倚为心腹，并委以重任。蒋介石赞其是“有思想、有抱负，并且笃守儒家风纪的人物”（《读者》2011年第21期20页）。调查科科长虽由陈立夫亲自担任，但任期不长。陈立夫以后高升，替蒋介石看家，担任了国民党中央秘书长、组织部部长、教育部部长等职，但他非常明白蒋介石的意图，对调查科乃至后来的中统局抓得非常之紧，每任领导都必须由他和陈果夫选定，报蒋介石批准。

在蒋、陈的灌输下，调查科不仅是特务组织，也是个政治组织。因为蒋介石一直提倡“一个主义、一个领袖、一个组织”（这是由陈果夫首先提倡而被蒋介石大加赞赏的）。陈立夫更加以极大发挥，他认为：“信仰主义要信仰到迷信的程度，服从领袖要服从到盲从的程度、绝对的程度。”陈立夫是受过大学教育后来又留洋受过所谓美式民主教育的知识分子，却甘心情愿做特务工作，并阐发出一套有浓厚法西斯色彩的政治理论，这不能不使人感到奇怪。其实，不光中统后来的领导人如张道藩、徐恩曾等是留洋的知识分子，军统组织的不少头面人物，也多为表面文质彬彬的书生人物，这是很值得注意的一个现象。也许蒋介石虽然出身青帮，但他也明白喊杀喊打的杀手并不能成大事。

因此，蒋介石把中统交给陈立夫，可以说是颇有用意。而陈立夫一开始就把中统抹上了浓郁的政治色彩。

陈立夫给中统下的定义是：特务组织是国民党最核心的组织，是党的耳目；特务活动是为了保护党、国家、领袖的安全，它与党国的命运息息相关，是神圣的事业；只有最优秀的（国民党）党员才有资格做特务工作，等等。其实核心定义就是维护蒋介石的独裁统治。

起初，调查科的宗旨应该是调查国民党党员或派系的有关情报，但蒋介石一直大声疾呼：只有共产党才是心腹大患，不彻底消灭共产党就会死无葬身之地。这个思想被陈立夫心领神会，因此他一直把消灭共产党组织作为调查科的首要任务。陈立夫受到蒋介石的器重和欣赏还在于：陈立夫并不主张只靠残酷镇压和屠杀的手段（他并不反对使用暴力），他认为这样做并不能彻底根除共产党的存在；他最主张的是破坏共产党的首脑组织和基层组织，从政治上、思想上瓦解共产党，从整体上消灭共产党。这一思想体系成为调查科及后来的中统特务工作的指导方针，并得到蒋介石的重视。

1928 年，蒋介石在人力、物力上都很困难，但还是特准从他亲任校长的中央党务学校毕业生中，挑选了张国栋等 10 个被认为是最忠实可靠效忠“总裁”的人到调查科担任骨干，这 10 人后来成为调查科的高级干部。1930 年，蒋介石再次批准调查科从经过政治警察训练的黄埔六期毕业生中，挑选了王思诚等 20 人；这 20 人被蒋介石认为是忠诚可靠和精明强干的骨干分子，他们加入调查科，的确使调查科如虎添翼，极大地扩充和提高了骨干的质量。同时，蒋介石认为调查科的基本骨干力量还不够，又特别批准调查科可以自行扩充队伍，人员质量差可开办训练班，可在上海、武汉、开封等重要大城市设立特派员，建立秘密侦查机构；并特别指示调查科要与各地宪兵机构建立密切联系。蒋介石在这一时期给调查科和宪兵等机构的首要任务就是“共同一致反对共产党”，同时蒋介石在 1928 年 2 月 2 日国民党二届四中全会开幕词中明确要求不仅要“反对共产党”，而且对于“共产党的理论与方法务要铲除净尽”，“对于共产党的势力须要坚确的决心，根本上来铲除消灭”。

蒋介石在“四一二”反革命政变之后，接受了调查科领导人的建议和献计 (当然还有国民党其他谋士的献策)，在武力围剿的同时，也注意在政治上和制度上进行“围剿”，例如，蒋介石批准颁布的若干法令，其目的都是针对共产党的，如《共产党人自首法》《反省院条例》《危害民国紧急治罪法》《鄂豫皖三省剿匪总司令部施行保甲训令》《剿匪区内各县编查保甲户口条例》等，调查科多参与规划。陈立夫在这一段时间，极力主张不要光靠杀戮，要有新的特务手段。他特别提倡“王道”治人，即对付共产党要“怀柔”，注意从组织上瓦解，所以中统在颁布《反省院条例》之后，经过蒋介石的支持，逐渐将中统的势力渗进了“反省院”系统。本来，“反省院”原属国民党政府的司法院，是受高等法院管辖的。陈立夫等人看到“反省院”是专门对政治犯特别是共产党政治犯进行欺骗诱叛活动的机构，所以一直主张让中统特务系统直接掌握。在得到蒋介石的支持后，从 1932 年始，中统调查科逐渐接管“反省院”的领导位置，控制“反省院”是为了更加有效地消磨共产党人的意志，使其就范或叛变。这尤其使蒋介石感到满意。

但蒋介石真正感到调查科的分量，始于顾顺章案。

第二章　中统发家：顾顺章叛变始末

1931 年，徐恩曾抓获顾顺章，后者叛变，给中共造成极大破坏，调查科受蒋介石宠爱变为调查处，1938 年正式成立中统局。

“顾顺章叛变案”是调查科在成立伊始时所侦办的一件重要案件。

这里，很有必要先介绍一下继任的调查科科长徐恩曾。徐恩曾毕业于上海南洋大学电机科，后又赴美入卡内基工学院学电机专业。他表面颇文质，戴近视眼镜，不爱多讲话，给人的直接印象是一个白面书生。他与陈果夫有亲戚关系，遂经人介绍担任国民党中央组织部总务科科长。因徐恩曾对于文书管理、健全规章制度、编制密电码等方面有一套办法，加上他常以美国联邦调查局为范本，向陈果夫、陈立夫提出改进调查科特务活动的建议，因而颇得陈氏兄弟的欣赏。

陈立夫担任调查科科长这一职时间并不长，不久即由吴大钧和叶秀峰相继担任。1929 年 12 月，徐恩曾暂时代理调查科科长，几个月后正式任职。此后一直干到 1945 年 2 月，历时 15 年，成为蒋介石最得力的鹰犬。过去人们一直以为军统特务组织对中共的威胁最大，其实由于分工不同，中统特务才是共产党最凶恶的敌人。白区遭到破坏的中共地下党组织，主要是中统特务组织干的。据统计，中共中央在上海的领导机构被中统破坏 14 次，被捕党员、干部 24800 多人。其中总书记 3 人（向忠发、陈独秀、瞿秋白），中央委员 40 人，省市委干部 829 人，县级干部 8199 人，一般干部党员 15765 人。1931 年至 1935 年，被中统逮捕叛变的共 276 人，包括总书记恽代英（1895—1931），中国共产党早期青年运动领导人之一，黄埔军校第四期政治教官。原籍江苏武进，生于湖北武昌。中华大学毕业。学生时代积极参加革命活动，是武汉地区五四运动主要领导人之一。1920 年创办利群书社，后又创办共存社，传播新思想、新文化和马克思主义。1921 年加入中国共产党。1923 年任上海大学教授。同年 8 月被选为中国社会主义青年团中央委员、宣传部部长，创办和主编《中国青年》，它培养和影响了整整一代青年。

向忠发，政治局委员卢福坦、徐锡根，政治局候补委员顾顺章，上海中央局书记盛忠亮，上海中央执行局书记李竹声，军委秘书白鑫等。中共著名领导人瞿秋白、罗亦农、彭湃、恽代英等牺牲。白区工作损失近百分之百。中央特科（成立早于军统）无法立足白区，深藏于中统内的高级内线杨登瀛被捕，打入中统任徐恩曾机要秘书的钱壮飞及胡底等因顾顺章案被迫撤离，从此失去高层情报来源。可见中统对中共白区组织的危害之大。中统人员还曾随国民党军队对中央苏区“围剿”，参与抓捕、审讯共产党人，如瞿秋白等就是被中统人员负责劝降、审讯的。

1931 年春，徐恩曾亲自领导指挥，利用共产党叛徒在武昌破坏了中共湖北省委，中共湖北省委书记等悉被杀害。随后，中统又利用叛徒在汉口逮捕了中共地下党组织武汉市委书记尤崇新。尤叛变后，于 1931 年 4 月在汉口江汉关轮渡码头指认了中共政治局候补委员、中共中央保卫组织特科负责人顾顺章。顾顺章被捕后，立即叛变。在此之前，顾顺章生活已很腐化，而且谁的话也听不进。上海中共中央地下党领导人中，只有周恩来还能够批评他。因顾顺章是中央政治局候补委员，知道机密太多，所以他的叛变危害极大。顾顺章曾去苏联专门学习政治保卫工作，后来周恩来发现他有个人野心，追求个人享受，便将他调出特科。这次因中共中央要护送张国焘等人到鄂豫皖根据地，中央指派他到武汉布置秘密行走路线。顾顺章完成任务后却不立即返回上海汇报，竟到处招摇，还独出心裁用化名在汉口新市场演起了魔术，随后被叛徒认出。其实，顾顺章即便不被叛徒指认，也迟早会被调查科特务逮捕。因为在此之前，调查科武汉特派员蔡孟坚（公开职务是行营侦查处副处长）已获得情报，称有中共某重要中央地下人员以耍魔术为名在武汉活动。但是，调查科并不知顾顺章在中共地下党内的具体职务，连叛徒尤崇新指认他时，也只是大喊："就是他！他是上海暴动的总指挥！"因为顾顺章在上海工人三次武装起义时，担任过工人纠察队队长。顾顺章被捕后，特务们才发现，顾顺章早已准备投靠国民党，他在家里已经写好了一封给蒋介石的信，所以顾顺章被捕后马上叛变。他提出必须直接面见蒋介石。顾顺章知道在国民党特务组织中有中共地下党员在要害部门工作，他也明白中共中央特科（下设有"打狗队"，专门处决叛徒，直接归周恩来领导）的威力。据说当时顾顺章虽然叛变，却什么也不肯交代，只要求面见蒋介石，并一再要求不要发电报，以免泄露。

可惜，特务们虽然答应了他的要求，但还是向南京调查科发电报，在获得同意之后，才由一连宪兵及特务押解乘江轮驶往南京。特派员蔡孟坚先乘飞机赶到南京。如果特务们不发电报，而将顾顺章直接用飞机押解南京，那么共产党中央所受的损失恐怕就无法计算了。逃到台湾后的蔡孟坚写过一本回忆录，大发感慨说，如果听了顾顺章的建议，必建奇功，一举破获中共中央组织。

顾顺章临走之前为表示忠诚，将武汉中共的交通机关、鄂西根据地苏维埃政府和红军驻武汉办事处等悉数出卖，甚至在一艘江轮上做工友的地下党员也被指认给了特务。

江轮到达南京后，因不能靠岸，只好派小船将顾顺章接到南京中山路305号徐恩曾的秘密办公室。顾顺章马上说：这是上海地下党在南京的秘密通讯处，请迅速逮捕徐先生（指徐恩曾）身边的机要秘书钱壮飞，钱壮飞是地下党员！徐恩曾如闻惊雷，惊恐万状，马上下令搜捕钱壮飞，但钱壮飞已不知去向。

原来，钱壮飞是奉周恩来之命打进调查科内部的地下党员，其目的就是保卫上海地下党中央，并掌握国民党的内部机密。钱壮飞机敏干练，才华出众，加上又是徐恩曾的同乡，所以愈来愈受重用，一直做到了徐恩曾机要秘书。当时，徐恩曾的好多机密电文、文件、函电均由钱壮飞处理，包括按调查科规定应由徐恩曾亲译的绝密电文也常常因徐恩曾沉湎于酒色，而由钱壮飞代庖处理。尽管调查科早就知道中共中央地下机关就在上海，但由于钱壮飞的保护，在顾顺章叛变之前却一直没有暴露过。

这次顾顺章被捕，由武汉发给徐恩曾亲译的电报，是钱壮飞首先看到的，但因时间万分紧急，他译出电文后，马上奔赴上海直接通知了周恩来。周恩来亲自指挥了两天三夜，使上海所有中央重要办事机关、与顾顺章有过联系的负责人和关系单位才得以全部转移、搬出。等到徐恩曾率特务赶到上海，却晚了一步。尽管徐恩曾三天三夜没有睡觉，但他没想到将中共中央及上海市地下党的机关、组织、负责人一网打尽的计划基本落了空。只有少数来不及转移的机关如赤旗报社、保卫组办公处及个别接头处等受到查抄破坏。周恩来做了详尽布置，但他自己险遭毒手，他常去办公的地下办公地点被中统特务破坏，在特务们赶到时，周恩来刚刚离去10分钟！由于顾顺章领导过中央特科，不少行动组的地下党员（这些行动人员大部分是苏区身经百战的红军战士，后调到上海搞地下保卫行动）被捕，大多数人被杀害，但少数人受顾顺章影响叛变革命，并参加中统成为骨干力量，继续在顾顺章的带领下破坏上海地下党组织。

除此之外，当时中共蒙受的另一大损失就是顾顺章供出了已被国民党关押一年多、即将被保释出狱的恽代英。恽代英曾为黄埔军校政治教官，参加过南昌起义、广州起义，是中央委员、上海党的领导人之一。他只是被敌人认为是嫌疑犯而被捕，中共中央一直在千方百计营救他，他自己一直没有暴露。在即将保释出狱时，顾顺章将恽代英供出。由于恽代英有秘密通道与中共中央联系，以顾顺章在党内的地位，所以知之甚详。他甚至知道恽代英的化名、牢房监号，致使恽代英被查出。这件事是一件大事，所以徐恩曾非常兴奋，直接面报陈氏兄弟并转报蒋介石。因恽代英在中共党内有一定地位和影响，蒋介石下令尽可能诱降。恽代英虽受酷刑并不屈服，蒋介石无可奈何，只好下令予以枪决。

由于顾的叛变，恽代英遇害，上海一些党中央机关被破坏，一些地下党员被捕、被杀，蒋介石将之视为一个很大的胜利。但是钱壮飞逃逸、中共首脑机关转移等重大失误，蒋介石并不知情。时任国民党中央组织部副部长、中统特务头目张道藩就警告知情者："这是党内大事，只能告知立夫先生，切不可径向蒋公报告！"又再三叮嘱"不可多事"。这些重大失误最终被陈立夫压下而没有汇报给蒋介石，反而夸大、吹嘘成果，使蒋介石极其高兴。

蒋介石亲自召见徐恩曾，发给奖金，并大加鼓励。蒋对徐恩曾说，有共无我，有我无共。共产党是心腹大患，必须放手大干。只求确有实效，一切（指人力、钱）不成问题。借此机会，徐恩曾得到了蒋介石的批准和支持，调查科开始扩充编制，开办特工训练班，成立特工总部，在全国各地、各省市、各铁路设立肃反专员和特务室。调查科从此走向了一个新阶段。从刚开始草创时的十几个人、二十几人，发展成以后的约 20 万人。随后在蒋介石的支持下，在调查处基础上成立了国民党中央执委会调查统计局，成为蒋介石最亲近、最得力的特务组织。徐恩曾由此成为中统特务组织的实际领导人，成为蒋介石的亲信，成为危害中国共产党最凶猛的一条鹰犬。

也是从此时起，徐恩曾领教了真正的共产党人的可怕。恽代英烈士就义前毫无惧色，凛然高呼"共产党万岁"，并引吭高唱《国际歌》，给徐恩曾留下了极为深刻、恐惧的印象。此后无论何时，徐恩曾只要提及此事，就会惊恐地说："共产党人的可怕就在于此！"徐恩曾从此领悟了蒋介石总强调共产党是"心腹大患"的深刻含义。

中统特务组织一贯重视中共叛徒，他们认为这是破坏共产党组织的一个极其有效的办法。确实，因叛徒导致中共组织遭到破坏的占很大比重。蒋介石亲自接见过一次顾顺章，但蒋介石本人很瞧不起屈膝投降的叛徒，尽管顾顺章准备了一肚子计划要诉说，蒋介石只是站着和他说了几句话，什么“归向中央很好”“戴罪立功”之类，根本没给顾顺章说一句话的机会。蒋介石以后多次给中统、军统做过很具体的指示：对共产党的叛徒，“只可利用，不可重用”。

顺便提一句，顾顺章的下场并不美妙。他想尽一切办法、绞尽脑汁破坏党的组织，等特务们发现他已无油水可榨之后，就被一脚踢开。特别是发现他想投靠军统戴笠后，徐恩曾便动了杀机。顾顺章之死有不同的说法。一种说法是，因顾顺章想投靠军统，引起徐恩曾的愤怒，在 1935 年指使中统干将顾建中，以开会为名，给顾顺章扣上“不服从命令，企图别树一帜”的罪名，顾建中将顾顺章当场击毙。另一种说法是，中统借口顾顺章图谋不轨，欲行刺国民党权要，由江苏省保安司令部奉命在镇江执行枪决，由时任国民党江苏省秘书长的罗时实监斩。还有一种说法是由中统申报，经蒋介石于 1935 年手谕：“顾顺章既怙恶不悛，着即枪毙可也。”最后一种说法比较可信，因为顾顺章毕竟不是无名鼠辈，私自枪杀，万一蒋介石查询此人，恐怕不好交代。但无论何种说法，顾顺章油水被榨干，再也没有任何作用时，被一脚踢开则是事实。

顾顺章的叛变最终还是给中共带来了恶果。上海中共中央领导机关自此以后再也没有像杨登瀛、钱壮飞在敌人内部时的稳定状况了。那时周恩来从容不迫，在白色恐怖中为苏区办了多期军事、政治干部训练班。可到了 1932—1935 年，中共白区党组织蒙受了以前不曾有过的巨大损失。在上海的中共临时中央和中央局，连年遭到中统的破坏；共青团中央、全国赤色总工会也受到破坏；中共江苏省委，数年间差不多每年要被破坏一两次。中共中央无法在上海立足（当然还有一个原因是执行“左倾”路线），被迫撤出上海。

徐恩曾忠实执行蒋介石的指示，使调查科受到蒋介石的宠爱，从而变为调查处，成立了特工总部，后又正式成立中统局（国民党中央执委会调查统计局）。

凡是有国民党省市党部、铁路公路特别党部的地方，都有中统的调查室或工作区。省市党部除定期拨经费外，无权干涉他们的特务活动。除此之外，社会各个角落都有他们的外围组织和情报人员。由于中统特务组织极端秘密，比军统组织更隐蔽，所以危害更大。中共地下组织因此付出了很高的代价。

抗战前，中共中央委员邓中夏等被捕牺牲于雨花台，即为中统特工总部所为。中共中央负责人之一的瞿秋白被捕后，由中统部门审讯后遭到杀害。20 世纪 30 年代左翼作家如田汉、丁玲、阳翰笙等的被捕，也是中统特务直接经手的。中共浙江省委书记刘英被捕、被害，中共贵州省委书记茅戈被捕，均为中统所为。抗战以后，中共各省的领导机关，一些地区的特委及县委，很多都被中统破坏。徐恩曾自认最得意之作是 1942 年中共南方工委被破坏一案。中统组织秘密打进工委，逮捕了工委负责人廖承志以下多人。因为徐恩曾的这些“成绩”，他多次受到蒋介石的召见与嘉奖。徐恩曾成为蒋的重要亲信，在中统组织领导的位置上干了十五六年。但最终被蒋介石一脚踢开，这其中有何缘故呢？

第三章　徐恩曾失宠内幕

徐恩曾从 1929 年调查科科长到 1945 年被撤职，称霸中统 15 年。

蒋介石用人从来都是本着“人才兼奴才”的原则，对于中统局特工首脑徐恩曾，自以为是培植了一条最忠实的走狗。从干特务工作来说，徐恩曾确实是不枉其才（他留学美国专学电机工程，归国后曾任国民党第一任广播电台台长）。他长期领导中统，捕杀共产党人，为蒋介石及其统治立下了“汗马功劳”，是忠心耿耿的奴才，蒋介石是极为满意的。

但 1945 年，即徐恩曾任中统领导职务的第十五年，蒋介石突然颁下“撤去徐恩曾本兼各职永不录用”的手谕。1 月 30 日手令下发，2 月 1 日上午 9 时即举行交接仪式。徐恩曾最主要的职务中统局副局长（与军统局一样，正局长皆由他人兼却并不管事）丢掉了，其速度之快令人咋舌。

半个月之后，他所兼的交通部次长被免去。1945 年 5 月，他的国民党中央委员一职也落选。对于徐恩曾的去职，当时，一般人均感到莫名其妙。中统局一度人心惶惶，连工作都无法进行。其实原因很简单，他的一些所作所为引起了蒋介石的严重不满。

徐恩曾贪恋女色，本身已有两个老婆，后来又爱上中共叛徒费侠。此人早年留学苏联，后与中统特务组织挂上了钩。徐恩曾如果仅与费侠勾搭倒也罢了，不料爱之弥深，徐恩曾非要与费侠结婚不可。作为主管国民党党务和中统局工作的陈果夫、陈立夫兄弟一致认为不妥，他们怕费侠曾为中共党员，多少会影响徐恩曾，于特务工作不利。他们力劝徐恩曾以事业为重，不要与费侠结婚。不料徐已被费侠的姿色深深迷住，竟向陈氏兄弟表示：即使不能做中统领导人，也要与费侠结百年之好。陈氏兄弟被弄得无可奈何，只好上报蒋介石。蒋也认为这是一个重要问题，召见徐恩曾询问："你驾驭得了她吗？"徐恩曾仍坚持己见并表示毫无问题，蒋介石见他意甚坚决，也只好默允。

这件事徐恩曾拂了蒋介石意愿，因徐恩曾对蒋忠心不二，且反共坚决，又颇具才干，蒋对这件婚姻之事虽有芥蒂，但没有影响对徐恩曾的使用。

真正引起蒋介石不快的是在徐恩曾兼任交通部政务次长之后。1941 年以前，蒋介石一直认为中统开展工作还可以，但后期在反共活动上却远远落后于军统，就是因为徐恩曾不像戴笠，甘心始终如一地以搞特务工作为己任。1941 年徐恩曾经吴铁城推荐被任命（兼任）为交通部次长以后，蒋介石专门予以召见，谆谆叮嘱他：派你担任交通部次长，目的是要你在全国交通方面布置一个完整的调查网（"调查"是国民党专用术语，意即特工侦查）。蒋介石的意图很明显，是让徐恩曾借交通部次长的便利条件，强化中统在铁路、公路、轮船、飞机等各个系统的特务统治。

徐恩曾有些昏了头。他一直想利用中统的势力向上爬。他内心深处一直对做特务工作的阴暗于心不甘，总想担任公开职务。他在担任交通部次长以后，还到处联络、疏通关系，为争取当经济部部长而奔走，致使中统的业务工作漏洞百出。蒋介石早有觉察，他认为徐恩曾不听指挥、不务正业，才导致中统落后于军统。况且，徐恩曾能当上中统负责人，是陈氏兄弟的功劳。本来徐对陈氏兄弟是感恩戴德的。但后来徐恩曾为了向上爬，逐渐疏远陈氏兄弟，投入国民党中央秘书长吴铁城怀抱，并倚靠吴取得交通部次长一职。陈氏兄弟以为，中统得到交通部次长职位，对中统特务工作发展有利，尚隐忍不发。待徐恩曾再欲争夺经济部部长职位时，便引起陈氏兄弟的气愤，因为陈立夫恰好也想争取经济部部长的职位。他们看到徐恩曾的离心倾向后，在蒋介石面前就不再为徐恩曾说话，还推荐他人为徐的继任。

吴铁城（1888—1953），字子增，祖籍广东香山，出生于江西九江。1909年经林森介绍加入中国同盟会。武昌起义爆发后，任九江军政府总参议官。1913年参加二次革命，后随孙中山赴日本，入明治法政大学攻读法律。1914年加入中华革命党。1917年回国任孙中山护国军政府大元帅府参军。1924年9月随孙中山北伐，任大本营参军长。1929年当选为中国国民党中央执委、国民政府立法委员。1932年1月任上海市长兼淞沪警备司令。1937年调任广东省政府主席。1940年任中国国民党中央海外部部长，1941年任中国国民党中央军十七师师长兼广州卫戍司令。1947年任国民政府立法院副院长。1948年调任行政院副院长兼外交部部长。

1943年开始，徐恩曾到处组织写有关经济问题的计划，直接送给蒋介石，希图引起蒋的注意，争取当上经济部部长。但蒋认为徐恩曾并不懂经济，如果按他的计划办，只会“徒生滋乱”。这实际是蒋对徐的轻微警告。不料徐恩曾利令智昏，不思收手，更利用中统职权千方百计找经济部的问题，以打击经济部部长翁文灏，迫使其下台。

有一次，中统特务发现经济部某职员有共产党的嫌疑，徐恩曾得知，如获至宝，马上下令重庆区中统特务到经济部抓人。谁知逮捕行动受到经济部大多数职员抵制，逮捕行动失败。翁文灏十分愤怒，认为不通过部长抓人太不尊重人格，马上到蒋介石那里告了徐恩曾一状。

蒋介石本来已对徐恩曾窥测经济部部长职位、不安心本职工作十分不满，而且中统作为秘密特务机关公开捕人亦不利于蒋的统治形象。蒋介石先下了手令，对徐恩曾大加申斥，警告徐恩曾不得滥加捕人，捕人应由授权相关机关办理，中统局只是党务机关，等等。

确实，徐恩曾下令公开抓人违反了中统的一贯做法，这也可见徐恩曾欲倒经济部部长翁文灏的急迫之心。蒋介石后来犹不解恨，亲自召见徐恩曾，将其大骂一通，勒令他将执行这次任务的中统重庆区区长及具体人员一律撤职，扣押查办。

这件事的风波仅平息一两个月，即1943年冬，一向与中统有矛盾的军统将徐恩曾第二个老婆王素卿在成都放高利贷、做投机生意、逼死人命的不法行为，一股脑密报蒋介石。蒋介石在中统、军统、宪兵等各单位召开的“甲种会报”会议（这是由蒋介石本人主持的军、警、宪、特高级首脑情报会议）上，痛斥徐恩曾“你应该好好管教管教”。蒋一贯对部下不听指挥不务正业和贪污最为不满，这是借徐恩曾老婆的不法行为再次申斥徐恩曾。

1944年4月，在一次“甲种会报”上，蒋介石向特务情报机关负责人询问河北、山东中共敌后抗日根据地及中共抗日武装情况，因徐恩曾精力都用到钻营官位上，事先没有充分准备，一时张口结舌，顾左右而言他。戴笠则精心准备，说得头头是道，蒋介石大发脾气，严责徐恩曾没有集中精力办事。

随后，国民党的一次中央全会开会期间，在国民党中央党部忽然发现一条标语，赫然大书：“总裁独裁，中正不正。”徐恩曾不敢怠慢，马上报告给蒋介石。蒋介石严令徐恩曾必须彻查予以严办。徐恩曾动员了庞大的特务网，费时日久，始终未能破获此案，也无法向蒋介石交代。这引起了蒋介石的愤怒，他又一次严厉斥骂徐恩曾：“在我们的心腹重地，出现这等事，既未能事先加以防止，事后又不能查出究竟，实在有忝职守。”

一波未平，一波又起。蒋介石1944年秋在一次“甲种会报”上再次严厉责问徐恩曾，有人“造谣言，说我与护士同居，破坏我的威信，你为何不对我报告”“《新华日报》天天登载反对我、反对党国的言论，你为何不负责任，听任其发行传播？这充分表现了你的腐败无能”，措辞之严厉真是前所未有。

当时重庆广为流传着蒋与某女如何如何的流言，早已是公开的秘密。徐恩曾认为“没有报告的价值”，主要怕报告了，蒋会恼羞成怒，又要彻查。据说流言都是从蒋的侍从人员中传出来的，徐恩曾觉得多一事不如少一事。对中共的《新华日报》，不惟中统，连军统、三青团等单位一直在拼命破坏，同样不能阻止《新华日报》的发行。曾有这样一个真实的小故事：

某一次军统重庆稽查处处长陶一珊，在戴笠面前夸口，他已有办法让《新华日报》第二天不在重庆露面。他的办法是让军统特务带领流氓打手分别在各要道路口把《新华日报》报童的报纸全部抢光。第二天，报纸果然没有来，陶一珊正打电话向戴笠报功时，报纸却到了——只不过比平常迟到而已……这说明，军统办不到，中统也不可能有更高明的办法阻止报纸的发行。蒋介石只拿徐恩曾加以痛斥责骂，这足以说明问题。徐恩曾此时才有所醒悟，但为时已晚。

其实，蒋介石不仅对徐恩曾当面痛斥，在一些书面文牍中也常常加以训斥。如 1944 年蒋介石的美籍顾问欧文·拉铁摩尔访问解放区，归来后写了报告呈蒋介石阅，内容叙述解放区如何振作，组织如何之好，特务汉奸在此无任何活动缝子可钻等等。蒋介石看得心头火起，批阅给徐恩曾，警告他："如再因循泄沓，尸位素餐，将来死无葬身之地矣。"

还有，蒋介石很重视对汪伪集团的打入、联系工作。徐恩曾是个亡国论者，曾哀鸣："我们拿什么来同日本人打？枪炮不如人，训练不如人，工业更不如人……"与汪精卫的卖国言论如出一辙。所以中统在这方面成绩不如军统。虽然戴笠也反共，但他在抗战问题上却属于黄埔系少壮派主战阵营，对锄奸、联系策反汪伪很卖力气，这一点也导致徐恩曾失宠于蒋介石。

另外，军统、政学系等一直与中统钩心斗角，不时在蒋介石面前打小报告。蒋早已不信任徐，先后安排了邹学峻、顾建中两个副局长牵制，这违反蒋介石在特务系统只委任一个副局长专司其职的做法，可见蒋介石对徐恩曾早已不放心了。加上陈氏兄弟的见弃，徐恩曾的倒台终于不可避免。

最终导致蒋介石对徐恩曾极大厌恶而终下撤职决心的导火索是徐参与中印缅边境交通走私，并放纵她的前妻利用中统特权假借抗战物资运输大发国难财。军统局因一直与中统有矛盾，故戴笠一直千方百计搜集徐的不法行为。之前徐的前妻走私劣迹军统局已呈报给蒋，蒋还曾告诫过徐恩曾，周兴（？—691），雍州长安人，武则天重用的酷吏之一，官至尚书左丞。周兴滥杀无辜竟达数千人，创造多种刑法，用刑残酷。天授二年（691），被人告发谋反，被来俊臣用请君入瓮之计制服，武则天将他流放，途中被仇家所杀。

来俊臣（651—697），雍州万年人。武则天执政时的著名酷吏。因告密获得武则天信任，先后任侍御史、左台御史中丞、司仆少卿，组织数百名无赖专事告密，又设推事院，大兴刑狱，与其党羽朱南山等撰写《罗织经》，制造各种残酷刑具，采取逼供等手段，任意捏造罪状致人死地，大臣、宗室被其枉杀灭族者达数千家。

要他严加管束。这次蒋极为震怒，终下决心。

这个坚决反共 15 年之久的中统特务头目，最终被蒋介石一脚踢开。徐恩曾后来办过“机械农垦公司”“中国打捞公司”，发过投机财，但政治上却很寂寞，除竞选过一次“国大代表”外，闲极无聊时常常在家里放电影、开舞会。不过徐恩曾很聪明，他赋闲后不再钻营复职。因为他深知蒋的性格，如果再去拉关系，很可能会引起蒋的杀心。

他曾有过一番表白，反映了他的内心想法。有一次他对朋友说：“中国历史上最著名的大特务莫过于武则天时的来俊臣、周兴，声名赫赫，但最后都被武则天设计所杀。武则天之所以要杀二人，是因为他们知道的隐私太多了。”徐恩曾感慨不已：“自古大特务都是不得好死的。”他不无辛酸地自慰：“自幸只是被撤职，而没有送命。”确实，与徐恩曾并为枭雄的军统特工巨头戴笠、汪伪 76 号特工总部魁首李士群，前者传说死于军统局北平站站长马汉三策划的飞机爆炸（马汉三后被毛人凤枪决），后者死于日本主子的下毒。与戴、李二人相比，徐恩曾当然要拊掌而庆。因为他在从事职业特务生涯的 15 年中，下令杀害了无数共产党人，诸如恽代英、瞿秋白、毛泽民、陈潭秋等。在残害、缉捕共产党人方面，中统比军统更专业、更凶狠。

1949 年 1 月，作为多年与共产党作对的徐恩曾，已感觉到国民党政权即将崩溃，他忧心忡忡地哀鸣："共产党一定是不会放过我的，一定要向我算账的。"

1949 年 3 月，他与其妻费侠从上海仓皇逃往台湾，开始了他默默无闻的余生。1985 年徐恩曾死于台湾。

第四章　军统前身：复兴社戴笠登台

1932 年 1 月 26 日晚，蒋介石召见戴笠，正式命令由他主持复兴社特务处。

1927 年是风雨飘摇的一年，尤其是 7 月，蒋介石在政治上处于十分困难的境地，各派政治力量的分化结合，每每使蒋介石处于被动地位。

有鉴于此，蒋决心加强在军事上的情报工作，在国民革命军总司令部成立密查组，由戴笠等 10 人为成员。任务是调查异己分子，加强对嫡系及杂牌部队的掌控，掌握反蒋势力的动向。密查组表面上以调查部队军容风纪为掩护。

但时间不长，随着蒋介石的下野，密查组等于无形解散。

1931 年冬，蒋介石受《墨索里尼传》的启发，意图成立一个类似墨索里尼黑衫党或希特勒褐衫军那样的法西斯组织。蒋尤其对墨索里尼和他的黑衫党大感兴趣。墨索里尼本是一个新闻记者、社会党普通党员，依靠资产阶级右翼分子和一部分军人为骨干，成立了法西斯组织黑衫党，并于 1922 年发动“进军罗马”的政变，从而建立起了他的法西斯独裁统治。蒋由此受启发，也想成立类似组织，彻底搞垮政敌，打击异己，维护和巩固他的绝对领袖地位。

1932 年初，蒋介石授意贺衷寒、邓文仪、康泽、戴笠、桂永清、曾扩情、胡宗南、郑介民、滕杰、刘健群、梁干乔、周复、酆悌等十多人筹组“中华民族复兴社”（1938 年复兴社解散，其 10 万成员大多数并入三青黑衫党，意大利国家法西斯党（Partito Nazionale Fascista，简称 PNF），又名棒喝党，是意大利法西斯主义政党，1922 年至 1943 年间意大利的执政党，由本尼托·墨索里尼创建并控制。国民党复兴社即以该党为蓝本创建。

团）。经过反复讨论，复兴社于 3 月初正式成立。机构有各处及书记、中央干事、中央监察等，但蒋介石最重视的是特务处处长，它实际上是复兴社的核心，由此看出蒋介石是想把复兴社的核心搞成一个特务组织。因而，特务处处长的人事安排一直颇费周折，当时有 6 个最佳人选，如邓文仪、康泽、桂永清、郑介民等，戴笠也名列其中，因他资历较浅，多数人不赞成。复兴社成立初的十几位骨干（后称“十三太保”，其实并非 13 个人，也有说还有萧赞育、葛武棨、邱开基等），唯有戴笠是黄埔六期毕业，本来都不够资格参加筹备。

1932 年 4 月 1 日蒋在复兴社内秘密组建核心组织“三民主义力行社”，成员约 300 人，均由蒋介石亲自圈定。刘健群还组织过短期的“宣传总队”（蓝衣社）。复兴社成立后，尽管大力从事盯梢、密告、绑架、监禁、暗杀等特务活动，但还不是纯粹的特务组织。

蒋介石经过反复考虑，于 1932 年 1 月 26 日晚，召见戴笠，正式命令由他主持复兴社特务处。

消息传来，不少人不解，甚至不满。但后来的事实证明，蒋介石确实没有看错戴笠。

蒋介石为什么不用其他人，专门挑选资历浅的戴笠当此重任呢？

戴笠被蒋介石看中，还真不是凭他的资历。他的黄埔六期骑兵科的学历不仅没有毕业，而且按黄埔系的说法，也太靠后了。举个例子，抗战期间，周恩来、林彪路过胡宗南的防区回延安，胡宗南是黄埔一期毕业，周恩来是他的老师，所以他挑了部下 30 多个黄埔三期同学为老师接风，并规定三期以后的不能赴宴。他不请林彪，因为林彪是黄埔四期的，他瞧不起。

戴笠之所以受蒋的器重，主要原因是他的特工才干。戴笠很聪明，小学、中学成绩都很好，曾投笔从戎，也曾浪迹三教九流之间，这对他以后从事特工工作颇有好处。20 世纪 20 年代初他在上海交易所认识了蒋介石、戴季陶、陈果夫、杜月笙等人，加入过青帮，后来回乡组织过民团，依附过王亚樵的部队。他觉得王亚樵只是绿林豪杰，终难成大器，遂投考黄埔，搭上黄埔六期末班车。

在“四一二”反革命政变中，戴笠充当了自觉的密报员角色，先后密报过 20 多名共产党学生，并从此表现出异乎寻常的积极性。对蒋介石信任的国民党黄埔同学，发现有“通共”行为，戴笠也会密报。如“四一二”反革命政变中，周恩来被第一师七团士兵逮捕，关押于上海闸北宝兴里天主教堂临时团部。一向尊敬周恩来的酆悌部下将其偷偷释放，酆悌知道后心中暗喜。戴笠得知此事后，向蒋介石密报，导致蒋介石对酆悌的忠诚产生怀疑，抗战爆发后借口长沙大火事件将酆悌处死。当然，戴笠也密报教官的腐化状况等。可见戴笠的忠诚很早就得到了蒋介石的肯定。

1927 年夏，戴笠参加了密查组。经常越级拦蒋介石的车递送情报，蒋介石刚开始还以为他是沽名钓誉，希图得宠，因为戴笠没有按规定递送情报。后来他发现戴笠一人搜集的情报，比密查组成员搜集情报的总和还要多，而且较有价值，所以逐渐对其产生好感，亲下手谕补授他黄埔六期正式毕业生资格。

后来密查组无形解散，蒋破格提拔戴笠为总司令部上尉联络参谋，专搞军事情报。这期间，戴笠跑遍山东、太原、武汉、济南、保定、平津一带，搜集了有关冯玉祥、李宗仁、阎锡山、张宗昌、孙传芳、张作霖等军阀部队的大量情报，对二次北伐起到了一定作用，因之愈加受蒋介石的器重。

这一时期，戴笠不仅跑路辛苦，还有生命危险，因为一旦被军阀们发现他是特务，其性命必然难保。况且，他资历太浅，往往见不到蒋介石，情报都需要由别人转送。千辛万苦搜集来的情报，不要说及时送到蒋介石手上，就连蒋介石的住所和办公室也进不去。蒋介石身边的黄埔一期、二期、三期的参谋、副官们瞧不起他，连蒋介石身边的警卫、勤务、司机、厨师、佣人等，见到戴笠也常翻白眼，往往见到他的第一句话就是："小瘪三又来了。"

蒋介石的心腹、侍卫长王世和（黄埔一期毕业）更是瞧不上戴笠的出身和鬼蜮勾当，经常对之破口大骂，甚至殴打。戴笠将此视为奇耻大辱，但仍坚持不懈，常常在清晨的寒风中拦蒋介石的车递送情报。这些都给蒋介石留下了极深的印象，后来还因此破格提升戴为少校副官。

1929 年，蒋与冯玉祥、阎锡山、李宗仁等人矛盾激化。在蒋桂战争、中原大战中，戴笠不仅情报出色，还舍生策反过唐生智部下的部队，由此被晋升为中校联络参谋。

中原大战，指 1930 年 5 月至 11 月，蒋介石与阎锡山、冯玉祥、李宗仁等在河南、山东、安徽等省发生的一场新军阀混战，因为这次战争主要在中原地区进行，故称为"中原大战"。战争由汪精卫联合西山会议派和阎锡山、冯玉祥、李宗仁、张发奎发起，最终以蒋介石的胜利告终。中原大战是中国近代史上规模最大、耗时最长的军阀混战。

然而，光凭苦干也不行。如邓文仪是南昌行营调查科科长，这个科是比复兴社成立还要早的特务组织。康泽、桂永清、郑介民等都是黄埔老大哥，论资历、才干、职务都不在戴笠之下。

戴笠主要是沾了浙江籍的光。蒋介石是极重家乡关系的人。他的用人原则是要有才干，而且必须是亲信且忠实可靠。蒋介石的大原则是：凡亲信、故旧、学生皆可重用，但极要害的部门必须是这些人中的浙江籍人掌握。邓文仪、康泽、桂永清、郑介民等都是蒋的亲信学生，都是黄埔系的出色人才，但他们的籍贯都不是浙江人。如果把他们和戴笠的籍贯一比较就一清二楚了：

邓文仪：湖南人，黄埔一期。

桂永清：江西人，黄埔一期。

郑介民：海南人，黄埔二期。

康泽：四川人，黄埔三期。

戴笠：浙江人，黄埔六期（未毕业）。

从中可以看出，戴笠在任何方面都无法与其他人抗衡，只浙江籍这一项占了最大的便宜。很多黄埔系学生认为蒋介石的选择非常出乎意料，其实蒋介石还有更深层的考虑。

蒋介石经过深思熟虑，认定戴笠在黄埔系中资历浅倒是一个好处。正因为他资历浅，难以形成势力，对蒋介石不会构成威胁。也正因为戴笠资历浅，除了效忠蒋介石外，没有别的出路。蒋介石对特务使用的一贯做法是，权力可以很大，但地位、职务、官衔不能太高，只有这样才能防止反客为主，可以随时予以抑制。所以，与其他人相比，只有戴笠是最适合的人选。蒋介石的想法在实践中证明是正确的，戴笠后来确实对蒋介石死心塌地、感恩戴德、忠贞不贰，但直到戴笠死去，蒋介石仍然只给他少将官阶的军统局副局长一职（中统局徐恩曾临撤职前也只是个副局长）。戴笠、徐恩曾的权力大得吓人，但地位、官职始终不高。

另外，蒋介石极重视特务工作，他一直强调：担任这项工作领导职务的人，对特工活动要有非凡的悟性，对领袖的心理要善于揣摩和体念；执行任务要坚决、不讲价、服从指挥、没有杂念，而且还要发挥主动性；不仅要精明强干，还要忠诚、驯服，易于驾驭，更要对异己残酷打击，不能手软，有丰富的社会经验，对三教九流都熟悉。这些品质，蒋介石经过多年考察，认为戴笠体现得最明显。

戴笠在特务处时期，就公开提出口号，“秉承领袖意志；体念领袖苦心；做领袖的耳目；做领袖的手足”，以此为特务处的宗旨。后来又规定为军统局的宗旨，并加以发挥：“长官没有听到、看到、想到的事，我们要为长官听到、看到、想到”，并大字书写在军统局本部的墙壁上。由此可见戴笠将蒋介石对特务工作的要求揣摩得非常透彻。

蒋介石这一选择，使得戴笠开始崭露头角，并使军统超过中统，成为一个异常庞大的为蒋介石统治服务的特工王国。戴笠也大展身手，充分发挥他潜质中的特工才干。其实，就是瞧不起戴笠，想与他竞争的人如邓文仪，也不得不佩服戴笠。他曾感叹说：“我对特工到底是外行，太不行了，要的是希姆莱，只有雨农（戴笠的字）才够格，我只有甘拜下风。”

邓文仪做特务调查科科长时，戴笠还是一个“小瘪三”，以邓的资格发这样的感慨，可见蒋介石并没有选错人。

第五章　中统、军统：从一家亲到死对头

1932年，蒋介石成立军委会调查统计局（军统），陈立夫主持工作。

1938年，蒋介石设国民党中央执委调查统计局（中统），由徐恩曾负责；军委会调查统计局，由戴笠负责。中统、军统正式分家。

戴笠出任复兴社特务处处长以后，工作异常勤奋，对蒋介石非常忠诚，蒋更加着力培养他。特务处是秘密组织，不便公开捕人、杀人。1932年9月，成立军委会调查统计局，简称军统，但此时的军统还不是后来戴笠主管的军统局。该局由陈立夫主持工作，第一处是党务调查处，即后来的中统，由徐恩曾任处长。第二处由戴笠兼任，1934年邓文仪被免职，南昌行营调查科科长一职由戴笠兼任，原调查科内外勤特务全部并入特务处。这是军统的前身，也是由戴笠特务系统开始发家的一个重要台阶。

这一时期，中统、军统是一家，名义上受陈立夫领导，实则各自活动，业务独立。其实在复兴社特务处时期，即规定特务处对蒋介石交办的事情可直接报告蒋，复兴社布置的任务才向社干事汇报。蒋介石出于各种考虑，最终决定将两家彻底分开。

戴笠为军统立下规定：凡加入军统组织，终生不得离开，"活着进来，死了出去"。即便调入国民党其他军政部门，也保留组织关系，并接受军统交予的任务。

1938年3月，蒋介石增设国民党中央执行委员会调查统计局，由徐恩曾负全责。原由陈立夫任局长的军事委员会调查统计局，则全部交由戴笠负责。到此，中统、军统分家。本来蒋介石想直接任命戴笠为局长，但戴笠在国民党内的资历太浅（他甚至一直没有履行入党手续，后来由蒋下手令亲自介绍认可的；也不如徐恩曾，中央委员都不是），在黄埔系的级别也低；蒋介石怕大家不服气，经过考虑，最后只好任命他为副局长，但负全面责任。局长一职由蒋介石侍从室第一处主任兼任，所以后来贺耀祖、钱大钧、林蔚等都兼任过局长，但他们从来不过问军统的任何事情。局长只是在每年4月1日军统成立纪念大会上讲讲话，所以军统局普通特务根本不知道还有什么正局长，只知道“戴老板”。

军统在戴笠的主持下，越发壮大，不仅在业务成绩上超过中统，在人员编制、特务网络上也大大超过中统。军统局本部科室内勤人员有1400多人，加上外勤特务达5万多人，国内各地均设有区、站、组及爆破、破坏、行动总队、大队等。军统局本部有自己的特务武装：特务团；国外很多地方都有军统站、组和通讯点。军统有自己的各种训练班40多个，还有自己的医院（床位达1000张）、印刷厂、图书馆（仅线装书即达10万册）、监狱、汽车队、工厂、招待所及各种公司、银行、局刊物《家风》（贵州军统组织还办过报纸）。军统还有自己的武装——交警总队（即原来的忠义救国军），有20多个交警总队，约20万人，全部美式装备，排级以上军官均由军统人员担任。军统还与美国合作，成立了中美合作所（这也是蒋介石斥责徐恩曾的一个原因，因徐恩曾与英国合作，终始未见成果）。军统还控制了军队，所有战区长官司令部和抗战后的长官公署第二处，都由军统控制，负责监视和破获中共组织，司令长官和公署长官皆无权过问这个处的工作。军队的各级单位都有军统特务担任情报处、调查室、联络参谋、政工干部职务，如集团军设调查室或情报处，军一级设调查室或参谋处第二科，师一级设联络参谋，这些职务都由军统人员担任，负责监视各级将领并防止中共渗透进部队。一些部队的政工人员也由军统特务担任。海、陆、空三军的谍报参谋都由军统控制。全国各警察稽查部门，几乎都是清一色的军统特务。另外，诸如航空检查、交通检查、邮电检查、运输监察、兵工系统稽查、经济缉私、税警武装、肃奸（抗战肃查汉奸）等布满全国各地的检察机关，都由军统领导和控制。包括帮会，按戴笠的计划，最终也要由军统掌控。抗战结束后，本来已筹划就绪，社会上的青帮、洪帮、哥老会、袍哥等黑道帮会，统一组建成“人民行动委员会”，由戴笠出任领导，军统局管理，但由于戴笠坠机而亡，群龙无首，才半途而废。

为了充实军统的图书馆，军统特务们开始横征收暴敛、到处搜刮，不少在邮检系统的军统特务竟然私扣邮寄图书，包括一些珍贵的古籍，由此可见军统特务的蛮横。

军统有自己独立的司法审判系统——军统局司法处，有专职的审判法官，完全不受国民政府司法、法院的管辖和监督。军统还有自己的秘密监狱和看守所。对共产党人、政治嫌疑犯、军统内部违反纪律者，肆意判刑关押，直至判处死刑。戴笠完全凭自己的好恶，甚至连军统的司法程序也不经过，只凭自己的一句话即可将人投入监狱服刑。有影响的政治犯和军统系统内的黄埔毕业生的死刑只会报请蒋介石核准，国民党的司法部门无权过问。

军统不断进行暗杀活动，无论是进步人士或汉奸，每次都在全国引起震动。军统在第二次世界大战期间，曾破译日本的情报，如预告日本将偷袭珍珠港、袭击英国舰队等（美、英未曾重视），奠定了其为世界第一流情报特工组织的位置。戴笠所领导的军统在国际上由此引起了广泛的影响，甚至在美国陆、海军两大特工系统为取得与戴笠的合作权引发了一场激烈的争夺。美国时任总统罗斯福甚至当面向蒋介石提出：他要见一见戴笠这位在中国有影响的神秘人物。英国、泰国、越南等特工组织纷纷上门欲与军统合作。军统已成为当时世界范围内规模最庞大、效率最高、电讯破译技术最发达的情报机构，而那时美国战略情报局（CIA 前身）不过刚刚组建。

后来，对于戴笠及军统的威力和影响，蒋介石也有所顾忌。因为蒋介石的警卫全换上了军统人员，蒋介石对杀手日夜在其身边感到不安。“卧榻之侧，岂容他人酣睡”，所以，蒋后来甚至想抑制戴笠，使军统不再发展和膨胀。

然而，蒋介石不得不承认，他和戴笠的合作已经到了严丝合缝的地步。军统的威力远远超过了中统，蒋介石将很多工作，包括应由中统负责的工作也交给了军统。特别是顶级重要任务，蒋介石首先交戴笠执行，如毛泽东率领中共代表团赴重庆与国民党谈判，蒋介石特别将毛泽东的保卫交军统局执行。甚至蒋介石不让外人所知的“家事”，如冒充蒋介石亲兄的郑某也交军统局秘密关押。有关极重大国家战略性行动亦交予军统，如抗战后蒋介石一度考虑研制原子弹，其前期调查工作即交给戴笠秘密进行，由此可见蒋对戴笠的信任。

第六章　制衡——蒋介石的驾驭之术

蒋介石驾驭手下特务的手段就是让中统和军统狗咬狗。

戴笠逐渐受到蒋介石的重视，徐恩曾便逐渐坐上了冷板凳。蒋介石对于中统、军统开始有厚此薄彼之分。

中统与蒋介石的关系，中间有个陈立夫，徐恩曾刚开始还不能随便见到蒋介石。戴笠则不同，他可以直接面见蒋介石，直接汇报、请示工作，蒋也可以随时面授机宜。

戴笠野心很大，自以为有蒋介石撑腰，对国民党的其他派系一概敢于硬碰，对陈诚、孔祥熙、陈立夫等，他都不放在眼里。对中统，戴笠也一直想挤垮，使其不再是军统的对手。他处心积虑，一直搜集中统的不法材料，尤其将矛头对准徐恩曾。戴笠自 1943 年调整力量，开始倒徐活动，前后不过两年，便把徐恩曾整下台，从此中统一蹶不振。

戴笠在整垮徐恩曾上起了很大作用，但最关键的还是蒋介石把徐恩曾与戴笠相权衡，认为徐已没有什么价值，所以毫不客气地踢开了徐恩曾。

蒋介石驾驭特务头目是很讲手段和技术的，好比养了一群狗的主人，只扔去一根骨头，让狗们乱抢乱咬，从而使狗们不会联合起来对付主人。

后来蒋介石发现徐恩曾对扔出去的骨头不像戴笠那样疯抢疯咬了。

徐恩曾不像戴笠专心搞特务工作，他后来有利用中统去当官的想法。况且他本心并不太情愿搞特工活动，这就犯了蒋介石的大忌。

徐恩曾是一个比较复杂和矛盾的人物。他本身毕业于名牌大学（上海交通大学前身，即上海南洋大学电机系），又喝过洋墨水（自费留学美国卡内基工学院学电机工程）。受到西方民主制度和新科技的教育，他颇为崇拜西方现代文明，也有一些民主意识。对资本主义制度很向往，徐恩曾的办公室内经常堆放英美最新出版的科技书刊，他也在学术刊物上发表过文章。徐恩曾长期从事特工工作，内心却看不起特务职业。一些特务参加中统，往往不安心，徐恩曾每每予以安慰："调查统计这个名词，没有什么不好，但很多人不愿进调查局。将来你们如不愿长期在局内工作，我可代为安排到经济部或交通部、邮政储金局等一些部门。"这很能证明徐恩曾自己也感到干特务没有什么前途，而且很理解别人不愿干特务工作的知耻心情，竟愿意为别人提供帮助，跳出特务组织。这一点违背了蒋介石一贯倡导的以特务工作为荣的做法。

蒋介石不止一次阐述过：干特务的人是最忠实可靠的人才，必要时要以生命来保卫领袖。只要干上这一行，就必须死心塌地，不能三心二意、不务正业。蒋介石并不认为特工行业有什么耻辱，他一直认为特务工作是最重要的反共武器。在这一点上，戴笠就很得他的欢心。

戴笠自认是特工天才，对于特务工作不以为耻，反以为荣，把全部精力都投入特务活动中。他所领导的军统规定军统是铁饭碗，一旦参加军统，每个人都必须把特务工作作为终生职业，而且提倡家属参加军统组织，所以军统内夫妻、兄弟、姐妹、舅甥、连襟甚至母女比比皆是。如军统高级干部沈醉是由他姐夫余乐醒介绍加入军统，他又介绍三个弟弟及亲属参加军统。戴笠曾将军统铁饭碗的规定总结为两句话，叫作"生的进来，死的出去"。戴笠并不是只有铁的规定和纪律，他为了使特务安心工作，不仅待遇优厚、提升较快，还规定特务们在等待分配工作期间也照领薪金，而且连死去特务的家属子弟也养起来。军统特务分"殉国""殉职""殉法"三种待遇，"殉国"指在反共、反异己、抗日中"牺牲"者，"殉职"指在岗位上病故者，"殉法"则是违反纪律被军统组织处决者，其家庭均由军统包下来。这就使军统特务无后顾之忧，也较能安心工作。因此，军统特务们在反共活动中确实比中统卖力，从而能够得到蒋介石的赏识。

再就出身、背景和文化出身来说，徐和戴也不一样。

徐恩曾不仅有大学和留洋两个学历，而且与国民党的元老和要员如张静江、朱家骅、陈氏兄弟等都是浙江吴兴小同乡，且与陈氏兄弟是表亲。戴笠则无学历（高中一年级即被开除，黄埔军校期级低又未毕业）。国民党奉行的是重视学历的用人体制，徐恩曾自然比戴笠感到优越，其内心自然并不满足仅仅永远只当一名职业特务。戴笠除了投靠蒋介石做特务工作，别无他途。而徐恩曾不见得非干特务不可，他可以通过别的途径去做官。

军统是戴笠一手创办的，他白手起家，经过多少艰难才创立基业。军统的每一步发展都有戴笠的心血。他把军统作为自己的家，他就是家长（在对军统的管理中，戴笠也确实以此自居——他是一个大家庭的家长，因此，军统的刊物取名《家风》）。既然是家长，他的言行就是军统"大家庭"所必须遵守的准则，所以他在军统局训练处成立编撰科，专门搜集、记录他的一言一行，在编撰科主办的《家风》《清白》上刊载。这两种刊物是每个特务的必读刊物。他为军统制订的口号除了"秉承领袖意旨，体念领袖苦心""需要即是真理，行动即是理论""今日事，今日毕"等，还有一条他认为是很重要的"团体即家庭，同志如手足"，真实反映出他的"家长"心态。这些口号不仅在刊物上反复刊登，也长期悬挂于军统局大礼堂里，以提醒特务们要服从"家长"，维护"大家庭"。在军统膨胀的"盛世"时代，戴笠经常会回忆创业时的每一步历程，对此他常有温馨之感。因此，他绝不肯离开军统，也不会让别人染指，还会拼死与对头做斗争。为了巩固军统的地位，戴笠会不断想办法扩充实力，因而对于蒋介石交代的任务，他都会不折不扣地执行。这正好符合了蒋介石的心愿。

徐恩曾与戴笠不同，中统组织是陈立夫、叶秀峰等人开创的，他是接班者。由于陈立夫的提携关系，中统一些大事，徐恩曾必须先向陈氏兄弟报告，获得同意后，才能上报蒋介石。蒋介石所交办的事情，有些还要通过陈氏兄弟转达。徐恩曾并不能像戴笠那样，一切可以直接向蒋介石汇报、面见、接受指示，所以徐、蒋之间的关系永远难以亲密。与之相比，戴、蒋之间则越来越亲密、默契，以至于后来蒋介石的一些家事，也开始交军统办理。比如冒充蒋介石“亲兄”案，就是蒋直接交戴笠办的，由此可以看出蒋介石对戴笠的信任程度。

蒋、徐之间的疏远，陈立夫之间的隔层管理，使徐恩曾对于中统并无亲切感，可去可留。徐恩曾甚至策划由他的亲信顾建中主持中统，他去政府部门做官，这自然更为蒋介石所不容。

另一方面，蒋介石越到后来越感觉他与戴笠脾气、性格、气质颇为相近，说话办事极易投机。所谓“心有灵犀一点通”，这是由于两人都曾出身于江湖。戴笠在军统一贯是家长式作风，动辄打骂训斥，甚至关押枪杀，根本不讲任何道理，也毫无体恤怜悯之心。西安事变后，戴笠为推脱责任做给蒋介石看，将部下王新衡关押，王莫名其妙。待放出时，王问戴何故？戴笠拍桌大骂，又将王继续关起来。笔者曾听沈醉生前谈起：某次为一点小事，戴将沈醉等三名少将处长宣布各判两年徒刑，待宣布之后戴忽然想到，三个处的工作无法开展。但他又不肯认错，宣布缓期执行，由三个处里各挑一名科级干部顶替服刑。沈醉曾在日记里大发怨言，认为戴笠的喜怒无常、苛刻严酷简直是登峰造极，让人无法适从。当然，戴笠还有一套笼络手段，处罪之后，只要表现好、工作卖力，还会升官。因为如此，戴笠正好适应蒋介石驾驭特务的那一套办法。蒋介石对政界、军界有资格的人物，表面上很尊重，但对于特务，蒋完全是对家奴式的统治驾驭方法(特务们见蒋介石，他是连坐也不让的。沈醉几次见蒋介石，根本不让坐下)。蒋介石对戴笠一有不合，非骂即打，甚至扇耳光，令其下跪，可以无所顾忌、随心所欲，发泄怒气。戴笠对蒋介石有时也会直言抗争，甚至下跪哭泣，蒋虽表面斥为“无耻”，内心还是感到舒服的。

蒋介石对徐恩曾就不可能这样，起码是不能随心所欲。徐恩曾也不会承受这种家奴式的统治驾驭方法。其实徐恩曾未尝不知道，蒋介石只有对极亲信的人才会行打骂之术，这是他驾驭之术的一种表现手段。黄埔系少壮派军官往往能以换来校长“耳光”为荣。有一次，蒋介石到某地视察，因为小事忽然当众对亲信陈希曾骂斥，还狠狠踢了他一脚。众人或以为耻，但陈希曾却欣欣然。这种家长打孩子的办法，徐恩曾并不太欣赏。

徐恩曾平常对部下与戴笠截然不同。他多少知道尊重特务们的人格，也很少发脾气骂人，尤其对中共叛徒加入中统者，并不侮辱轻视，表面很“谦和”。这与戴笠对加入军统的叛徒“动辄羞辱”形成鲜明对比。又比如徐恩曾对特务训斥，往往讲道理，并不用凶狠打骂的办法。徐恩曾本人好色腐化，部下争相仿效，有一次甚至闹出血案。徐召集开会，特务们以为要被处分，不料徐恩曾只是说：“你们不学我的长处，却光学我的短处！”所以，中统特务们都称赞面孔白皙、温文尔雅、戴着眼镜的徐恩曾为“忠厚长者”。

戴笠则不同，长得浓眉大眼，威风凛凛令人望而生畏，发起脾气更是吓人。很多特务一见“戴老板”就会发抖。戴笠自己什么都可以胡来，好色奢侈，但绝不许部下胡搞。像徐恩曾部下因为女人发生血案，要是碰上戴笠，轻则打骂处分，重了就会被关进监牢。而且戴笠对蒋介石的效忠，是不讲任何条件的。徐恩曾对蒋介石的忠诚，则有场合之分，政治上没有讲价钱的余地，但其他方面则多少保持独立性和人格，不会完全丧失自己的个性，如他娶中共叛徒费侠为妻与蒋抗争就说明了这一点。

因而，蒋介石对徐恩曾就不像对戴笠，不仅不能让其下跪，也不能打，甚至不能用脏话骂人。最多只是训斥，“腐败无能”之类的话可能是蒋介石训斥徐恩曾最重的字眼了。

蒋介石驾驭特务，不仅政治上抓紧，生活上也要管。戴笠与电影明星胡蝶相好，欲要成婚。因宋美龄看不上眼，蒋介石才表达反对意见。戴笠虽然有想法，但表面并不顶撞。而蒋介石干预徐恩曾的婚事，却受到徐的不屈服和反抗。蒋介石认为徐恩曾要娶的费侠，原为中共叛徒，蒋对徐说，“受共产主义毒害很深，且能说会道，你不要看简单了”，且再三质问徐恩曾：“你管得了吗？”徐恩曾在此之前顶过陈氏兄弟，这次也顶了蒋介石，再三坚决表示，宁可不做官，也要娶费侠！这弄得蒋介石无可奈何，也很不愉快。由此蒋介石看出徐恩曾并不是完全可以驾驭的人。他也由此看出，徐恩曾不太适合做特务工作，尤其后来，徐恩曾不安心在中统工作，逐渐离心，开始“猎官”。尽管蒋介石再三交代，徐恩曾仍不肯悬崖勒马，更引起蒋的厌恶。徐恩曾后来当上中央委员，满面春风，踌躇满志。而蒋介石介绍戴笠参加国民党，指名他当中央委员时，戴笠却多次谢绝、谦让，蒋介石很诧异，因为国民党中央委员是很多人梦寐以求的追求。戴笠的解释是：“过去一心追随校长，不怕衣食有缺、前途无望；入党不入党，绝不是学生（戴笠自称）要注意的事，高官厚禄，非我所求。”他还一再向蒋介石阐明：“只要校长信任，就感到莫大的光荣了”“一切唯校长信任是图，‘党’‘官’二字是无所谓的”。这使得蒋介石大为感动，对戴笠愈加信任，也放松了对戴笠的监控。

费侠，字达韫，湖北钟祥人。早年就读于北平贝满高中，参加过学生运动，并赴苏联勤工俭学，在苏联期间加入中国共产党。留学归国后，在上海地下党机关工作。1931年，顾顺章被捕后叛变投敌，费侠也被捕，在顾顺章的说服下，费侠随即叛变。1938年费侠同徐恩曾结为夫妻。

戴藏宜（1915—1951），谱名戴善武，浙江省江山县人，戴笠之子。上海大同大学肄业，当过小学校长。1940年加入军统，曾奉戴笠之命杀害中共党员华春荣。1944年当选为江山县参议员，兼县银行董事长，军统局少将专员、忠义救国军少将参议、江山雨农中学校长。戴笠坠机身死之后，他调任京沪杭铁路警备处处长。1950年被解放军抓捕，次年被枪决。

徐恩曾因为猎官心切，触犯了蒋介石的大忌，因而蒋介石一直没有放松对徐恩曾的注意和警惕，最终促使他下决心换掉徐恩曾，中统也不太为蒋介石所信任了。

蒋介石除认为戴笠政治上可靠外，经济上也较放心。其实戴笠搞钱很有一套，他利用军统走私、贩毒、印假钞（当然还有一个目的是扰乱日伪金融市场）、劫收日伪财产等。但是，戴笠并不完全供自己挥霍，他虽对部下苛刻、严酷，却肯拿出大笔金钱定高工资。有的军统部门人员薪金还高于军衔级别，如军统译电科，少尉军衔者支中尉薪金，以此类推。军统监狱、侦缉队士兵有的按排级待遇。额外津贴、奖金、红包十分优厚，提级晋升也快。军统电讯特工姜毅英因多次侦破日军无线电报，不仅被提拔为台长、加发双薪，还破格由中校晋升为少将译电组组长，成为军统唯一的女少将。他还特别注意关照生活，如军统邮检部门女特务，因工作辛苦，还发维生素丸补助。戴笠卖力气搞伙食，甚至经常抽时间下厨房，检查小特务们的伙食状况，或亲自跑到大食堂与普通特务们一起用餐。这些都吸引特务们不但不愿离开军统组织，反而更拼命工作，以求获得提职加薪、得到更多的津贴和奖金。

戴笠很注意控制特务家属的胡作非为，例如他儿子戴藏宜原来当过县议员，戴笠不久就让他去职回家。抗战期间，他儿子组织自卫武装，戴笠闻讯立即让他解散。戴笠对其子管教很严，动不动就拿皮鞭抽打。这些恰与徐恩曾形成了强烈反差。

徐恩曾因不安心于中统，也就没有戴笠那样的想法：拼命利用条件搞钱养军统。徐自身又很吝啬，处处在经济上算计中统特务们，常以搞“联谊会”名目从所有特务的工资中扣发百分之十；以搞农场、商场为名，中饱私肥。他走到哪里，都让特务掏腰包请客，自己则一毛不拔。这也导致中统内部怨声载道，离心离德；真正能干的人纷纷跳槽。也有很多人愤而向蒋介石、陈氏兄弟告发。另外，徐恩曾对他老婆以他名义搞钱也不限制，直至闹出人命，最终导致蒋介石勃然大怒。

其实，公平来说，徐恩曾的个人生活享受，比起戴笠而言，简直有天壤之别。例如徐的公馆屈指可数，而戴的别墅连他自己也记不清，全国各大城市几乎都有。戴搞女人，不管是谁，部下女工作人员任他践踏，有时还要把人关起来，甚至大特务们的妻子也强行染指。徐则很注意，几乎不在内部系统里乱搞。但徐恩曾的内外名声却比戴笠更臭名远扬。蒋介石很厌恶徐恩曾的劣迹，偏偏从来没有在这方面指责过戴笠。

其实，徐恩曾并非庸人，他工于心计、阴险狠毒并不亚于戴笠。熟知徐的中统特务对徐恩曾十分畏惧，并不认为他是真正的“忠厚长者”。戴笠虽然对部下打骂关押，只要真有才干，将来还会重用。徐恩曾的为人却并非如此，儒雅气质只是表面现象，一言不合，就会带来无穷后患。

因此，徐恩曾失宠于蒋介石，很多方面是因小失大，蒋也觉得徐不如戴好驾驭。其实，蒋介石原先很重视徐恩曾，但戴笠很聪明，不断拼命攻击中统。另外，他也确有很多徐所不及的长处，相比之下，蒋介石最终选择了戴笠来掌握特工王国。原来叱咤中统 15 年之久的徐恩曾终于走向了特务生命的终结而悄然退隐。

在军统由初期到全盛，戴笠逐渐登上舞台，开始导演一幕又一幕的血案。他越来越成为蒋介石得心应手驾驭的特工杀手和反共急先锋。

蒋介石庆幸选得其人，为自己的统治加上了一道十分坚固的保险。

二、　戴笠和他的军统

第七章　军统黑幕·暗杀

戴笠的军统，可以说就是蒋介石御用的暗杀组织，蒋的“异己”几乎都上过军统的黑名单：王亚樵、杨杏佛、吉鸿昌、张学良、叶挺、杨虎城、韩复榘、刘湘……

军统是蒋介石维护独裁统治的一把锋利匕首。

蒋介石不仅利用军统破坏共产党的组织，也利用军统排斥异己，手段无所不用其极，甚至往往动用暗杀手段。

蒋介石眼中的“异己”很多，有国民党内反对他的政治派别、地方军阀、民主人士和民主党派、反蒋人士等。从广义来说，共产党是“异己”，当然也是欲除之而后快的“异己分子”。

蒋介石铲除异己，最得力的工具便是戴笠领导下的军统。陈立夫曾瞧不起戴笠，以为他光靠喊喊杀杀消灭不了共产党。但是，蒋介石却很相信靠暗杀等手段可以解决问题。

20 世纪 20 年代至 30 年代最著名的与蒋介石作对的杀手王亚樵就死于军统之手。

王亚樵早年进行过反对北洋军阀的军事活动。“四一二”反革命政变后，蒋介石本欲重用王亚樵，但王亚樵对蒋介石屠杀共产党人非常不满，公开反对，遂招致蒋介石追捕。王亚樵从此开始了长期的反蒋活动。1931 年 2 月，王亚樵派刺客在南京刺杀蒋介石，因故未遂，又在庐山派杀手射杀蒋介石未中。7 月，王亚樵亲率杀手在上海刺杀宋子文，误中宋子文的秘书，宋侥幸未死。

这几件谋杀案引起蒋介石的极大恐慌。1932 年 4 月 29 日，王亚樵与朝鲜反日志士策划并炸死了在上海虹口公园参加所谓“淞沪战役祝捷大会”的日本侵沪日军总司令白川义则大将，驻沪总领事村井仓松、驻华公使重光葵、日军第九师团长植田谦吉、海军第三舰队司令野村吉三郎等均被重伤。这更给蒋介石以极大震慑（见王亚樵之弟王述樵 1983 年发表的《王亚樵生平活动纪略》）。蒋介石将追捕王亚樵的任务交给出任特务处处长不久的戴笠，并公布悬赏价格 100 万元（当时蒋介石在江西苏区通缉毛泽东、朱德的赏格才 5 万元）。

戴笠为此开始了 6 年的追捕、暗杀王亚樵的生涯。

1931 年至 1933 年，戴笠动员上海所有军、警、宪、特围捕王亚樵，但终于劳而无功。王亚樵于 1933 年 8 月化装易容从上海太古码头乘英国豪华客轮潜离上海。

1935 年 11 月，王亚樵策划利用国民党中央四届六中全会开幕式合影的机会谋杀蒋介石，因蒋未出席仪式，刺客只好刺杀汪精卫，但汪只被击伤，未死。1936 年 3 月，戴笠组织特务亲赴香港捕杀王亚樵。经过追捕，甚至枪战，未捕到王亚樵。

1936 年秋，戴笠亲赴广西继续追捕王亚樵。此时，王亚樵已觉醒，认为中国只有共产党坚决不与蒋介石同流合污。他放弃了以前与国民党内派系和地方军阀的合作，准备投奔共产党。王亚樵请李济深与中共联系，同时派亲信日夜兼程奔赴延安与中共组织取得联系。但由于被身边最亲近的人出卖及自己的疏忽大意，1936 年 10 月 20 日王亚樵被军统杀手杀死于广西梧州。经过激烈枪战和搏斗，王亚樵和他的 4 名警卫同时遇难。

“暗杀大王”死于暗杀，蒋介石终于长吁了一口气。戴笠曾是王亚樵的部下，王对戴笠有恩。但戴笠为了效忠蒋介石，忠实执行了暗杀令。所以蒋介石更加信任戴笠，多次把排除异己的任务交予他。

蒋介石、戴笠的另一个震惊国内的“杰作”就是刺杀杨杏佛。

其实，暗杀杨杏佛才是戴笠出任特务处处长后受蒋介石之命射出的第一颗子弹。暗杀王亚樵的策划虽在杨杏佛之前，但因时间跨度太长，故而中间先暗杀了杨杏佛。

杨杏佛早年参加辛亥革命，曾任孙中山的秘书，死前是国民党中央委员、上海市党部委员、南京国民政府大学院副院长、中央研究院总干事，是老国民党员。他不满蒋介石的倒行逆施，于 1932 年与宋庆龄、蔡元培、鲁迅等人发起成立中国民权保障同盟，任总干事。他因经常揭露蒋介石的专制，到处发表演讲，惹怒了蒋介石，促使蒋动了杀心。

蒋介石召见戴笠，命令他杀一儆百。起初，戴笠拟定的名单上有宋庆龄、蔡元培、鲁迅、胡适等人。但经过分析，戴以为杀宋不可，因宋庆龄地位特殊。蔡元培不太活跃，鲁迅、胡适地位稍低，只有杀杨杏佛可能起到震慑作用。经报蒋介石批准后，戴笠亲自指挥了这次暗杀活动。

这次暗杀是政治性秘密暗杀，蒋介石一再叮嘱绝对不许暴露。因而戴笠除了精心策划之外，还特别规定，所有参加暗杀行动的杀手都要“不成功便成仁”，不能逃脱或被捕必须自杀，绝对不得泄露秘密。

1933 年 6 月 18 日晨，特务利用杨杏佛每天乘汽车去另一地方跑马锻炼的机会，将杨杏佛暗杀于法租界内中央研究院大门口。杨杏佛本人身中三弹，当场死去。

杀手之一的过得诚因跑反方向，错过接应汽车。在同伴对其灭口未果的情况下，过得诚拔枪自杀，但未击中要害，只昏死过去，被租界巡捕逮捕。过得诚虽未交代自己的身份，但说出了自己在军统组织的化名，戴笠闻讯立即通过安插在租界巡捕房内的华人巡捕内线，将过得诚毒死。过得诚是戴笠最器重的军统杀手之一，但戴笠怕过得诚一旦交代，必然使蒋介石受到影响，所以采取了非常手段。戴笠以后一直念念不忘过得诚，终生抚育他的遗属，并立碑纪念。每年他都要去凭吊，还将军统中美合作所内的一条马路命名为“过得诚路”。

戴笠牺牲了得力的助手，却赢得了蒋介石的称赞。

蒋介石特别满意的是，本来暗杀计划并不在法租界内，因为租界内杨杏佛寓所外有巡捕巡逻，同时不断有警车巡视，极不好下手。而杨杏佛在租界外大西路养了两匹马，每天只要有空就要乘车去大西路一带骑马锻炼身体。

戴笠与杀手们认为，此时此刻进行暗杀不但有把握，机会也最多。

但蒋介石不同意，他认为，在租界以外暗杀杨杏佛，并不能达到杀一儆百的目的（宋庆龄也住在租界内）。当时租界有所谓“治外法权”，国民党政府军、警、宪、特人员不能在租界搞军事活动，也不能捕人、杀人。要抓人只能通过租界当局“引渡”。反蒋人士常常利用这一点避居租界。同时，在租界以外暗杀，人们很可能怀疑是蒋介石在主使。蒋介石一再坚持必须在租界内离宋庆龄不远的杨杏佛寓所附近进行暗杀，这样可以达到威胁宋庆龄的目的，还可以不负责任。蒋还有一个想法，就是想显示一下自己特务杀手的力量。

戴笠觉得难度很大，但也认为蒋的分析有道理，最终还是遵照蒋介石的命令办。对此蒋介石极为满意。

戴笠主持、布置了这次暗杀活动，蒋介石对此极为高兴。他以为从此中国民权保障同盟一定偃旗息鼓不再活动了，不料宋庆龄等人并不畏惧，公开发表声明予以谴责，仍然义无反顾地继续揭露蒋介石的独裁行径。鲁迅更是悲愤不已，出门不带钥匙，将生死置之度外。

蒋介石恼羞成怒，继续下令要以高压手段迫使宋庆龄就范，但只许威胁威慑，不能杀人。军统曾策划重伤宋庆龄，只是不能让她死去，以免蒋介石无法向宋子文、宋美龄交代。当然，蒋介石并没有明说，让戴笠想办法制止宋庆龄四处活动。蒋介石对特务组织发指示，几乎从来不用手令。蒋介石发手令是有名的，每天都要写大批手令，侍卫们隔不多长时间就要积攒几皮箱手令。但他对中统、军统下达各种指示特别是暗杀命令，基本是口头，从不明说要暗杀谁。所以戴笠在各种报告中也只写“奉谕”，奉谁的“谕”？自然是蒋介石，但在军统档案中绝看不出蒋介石是如何授意、下达命令的。这是蒋介石不授人以柄的狡猾之处。

后来戴笠向沈醉交办，研究用汽车撞击宋庆龄的汽车，使其重伤而不能出席各种活动。一切细节都研究布置好了，只等蒋介石最后决定执行。蒋介石认为这个办法很好，却始终顾虑万一不慎将宋庆龄撞死或伤势过重，怕宋氏家族不干。

这一计划没有进行，但戴笠一直命令沈醉做好准备，以便随时恭候蒋介石的最后决断。计划一直拖到抗战爆发，最终还是放弃了。

这次行动是蒋介石与戴笠唯一有所顾忌而放弃的暗杀行动。

蒋介石在完成暗杀杨杏佛的行动后，甚感满意。他下决心继续对不利于他统治的人行使暗杀手段。

蒋介石最感头疼的人一个是报业巨子史量才，一个是抗日英雄吉鸿昌。

史量才（1880—1934），名家修，南京人，著名报人。1912 年任《申报》总经理。九一八事变后，史量才痛感国土沦丧，内战连连，对蒋介石“攘外必先安内”的政策十分不满，开始了他人生道路上的最大转折。《申报》在他的主持下，成为抗日进步力量的喉舌。1934 年 11 月 13 日，被国民党军统特务暗杀。

史量才在上海掌握《申报》《新闻报》，思想激进，不断抨击蒋介石的“攘外必先安内”的政策，从事抗日救国活动，且与中共地下党有联系。史量才深孚众望，很有影响。

与史量才有私谊的杜月笙曾专门为蒋、史两人牵线说合，为此蒋介石曾专门召见史量才，劝他不要与政府作对，并威胁说，“我有几十万军队，惹恼了他们是不好办的”。史量才针锋相对，“我也有十几万读者，惹恼他们也并不好办”。谈话不欢而散，蒋介石由此动了杀机，命令戴笠予以暗杀。同时命令执行对吉鸿昌的暗杀行动。

吉鸿昌是中共党员，著名抗日将军。自参加冯玉祥的抗日同盟军失败后，潜至天津租界，在中共地下党掩护下，联络人员，准备东山再起。蒋介石对吉鸿昌的武装抗日活动异常愤恨，决心除掉这位著名的爱国将领。

军统人员经过多方侦察，于1934年11月9日下午在天津法租界国民饭店，向正在召开秘密会议的吉鸿昌实施暗杀。因事先情报观察中的吉鸿昌换了座位，吉鸿昌只受了轻伤。暗杀惊动了法租界巡捕，吉鸿昌被送往医院。

蒋介石见暗杀不成，转为公开引渡。11月24日，坚不屈服的吉鸿昌被蒋介石下令枪杀于北平东直门内炮局胡同陆军监狱。

11月13日下午，军统特务经过反复侦察，预伏于沪杭公路海宁县境内，将路过的史量才等人的汽车拦住。史量才弃车逃跑，被军统杀手赵理君、李阿大（也是暗杀杨杏佛的杀手）各发一枪，打死在公路旁的水塘里。开车的司机（正是他向特务们提供史量才的行车日程）也被杀人灭口，同死的还有史量才儿子的一位同学，被特务们误认是保镖而被击毙。史量才之子狂奔得以幸免。

史量才被暗杀震惊全国。蒋介石表面上明令缉凶，赏格为1万元，同时暗中又发给有功的军统杀手5000元奖金。

蒋介石除了直接布置军统特务暗杀外，一些他认为是重要异己人物的诱捕、关押工作，也直接交军统执行。

例如西安事变后张学良失去自由，一直由军统予以关押和监禁。蒋介石非常关心此事，指示很具体，不仅关押地点、会客、通信等事项，甚至张学良读什么书也由蒋介石亲自决定，由戴笠具体执行。

新四军军长叶挺在皖南事变中被俘，一直由军统拘押。中共重要干部廖承志被捕后也由军统关押。其他如中共四川省委领导人罗世文、车耀先，知名人士马寅初、黄显声都由军统关押。抗战胜利后一些大汉奸如周佛海等人也是军统监禁。由此可见蒋介石对军统的信任程度。

蒋介石对一些欲除掉的人，其诱捕工作也交军统办理。

七七事变后，被迫出国的杨虎城要求回国抗日。蒋介石认为这是一个收虎归山的大好时机，亲自召见戴笠布置计划。

其实，在杨虎城出国前，一直深恨他的蒋介石就已开始谋划暗杀行动。1935 年 1 月 5 日通过《陕甘军事善后办法》，蒋介石下令撤职留任杨虎城并在 3 月约见，4 月 30 日正式解除他的军政职务，并一再逼迫杨虎城“出洋考察”。杨虎城于 6 月出国。在此期间由陈立夫物色杀手图谋杀害。

杨虎城回国时先至香港，后抵达汉口。蒋介石谎称要在南昌接见他，由戴笠陪同他在汉口乘飞机到南昌。杨虎城一下飞机即被军统特务软禁。已先到达西安的杨虎城夫人、儿子及秘书等，被蒋介石骗回南昌，一并交军统扣押。

此后，杨虎城等一直被军统监禁在息烽、重庆等地的军统秘密监狱中。直到新中国成立前夕，经蒋介石亲手下令，被军统特务用匕首刺死，同时遇害的还有他的长子及秘书宋绮云（宋为中共党员）一家，其中即有《红岩》所描述的“小萝卜头”。

戴笠诱捕杨虎城成功后，蒋介石命令他准备对付山东的草头王韩复榘。韩复榘在抗战初期曾与日本人联络，预谋制造山东“独立自治”，后又与刘湘等联系，欲谋反蒋。

1937 年 12 月 20 日，韩复榘面对日军进攻，不战自溃，致使全国震动。蒋介石早就对支持西安事变的韩复榘不满，借此机会，密令戴笠制订诱捕韩的方案。

戴笠与部下经过缜密研究，制订了一个极其周密的拘捕方案。他请蒋介石以召开“北方抗日高级将领军事会议”的名义，将韩复榘诱骗到开封。会议中间，蒋、韩二人发生争吵，即按原定计划，由军统特务王兆槐等二人挟持韩复榘上车，一直开往火车站。韩复榘由戴笠亲自押往汉口，又坐轮渡至武昌，由军统监押。1 月 21 日，韩复榘被军事法庭判处死刑。三天之后，军统特务将韩复榘枪杀于他的监所。

四川军阀刘湘因病住院，早已被戴笠监控。特务在药中做了手脚，致使刘湘最后吐血而死。

杨虎城、韩复榘、刘湘均是1935年颁布的20名二级上将之一，数日之内，被蒋、戴分别解决。

戴笠属于黄埔少壮派主战阵营，但对共产党仍然持敌视态度。在国共合作期间，他主要对付日伪，不过仍然把反共斗争作为一个重要任务。

抗战初期，戴笠受蒋介石“密裁”令，密谋暗杀了八路军著名将领宣侠父。戴笠其实与宣侠父私交甚好，宣侠父为黄埔生，蒋原也颇器重，手令任他为军委会少将参议，派驻二十五军。宣侠父反对二十五军至江西围剿红军，遂挂职而去。1937年10月，宣侠父任十八集团军少将参议，并任八路军驻西安办事处常驻代表。宣侠父是中共党员，经常与西安国民党各方面负责人联络接触。这引起戴笠注意，数次向蒋介石密报，坚定了蒋杀宣侠父的决心。

在蒋正式下达“密裁令”之后，西安行营主任蒋鼎文和戴笠共同指挥军统西北区完成这一暗杀任务。先由蒋鼎文将宣侠父诱出八路军办事处，然后由军统特务半路设伏绑架，先用绳索勒毙，后投入枯井之内，以土覆盖。一代名将宣侠父遂命丧黄泉。

军统还曾有一项罪恶阴谋，即绑架曾家岩50号八路军办事处三位重要人物——八路军办事处机要科科长童小鹏、八路军总部高级参谋王梓木(对内任军事组组长)、周恩来的助手龚澎，这三人均为八路军办事处的公开工作人员，是在国民党重庆卫戍司令部公开登记的。原八路军驻洛阳办事处处长袁某叛变后加入军统，提出策反计划，拟订用金钱收买或突然袭击绑架手段，收买策反。但最终没有得到批准实施这个计划（乔松都：《乔冠华与龚澎——我的父亲母亲》，中华书局2008年版，第72页）。由此可见军统对中共的不择手段。

对其他人士，蒋介石也从不放松，不仅是杂牌系将领、民主党派、国民党内部派系人士，就连文化人也不放过。如鲁迅先生，军统确有暗杀计划。沈醉曾奉命组成监视小组，长期在他住宅对面楼里监视，只是顾及鲁迅先生的声望，军统监视小组才撤退。1992年沈醉与鲁迅之子周海婴同在政协一个小组，将此事告知了周海婴（周海婴：《鲁迅与我七十年》，南海出版公司2001年版，第4至5页）。著名章回小说大家张恨水，因在报纸连载揭露国民党黑暗统治的《八十一梦》，军统派人威胁他："是不是有意到息烽（息烽是军统秘密监狱所在地）休息几年？"之后，张的信件受检查、行动受监视（张伍：《忆父亲张恨水先生》，北京十月文艺出版社1995年版，第216页）。1947年，漫画家华君武在东北画了一幅流传甚广的漫画《磨好刀再来》，塑造了太阳穴贴着黑方块头痛膏药的蒋介石形象，尽管夸张，却令人读之感到滑稽可笑。国民党潜伏特务即将华君武列入暗杀名单。甚至蒋经国情人章亚若之死，近来也有史料披露是蒋介石授意军统组织投毒致死。具体执行人是蒋介石、戴笠派到江西保护时任江西第四行政区专员蒋经国的军统特务黄中美（杨天石：《到底是谁毒死了章亚若》）。

蒋介石暗杀"异己"的行动一直持续到国民党政权在大陆的覆灭。对与其争夺竞选总统的桂系李宗仁，蒋介石曾交代毛人凤专门研究暗杀他。蒋介石将自己的专机"美龄"号让给李宗仁使用，再伺机放置定时炸弹，造成飞机失事假象，以达到清除竞选对手的目的。只不过李宗仁夫妇没有乘坐，才使蒋介石和毛人凤的阴谋未能得逞。又如在香港暗杀国民党著名将领、反蒋人士杨杰，也是一件震惊国内的暗杀事件。

1946年，军统特务还策划暗杀了原东北抗联第三路军总指挥、中共东北地区常委李兆麟将军。军统局滨江组负责人何世英、马健胤等十余人密谋将李兆麟诱入与其相识的特务家中，以毒茶迷倒将军，又惨无人道地割断将军的气管，抗日英雄殒命时年仅37岁。中共哈尔滨市委全力缉凶，从1948年至1955年，除何世英等3人亡命境外，其余十多名军统特务全部伏法。

以上只是撮其要者，军统的暗杀罪行不仅仅是上述这些。保密局撤到台湾改为"国防部情报局"后，依然大行暗杀之道，最著名的是暗杀台大教授台静农，轰动全岛。在海外暗杀《蒋经国传》作者江南（刘宜良），更是震惊世界。军统特务谷正文生前在回忆录中透露白崇禧也是奉蒋介石之命由保密局执行暗杀的。将来保存在台湾地区的军统局、保密局档案如得以披露，必将有更多的暗杀行径公布于世。

蒋介石除了让军统执行具体的暗杀、诱捕行动之外，还将分化、瓦解非嫡系部队的工作交军统办理。

第八章　军统黑幕·屠杀

戴笠的军统有自己的监狱“白公馆”“渣滓洞”等，可以任意抓人、杀人，他们执行的是“宁可错杀一千，不可放过一个”的训导。

作为蒋介石维护独裁统治最得力的鹰犬，军统的权力越来越大、越来越膨胀，其监控面也越来越广，这使其愈加不可一世、狂妄骄横。

军统在早期吸收了一些帮派黑道杀手和杀人越货的惯匪参加组织，戴笠本人及军统本身与青帮、袍哥等帮派有着千丝万缕的联系，且军统不少成员本身即是帮派成员。故而残忍嗜杀和暴戾之气成为一些军统特务的特征，其残暴之态往往令人发指。军统特务只认老板戴笠，在社会上犯法往往不受法律制裁。他们利用特权在社会上横行霸道、巧取豪夺更是家常便饭。仅举数例便可见军统特务的嚣张气焰。

军统大特务、西南长官公署第二处少将处长徐远举在重庆时，有一位四川军阀邀请他赴宴。他到达时酒席已摆好，但因客人未到齐，宴会尚未开始。徐远举走到桌前随手拿起冷拼吃起来。一个十多岁的小孩子看不过去，说了他一句：“客人还没有到齐，你怎么吃起来了？”连小孩子都知道这种做法无礼，徐远举听到此话竟勃然大怒，掀翻了一桌子酒菜。主人赶出来向他道歉，他头也不抬，开车扬长而去。

军统特务对达官贵人都不放在眼里，一般老百姓对军统特务的恐惧可想而知。沈醉有一次陪戴笠和梅乐斯在重庆中美合作所附近视察，戴笠看到一家农户养的小鸭子，觉得很有趣，便走过去观看，不想农户全家赶紧军统的迫害对象和手段无所不用其极。1948 年，在得知周恩彦是周恩来的叔伯兄弟时，便对其跟踪监视、入户骚扰，并强迫其加入国民党。白崇禧还曾指示军统特务："这是个危险人物，要严加监控。"（《周恩来家世》，九州出版社，2017 年 9 月版）

下跪。戴笠不明所以，经询问才知农户以为是军统局来强拆房屋的。原来中美合作所修建时，军统对附近住户一律强拆，他们使用各种手段威逼恐吓、打骂关押百姓。百姓见到军统局特务如见阎罗王。戴笠走后，沈醉看见农户主人马上将一对活泼可爱的小鸭子活活摔死——招来恶魔般的军统特务可能会惹上杀身大祸！农户主人那惊恐畏惧的眼神使沈醉终生不忘！

由此可见，军统特务在一般老百姓眼里就是恶魔，随时会灾祸降临。

军统特务根本不顾什么法律，他们无所顾忌、无法无天，并丧心病狂地用活人做刑具试验。军统局所办的特工训练班常用盗窃犯或嫌疑犯当"活教材"，练习使用酷刑的方法并观察效果。他们进行种种试验，以研究一个身体健壮的人能经受住多少种刑具的折磨、每种刑具可在人体施用多长时间等，以备将来用于被捕的中共党员和革命人士。这些"活教材"在经受各种灭绝人性的酷刑之后，会留下残疾。偶尔有受刑者去告发，但无人受理。这些人往往会被找借口再次抓起来并重受酷刑，甚至遭受杀身之祸。沈醉曾在军统特务训练班任行动术教官，主讲行动术的刑讯课目。他搜集过各种酷刑资料。军统特务们在实施酷刑时会仔细观察并详细记录过程，以此作为教材给训练班学生授课。对于这些惨无人道的暴行，国民党司法部门是不受理的。警察系统受军统控制，而这些"活教材"往往是由警察部门提供的。

同时，军统特务有时会利用权力直接抓人做"实验"。沈醉曾亲眼看到重庆稽查处的特务以"盗窃军米"为名，将一位码头工人抓回稽查处做刑具"试验"。他们给这个人施用了老虎凳、踩杠子、拴住两个拇指长时间悬吊等近 10 种刑罚，并一一加以记录。另外，他们将这位工人忍受不住刑罚乱供出的三个人抓起来，连续三天“试验”后，才将这几个无辜的人放走。

军统局有自己的监狱、拘留所和审讯部门，可以任意捕人、任意刑讯逼供，完全不受国民党司法系统的管辖。这种“暴虐”（这是与戴笠私交很好的王耀武对戴笠的评价）连国民党一些高层也看不下去。陈诚1944年2月17日日记云：“今之特务机关林立，重庆一市既有十五个单位可以自由提人”(《陈诚先生日记》)。曾任国民党中宣部部长、外交部部长的王世杰，在1944年6月8日日记中亦云：“据查重庆一市，实际上实行逮捕人民之机关现实有十八个之多，大半于法无据，且大半为一般人民所不知晓之机关”（《王世杰日记》第四册，以上均转引自金冲及：《转折年代——中国·1947》，生活·读书·新知三联书店，2017年版）。这些“机关”当然以军统气焰最为“暴虐”。

军统特务们的残暴行为非常恐怖，草菅人命简直是家常便饭。

抗战期间，军统特务黄加持任沅陵警备司令部稽查处处长，他勾结土匪刺杀与他有仇隙的一个人。土匪将此人杀死后，将皮剥下做成一副马鞍送给黄加持，黄无所顾忌，还将这副罪恶的马鞍拿出来向人炫耀。

在军统，不仅大特务倚仗特权无法无天，草菅人命，小特务们也横行无忌，他们诬良为盗、夺人妻子、谋财害命，有恃无恐。

沈醉在重庆稽查处任副处长兼督察长时，知晓一些特务的残暴行径，如重庆稽查处侦察大队的特务吴某，看中一个司机的妻子图谋霸占。他先以莫须有的罪名将这个司机逮捕，随后强占了其妻。侦察大队特务李虎臣为图财，将一个澡堂老板害死后将澡堂据为己有。稽查处社会侦察组特务车重光害死一个小饼干厂老板后，将老板的财产、妻子统统霸占……这些小特务军阶多为尉级，但他们却似凶神恶煞一般，视百姓为草芥，任意生杀予夺，可见军统特务的残暴简直到了无以复加的地步！

军统本身有所谓的“纪律”和稽查部门，对于特务们在社会上的种种恶行，这些部门当然知晓。但是“上梁不正下梁歪”，他们不是官官相护，就是睁只眼闭只眼。军统自戴笠以下，贪图享受、腐化纳贿更甚于底下的小特务，个别小特务成为军统“家法”的刀下鬼，那也是作秀给外界看，以标榜军统的所谓“严明”，而很多大特务大贪特贪、花天酒地、徇私枉法根本无人管。当然，别看特务们为非作歹、横行无忌，他们最惧怕的是中共揭露其恶行。戴笠曾几次在大会上威胁：“你们在社会上乱搞，如果让中共的《新华日报》揭露出来，我是管不了的。”事后，特务们总会害怕而稍加收敛。当然，特务本性难移，作恶的本质不会根本改变。

军统特务对普通老百姓和普通商人尚且如此，对共产党人和革命志士，手段更加凶残。

上海一度是中共中枢机关的所在地，所以军统在上海早期的反共活动十分活跃，军统华东区（后改为上海特区）针对中共地下党的罪恶活动最多。上海军统组织的主要活动是暗杀。除了跟踪、监视、渗透、逮捕、囚禁、酷刑等特务手段外，特务还经常进行绑架和秘密处死中共党员，手段极其残忍。除中共地下工作者外，社会知名进步人士也是军统的暗杀对象，如杨杏佛、史量才等，他们的被害曾轰动全国。

凡是被捕的中共党员和革命志士，都要在军统的审讯室里经受种种酷刑的折磨。这些残酷的刑罚很多是封建时代流传下来的，被军统特务们加以发挥，达到了数十种。双手反背并捆住两个拇指吊起，只让脚尖刚好着地或整体悬空，这是最常见的酷刑。其他诸如“老虎凳”、“踩杠子”、灌辣椒水、拶刑、钉竹签等，无所不用其极。还有一种酷刑名曰“炒排骨”：将受刑者吊起背靠墙壁，特务戴上厚皮手套，将受刑者肋骨徐徐用力按压，再上下移动摩擦，使受刑者无比痛苦。对女共产党员则更为淫暴，特务们会采用剥光衣服羞辱、小针插入乳头、藤条抽打阴户、轮奸等方式逼其就范。

军统特务还经常对中共地下人员秘密杀害。起初他们用“化骨水”将尸体毁灭；后来特务嫌费事，开始采用“移尸嫁祸”的阴险手段。他们将被害人击昏后分解，再装箱抛到荒野；或雇人力车拉箱，特务乘机溜掉，这给车夫造成了极大的麻烦。有时，特务屠杀中共地下党员后，为省事将尸体装入麻袋直接投入江中。更为卑鄙的是，特务在暗杀中共地下工作者后会暗布玄机，为避免暴露其政治暗杀，他们会割下被害者的生殖器塞入死者口中，故意造成情杀或奸杀的假象。对年轻的女共产党员，特务会轮奸后再加以杀害。对特务们禽兽不如、卑劣残暴的行径，戴笠并不制止，反而大加鼓励。对胆小的特务，他们还会将被害的革命志士的心肝割下炒熟让其吃掉，其理论是“吃过人心可以壮胆”。以上这些极其残忍的行径还只是抗战前上海军统组织的暴行。究竟有多少中共党员和革命志士被特务们以种种最野蛮、最残暴的方式暗杀，至今没有详尽完整的统计数字。

沈醉在军统上海组织多年，他在回忆军统在上海的罪行时谈道，“最多最惨的要算杀害当时在上海秘密逮捕到的中共党员。这些被残杀掉的先烈们，由于不像杨杏佛和史量才是社会上的知名人士，都是从事地下革命工作的无名英雄，所以我对他们的姓名一直记不清楚。有些当时即不知道姓名，只晓得是共产党，谁也不曾去查问究竟是真名假名，杀掉便算了”。由此可见，有些中共地下人员被特务杀害，连真实姓名也不曾留下。

上海军统组织的负责人赵理君是军统有名的“四大杀手”之一，以凶狠残暴著称，因专门杀害中共地下工作者受到戴笠的特殊赏识和宠爱，抗战时期被提升为军统局行动处行动科科长。他骄横残忍、杀人成性，甚至连中统特务也不放过。赵理君因反共有功，后被提升为第一战区少将编练专员，在河南与中统特务闹摩擦，竟把中统督察专员等 6 人先秘密拘捕，后悉数活埋。蒋介石得知后下令将其枪决。这个为蒋介石和戴笠卖命、杀人如麻的刽子手最终死于主子之手。戴笠因失去这个反共急先锋而如丧考妣，据说曾几次痛哭。赵理君被枪决后埋在成都龙泉驿军统公墓，戴笠凡到成都，必去公墓凭吊。由此看出，戴笠对那些反共最卖力、最残暴的杀手极有“感情”。戴笠规定，凡因违反纪律被处死的军统特务称之为“殉法”，死后其家属子女会由军统局抚养。戴笠这样做的目的是鼓励特务们为军统卖命，从而坚决反共。其实，军统杀手有的并非死于反共，而是被军统组织所杀。例如，与赵理君同为军统著名杀手的过得诚，在同赵理君执行对住在法租界爱国反蒋人士杨杏佛的暗杀行动时，与特务接应的汽车跑错方向。赵理君怕过得诚被捕后泄露机密，顾不得停车等候，向他开了一枪以灭口。但过得诚中枪未死，被法租界巡捕围住。过得诚被迫举枪自杀，按军统纪律，如暗杀行动中不幸被捕应立即自杀，以防暴露身份。否则，将受到严厉“制裁”。军统在每次暗杀前都会集体宣誓重申纪律。但子弹只从过得诚的胸侧穿过，未中要害，他被巡捕送往医院抢救。在巡捕询问时，过得诚没有暴露身份，却说出了他在军统局的化名：高德臣（每个军统特务都有化名）。此情况被戴笠安插在法租界巡捕房的军统特务范广珍密报后，戴笠下令让其将过得诚毒死。

过得诚死后，戴笠在军统局内部宣布过得诚“任务完成后，无法逃走，自杀成仁”，并以此为教材在特务训练班中向学生灌输。除对家属抚恤、养育其子外，戴笠还将重庆中美合作所内的一条马路命名为“过得诚路”，以示纪念。但了解内幕的特务杀手们不禁心寒，唯恐也落得如此下场。由此可以看出，军统特务机构的残忍不仅对所谓的“敌人”，也对自己内部人，丧失人性已成为军统特务的行为“准则”。

而且，越临近中国共产党所领导的革命斗争的胜利，军统愈加疯狂地垂死挣扎，从而对革命人士的屠杀变本加厉。在军统局与美国合作成立中美合作所后，还特别成立了中美特警班和刑事实验室，引进了美国最新式的审讯刑具，包括“强光审讯器”及数种电刑设备。过去军统的电刑具不过是用手摇电话机改成的，而美国的电刑具更为“先进”，可控制电流强弱。对不同体格的人使用不同程度的电量，被审者不会晕死过去。受刑者能够说话，但会感到越来越痛苦。这些刑具都曾用于军统监狱中被关押的革命志士。美国还赠送军统局5000副轻便坚固的手铐脚镣，新中国成立前夕，在重庆白公馆等军统监狱的大屠杀中，烈士们就是戴着这些美式手铐脚镣壮烈牺牲的。

1949年重庆解放前夕，蒋介石两次由台湾飞临重庆，指示毛人凤“密裁”杨虎城及白公馆、渣滓洞、新世界等保密局所属监狱、看守所关押的所有人员，其中大部分是中共地下党员。

首先遇害的是杨虎城和他的两个儿子及其秘书宋绮云一家三口共六人，

杨虎城的小儿子和宋绮云的孩子（即《红岩》里的“小萝卜头”）不过八九岁，残忍的特务杀手都不肯放过！当着孩子们的面刺杀宋绮云夫妇，并故意造成被杀者临死前的痛苦；又当着未断气的宋夫人面杀死了两个孩子，然后补刀杀死宋夫人。为了防止被外人发现，特务们全部用匕首行凶。在掩埋杨虎城的尸首之前，特务还将其面目洒上镪水毁容！

白公馆大屠杀中被残害的有 36 人，均经蒋介石批准，包括参加西安事变的黄显声将军和其他中共地下党员。因误入中美合作所被关押的 4 个重庆国立中学学生也一起被屠杀，这些在押者均被关押了数年或 10 年以上。1949 年 11 月 25 日，特务们将他们分别骗出用手枪或刀杀死。女共产党员黎剑霜有一个不满周岁的孩子，特务当着她的面先将孩子摔死，又用匕首将她杀死。

渣滓洞大屠杀则分批执行，均由蒋介石批准。第一批 42 人，为中共地下党重庆工委、市委、地委、县委、学运、工运及军事方面的负责人。这些人基本上是 1948 年保密局重庆绥靖公署第二处和重庆站破坏中共重庆市委后由叛徒告发被捕的。其中江竹筠（江姐）、陈然等 10 人由重庆警备司令部公开屠杀。其他 32 人由保密局特务秘密杀害。

第二次屠杀约 100 人。除中共地下党员外，还有杨虎城将军的两位副官。1949 年 11 月 27 日，特务驱赶被关押者集中于一所大房间内，先用机枪扫射，再泼汽油焚烧。烈士们高呼“共产党万岁”“毛主席万岁”罹难。

1949 年 11 月 26 日，保密局所属新世界看守所屠杀革命人士 30 多人。

黄显声（1896—1949），满族，辽宁省岫岩人。毕业于东北陆军讲武堂第三期炮兵科。在沈阳打响了抗日第一枪，是东北义勇军的缔造者之一。黄显声是东北军高级将领中最先接受党的领导者，1936 年 8 月秘密加入中国共产党。西安事变后被军统扣押，1949 年 11 月 27 日被害于重庆白公馆监狱。

这些人经签报蒋介石批准“判处死刑”后，全部押赴中美合作所内旧址松林坡枪杀，而后将烈士尸体挖坑掩埋。

除此之外，保密局在全国各地都疯狂地进行暗杀和屠杀，如震惊全国的昆明“一二·一惨案”。国民党军警特务冲进学校，打死因“反内战”而罢课的4名教师和学生。上海解放前夕，保密局几次屠杀中共地下党员、解放军情报联络人员、民主党派人士，计一百余人，同时暗杀反蒋的杨杰将军等。许多列在暗杀名单上的革命人士和反蒋人士，如龙云、李济深、李宗仁、张澜、罗隆基等，由于蒋介石统治的崩溃，没有得逞。对解放军科级干部至高级干部、中共人士、起义将领包括军统起义上尉以下人等的暗杀，毛人凤都有详细的奖金数额。

军统特务的这些残暴罪行是见不得阳光的，并极其隐秘，就连军统内部不是搞暗杀的行动部门也未知其详。在抗战胜利后，经蒋介石批准，在报纸上曾公布过军统在抗战中的“成绩”，但并无暗杀等罪恶行径。在台湾地区出版的《戴雨农将军传》及军统重要骨干陈恭澍、谷正文等人的回忆录也从不提及这些血腥的“成绩”，但是，墨写的粉饰掩盖不住血腥的残暴。

军统杀手在暗杀得逞后都会得到晋升、奖励。重要的暗杀行动还会得到蒋介石批准颁发的奖金。例如，1934年军统暗杀史量才的行动组得到蒋介石颁发的5000元奖金。1949年暗杀杨杰的行动组得到蒋介石嘉奖的3万元银圆。行动组组长叶翔之受到蒋介石的亲自召见，并获颁“忠勤勋章”一枚。在白公馆等地大屠杀中，凡参加行刑的特务，均由毛人凤批准，每人发2元银圆……

这笔笔杀人“奖金”都流淌着革命烈士的鲜血！

戴笠和军统组织常爱标榜自己是“革命团体”，但其实质是维护蒋介石专制独裁统治穷凶极恶的鹰犬，为了这一目的他们不惜采用各种残忍的手段。然而，他们阻挡不了革命的进程，只能成为中国革命史一段罪恶与残暴的反面教材！

第九章　军统黑幕·腐败与内斗

戴笠、唐纵、郑介民、毛人凤，军统从高层到底层，层层腐败，内部钩心斗角，相互倾轧。

蒋介石统治的覆灭，一个最重要原因就是贪污腐化，失去民心。作为蒋介石独裁统治最忠实的工具，军统主要任务之一就是搜集国民党军政系统内各种情况向蒋介石汇报，国民党军政官员贪污腐化状况也是军统密报内容之一。但具讽刺意味的是军统本身并不干净，甚至有过之而无不及。

军统的领导人戴笠自己就是个腐化享乐的典型。沈醉所著《我所知道的戴笠》一书流布甚广，对戴笠腐化生活的揭露早已为人所知，本章不再赘述。本章主要叙述军统其他主要领导人郑介民、唐纵、毛人凤的腐化敛财的“事迹”，因为这些人在军统内部，甚至在蒋介石面前都有着“不贪财”“谨慎”“研究专家”的名声，通过对这些人的揭露可以看出敛财享受已成为军统的一种风气。

唐纵是军统创始人之一，是军统有名的“智多星”，戴笠及其继承人毛人凤每逢重大问题都会向他请教。他表面非常斯文，戴着白金框架的眼镜，谈吐文雅，笔迹秀丽，为人小心谨慎，极受蒋介石的信任。1946 年戴笠死后，军统内部高层核心毛人凤等开会商议，都不欢迎唐纵当局长，认为他为人太拘谨，气魄太小，在他手下“不方便”的地方太多。

1946 年，唐纵就任警察总署署长时，在庆典讲话中提出一个口号：“一文钱不浪费。”特务们都知道唐纵的“小家子”气，副署长和主任秘书可以代他批公文，但在用钱上必须经他亲自审批，每天下班后他仍在办公室批阅经费报销单据，哪怕是几十元也不肯放过。按军统局的习惯，逢年过节戴笠会送手下人特别费，工作有“成绩”会发红包。但唐纵却是一毛不拔，很多机关内小特务埋怨叫苦，纷纷勾结外勤特务搞外快。

唐纵的“清廉”其实是假象，只不过他做得比其他大特务更隐秘而已。1939 年唐纵从军统局调任蒋介石侍从室第六组任中将组长，戴笠为拉拢他，让其在蒋介石面前说军统的好话，指令军统局对唐纵生活予以补助。

沈醉在 1941 年年底接任军统局总务处处长时，戴笠吩咐沈醉每月至少一两次去唐纵家送日用品，如缺任何东西都由军统局采购送去。逢年过节，戴笠还要给唐纵送现金。唐纵此时与军统已无任何关系，而且在蒋介石眼里，唐纵虽出身军统，却能秉公而不偏袒军统。但唐纵对来礼照收不误，只不过他非常聪明，每次军统给他送物品、现金时，他从不在场，均由老婆收下。

1943 年，蒋介石令唐纵兼任军统局帮办，此时他不再谨小慎微，亲自开口向军统局要各种物品，并且请客吃饭也由军统局报销。戴笠为他配备了一辆汽车，唐纵怕招摇，车停在军统局，办公事时才打电话要车，并严格不准家人办私事用车。随着唐纵职位的不断高升，他的老婆不断找沈醉，希望多分点戴笠死后的财物，并主动要求军统为其购买贵重物品。唐纵开始主动要求挑选戴笠生前的好车。戴笠死后，军统瓜分其遗产，送给唐纵一座洋房，他心安理得地收下。过去都认为郑介民、毛人凤纵容老婆向军统局要东西，其实唐纵也一样，只不过更隐蔽而已。

郑介民一向以老成持重、深谋远虑的时事专家形象受到蒋介石的信任。他爱阅读书报和钻研国内外形势，喜怒不形于色。在军统局被称为时事形势方面和对中共斗争的专家，他没有戴笠腐化享乐的恶名。实际上，郑介民也是借老婆之手大肆贪污受贿的高手。他老婆经常向军统局伸手要东西，每月一切开支均向军统局总务处报销，甚至小孩子玩具也要军统局报销。军统局在汉口接收日伪财产中的一幢洋房被郑介民据为己有，为避人耳目以他老婆之名过户。在南京郑介民还购买了一幢洋房，以他的工资收入是买不起洋房的。后来毛人凤与他矛盾激化，指使人调查这幢洋房的来历，发现是贪污所得。郑介民50岁生日时开始倒霉，本来他不想大张旗鼓做寿，以免惹是生非，给整他的毛人凤以借口。但他老婆敛财心切，她令人将住宅粉饰一新，准备庆寿。郑介民对此非常生气，跑到上海躲避。他老婆不管不顾，大开盛筵。军统局各单位送的各种金银礼具公开陈列在寿堂上，连寿桃都是金制的，礼金更是无数。毛人凤等借机煽动正在索要抚恤金的特务遗属们去大闹寿堂。这件丑闻连同郑介民贪污的大批材料被毛人凤向蒋介石告发。蒋介石大为生气，不久即免去郑介民保密局局长和国防部二厅厅长的职务。

据说，郑介民是军统特务们公认的一个有自控力的人，胆子也很小，仍被揭发是一个贪污犯，可见军统局高层干部贪污已成风气。

毛人凤在担任军统局局长之前，一直有任劳任怨、没有野心、淡泊名利之名。军统局的高级公开单位很多，局本部的各主管部门负责人常找各种借口下去“视察工作”，乘机收受贿赂。毛人凤在军统局的地位实际是“一人之下”，戴笠不在的时候他主持日常工作，所以很多公开机关的负责人常常请他去“视察”，但他总是回绝。其实毛人凤并非不贪财，他只是在戴笠面前伪装而已。私下里他也热衷收受大量礼品。毛人凤爱打牌，很多人在牌桌上变相输牌送他钱。军统局内著名的大贪污犯马汉三，生前和毛人凤关系很好，给他送了不少珍贵首饰、玉器、珍珠和翡翠等，但是马汉三送给郑介民的钱款礼品更多，这惹恼了毛人凤，找借口呈报蒋介石将其枪决。马汉三在接收日伪财产和纵放日本战犯中贪污了巨额钱财，自戴笠以下，很多军统大特务都收过他的贿赂。与戴笠一样，毛人凤也利用权力玩弄女性，只不过他不如戴笠那般权势熏天，因而不敢明目张胆地玩。毛人凤还善于乘人之危敛财。周佛海被判死刑后，其妻杨淑慧到处活动。戴笠死后，毛人凤派人假说认识蒋介石“外宠”可放人，需20两黄金。后杨知来人是军统人员，方觉上当，找到毛人凤大闹，毛仅退回10两。

贪污在军统局中层干部中也非常普遍，而且是见怪不怪。抗战结束后，蒋介石命令由军统担任肃奸工作并接收日伪财产。这给了军统特务们一个贪污受贿的绝好时机。一是将接收的财产据为己有；二是放纵汉奸大受其贿。“五子登科”，即“房子、车子、条子、票子、婊子”，成为军统接收人员的囊中之物。上海光复后，戴笠在杜美路 70 号召集军统中高级干部开会，与会者不足 500 人，却开来了 400 多辆小轿车，以至于马路上车满为患。军统特务的贪婪到了肆无忌惮的地步。国共合作期间，国民党举办了抗日游击干部训练班，特邀中共高级干部叶剑英等授教，不料参加受训的军统特务（同时担任监视中共干部任务）竟然偷窃伙食管理费，被人检举，惹得戴笠大怒，立将此人枪毙。

戴笠死后，留下了大量生前享受的遗产，高层特务因为分赃不均而争夺不休，军统一时闹得乌烟瘴气。美国特务机关曾送给戴笠四辆新式轿车，被郑介民、毛人凤、何应钦瓜分了三辆，剩下的一辆要送给蒋介石，唐纵没有得到大为不满。戴笠在上海有三套洋房，郑介民、毛人凤各占一套，送给唐纵一套，唐纵这才稍感满意。一个当过蒋介石秘书的老军统特务胡某，听说后跑到军统局要求分一杯羹，被拒绝后先是要打唐纵和毛人凤，后竟躺在地上耍赖不起。毛人凤无法，只好分给他一座洋房和一辆汽车。很多人都效仿胡某，开始为争夺财产大吵大闹。

军统局的行贿很普遍。戴笠生前逢年过节都要向国民党达官贵人送钱送礼，诸如宋子文、胡宗南、顾祝同、钱大钧、林蔚等人。钱、林是蒋介石身边主管侍从组的主管，而蒋介石、宋美龄身边的司机、警卫、保姆也都要打点。公款请客拉关系更是军统局的家常便饭。当然，也有人不吃这一套。《大公报》是蒋介石必看的报纸，据说除在办公桌放一份外，卫生间也要放一份，以备随时阅览。戴笠想让《大公报》为己所用，曾特地送总编王芸生厚礼，却被王芸生拒绝，将礼品扔出门外。

军统特务另一个敛财的手段就是依靠特权，与商人勾结一起做买卖。这在军统局大特务中是一个普遍的现象。

王芸生（1901—1980），原名德鹏，天津人。无党派爱国民主人士，卓越的老一辈新闻工作者。早年家贫，曾在天津当学徒，自学成才。他酷爱读书，尤其对报纸有兴趣，早年曾在《益世报》副刊发表过《新新年致旧新年书》。后任《大公报》总编辑。

军统局本身就是一个权势集于一身的大商家。除蒋介石批支巨额“特别费”外，军统庞大的经费开支一部分是自筹自支。抗战期间利用制造沦陷区伪币的手段充实特务经费，抗战后由蒋介石批准将接收的日伪资产作为保密局的基金，并将日伪企业交由保密局运营，将盈利作为预算外的特务活动经费。为此，军统成立了三有公司，将接收的上海、南京、北平、天津等地日伪产业、企业，与中美合作所剩余物资（包括2000辆十轮大卡车、照相器材、印刷机器、医疗器材等）进行了统合。三有公司下属有纱厂、印刷文具公司、运输公司、木材厂、无线电器材制造厂、有40艘渔轮的远洋渔业公司等，可谓资本雄厚、条件优越。兼有保密局掌握全国经济情报，人员众多，本应该一本万利。刚开始运营时还能赚钱，但最终彻底垮掉，无法再运营下去，一再亏本，最终只好将产业全部出售。

三有公司条件优越、资本雄厚，但经营者大多是特务出身，对于经商是外行，而且倚仗军统局的特权，只会摆官架子，动辄霸道蛮横，不知底细的合作伙伴接触一次即不再光顾。知道底细的商家绝不敢招惹，深恐赔本吃官司。而且，负责三有公司的层层军统干部都挪用公款经营自己的买卖，投机渔利，最终导致公司彻底垮台。

军统特务们，尤其是大特务利用职权走私、经商是公开的秘密。陈诚曾总结道：“走私，特工人员第一，高级将领第二，政府人员第三，商人第四。”（《陈诚先生日记》）蒋介石指示特务们要专心从事特务“专业”工作，毛人凤担心被人揭露，专门召集大特务们开会，禁止经商，还要求沈醉带头处理自己的买卖。但特务们置若罔闻，毛人凤毫无办法，只能噤声叹气，深恐被蒋介石探知。毛人凤之所以不敢管是因为他自己也不干净。沈醉其人母教甚严，在军统局内算是基本没有嫖赌恶习的人。因为母亲的管教，沈醉连烟都不抽，但他也利用职权经商，挟带走私渔利。可见军统特务的经商已经成为风气。随着解放战争胜利的来临，大特务们纷纷准备后路离开大陆，用贪污经商挣来的黄金、美钞准备享受后半生。如保密局情报处处长何芝园请假去台湾改行当商人，被毛人凤大骂“胆小鬼”，但也无法将他留下。上海市警察局副局长张师请求辞职去台湾办农场。有的大特务利用关系调离保密局，如张国焘经活动调到江西当救济署署长。有的干脆请长假拒不到职。这股风潮直接影响了保密局中下层的行动特务，他们或借机大捞一把，或干脆不肯担任“潜伏行动”工作。另一些高级干部则纷纷自寻出路，或投诚，或起义。

直到保密局撤到台湾地区，其内部的钩心斗角一直没有停止。国民党由于历史原因，其内部派系纷杂，互相倾轧。军统局也不例外，它不仅与另一个特务组织中统局互相攻讦拆台，也与国民党内的特务派系邓文仪、康泽系统明争暗斗。对外，则与孔祥熙、陈诚、陈立夫“CC 系”“中央警官学校系统”等派系掐得你死我活。这些“斗争”一直贯穿于军统局、保密局在大陆的历史。

军统局内部非铁板一块，戴笠与军统创始人郑介民、唐纵一直面和心不和。戴笠死后，军统内部马上分成以毛人凤为首的“浙江派”、以唐纵为首的“湖南派”和以郑介民为首的“广东派”。郑介民的妻子柯漱芳和毛人凤的妻子向影心甚至见面不说话，势同水火。他们为争夺军统控制权互相暗斗攻击，而一些特务成为牺牲品。马汉三等“三人”小集团被铲除，表面是因为“贪污”，实际最深层原因则是原属“浙江派”的马汉三后来投靠了郑介民，这导致毛人凤起了杀心。郑介民也不示弱，拿临澧特训班毕业的最拥护毛人凤的总务处管理科科长邓毅夫开了刀。邓毅夫被查出私自盗卖一批洋锁，按军统局纪律至多关几年监狱，但郑介民坚持严办，直接向蒋介石请求将邓毅夫予以枪决。

郑介民的社交活动，均由其妻柯漱芳掌握，若得罪之，便不可与郑介民来往，若向柯送礼得其欢心，即可接近郑介民。郑介民表面干净，实际其妻出头代他大肆贪污受贿。

军统局在抗战后举办了十多期特务训练班，这些特务学生极受戴笠宠爱。他们自恃是戴笠的“学生”，非常瞧不起那些贪污腐化的老特务们。老特务们也讨厌这些趾高气扬的“后进”，两派势若水火。戴笠则大力提拔、安插这些学生，借此监视老特务。他们在工作中往往互相掣肘、密报检举。

军统创立初期以黄埔军人为主，也吸收了不少中共叛徒参加。黄埔系军人出身的特务瞧不起叛徒特务，两派特务常常发生矛盾、吵闹。如军统局主管暗杀、拘捕、绑票的第三处少将处长程一鸣是中共留苏学生，叛变后加入军统。后来，戴笠派军统早期成员徐远举（即《红岩》中徐鹏飞的原型）任副处长。仅半年多，两人就数次吵架。一次程一鸣生病未上班，下面的特务请示是否可秘密逮捕四川某县中共地下组织成员，徐便做主在报告上批示同意逮捕，但行动失败，没抓到中共领导人。程一鸣上班后认为徐批文时考虑不周，导致失败。徐本来瞧不起程，便反唇相讥。程自认为是处长，于是对其大加斥骂。徐更不甘示弱：“我不是叛徒，再想找我麻烦，也不能说我包庇共产党。我是从特务处开始就参加工作的，不是别的处并进来的！”徐非常有优越感，参加军统稍晚的特务一般听不出他话中的含沙射影。特务处是军统局前身，凡此时加入的特务都有优越感，“别的处”指后来被蒋介石下令并入特务处的邓文仪南昌行营调查科等特务系统。程一鸣听到徐的羞辱，气愤难平，直接向戴笠请求调职。戴笠听到此事后，并未批评徐，反将其调为川康区区长，成为主官。

戴笠重用叛徒特务，但对其并不放心，总会在他们身边安插特务予以监视。沈醉有一次羞辱已是国民党中央委员、军统局研究室主任的叛徒张国焘。张要出去办事，按规定可以要车，但沈醉故意说无车，只给他派了一辆三轮摩托。恰逢下雨，张被淋透，回来后发现并非无车，于是质问沈醉。沈醉拍桌大声讥讽：“张主席（张国焘叛变前是陕甘宁边区主席），请你放聪明点，这不是在延安！”张国焘被弄得眼含泪水，羞愧而去。这说明军统特务们普遍瞧不起叛徒。戴笠事后只不过说沈醉“不懂政治”而已。实际上，戴笠本人也羞辱过叛徒，并导致其人自杀。在重庆时，日本飞机炸毁了军统局新购进的一批手枪，戴笠得知后亲自打电话羞辱负责保管手枪的叛徒特务：“你是不是要孝敬你的老祖宗？”这个叛徒羞愧难忍，举枪自杀。

毛人凤掌管保密局后，与郑、唐两人矛盾激化，在将两人挤走后，又将两人的嫡系加以排斥调离。唐纵出任警察署署长后，按常规，警察部门一向由军统控制，主要干部由军统出任，并在其内部安插大量军统特务。但唐纵故作“公正”，拒绝安插军统人员。由于唐纵只顾调入自己的亲朋，引起特务们普遍不满，一时群情激愤，叫嚣“大家都垮掉算了”。只不过唐纵后来认为军统特务更适宜反共，使用起来得心应手，加上与警察系统其他派系的争斗，才开始安排军统特务不断进入警察机构。

毛人凤任军统局局长之前，拉拢一些老资格的高层特务骨干，与郑介民、唐纵争夺局长。等他出任局长后，开始卸磨杀驴排挤拥护他的老特务，但这些特务资格很老，一般都是部门主官、少将阶衔。毛人凤一方面提拔资历较浅的特务成为其羽翼；一方面将老特务逐步调离重要岗位。如沈醉从局本部调到云南当站长，虽给了他一个国防部中将专员的虚名，但沈醉非常不满，因而心怀怨恨，在毛人凤到昆明他家中设立镇压学运指挥部时，一度想暗杀毛人凤。

毛人凤还想出一个自认为聪明的高招。本来军统局在各省有省站、区站，他别出心裁，又设立统管几个省的特区，任命自己的心腹出任主官，领导、监视各省站的老特务，但老特务们根本不买账。对特区的指示，或阳奉阴违，或根本不予理睬，弄得毛人凤毫无办法。特区最终流于形式，不仅没有效率，而且加深了特务之间的矛盾。

戴笠生前建立了所谓的监视制度，在军统内部特务之间，甚至夫妻特务之间，下级对上级，都要进行监视，并可以直接向戴笠打小报告。这使得人人自危，他们互相怨恨，互相攻击，借机陷害，公报私仇，导致矛盾从生。

在毛人凤出任保密局局长后，明争暗斗更加激烈，直到“真假保密局”事件爆发。保密局本设一套以保密局副局长徐志道为首的假保密局班子，用以应付国民党代总统李宗仁。谁知徐竟与毛人凤分庭抗礼，假戏真做，意欲夺权。毛徐之间开始了新一轮争斗，直到保密局溃撤到台湾地区，这场闹剧才偃旗息鼓。

第十章　策反——戴笠的纵横捭阖之术

在分化瓦解非嫡系派系和军阀的活动中，戴笠为蒋介石立下了汗马功劳。

蒋介石很早就发现戴笠的纵横捭阖之术。因而蒋介石很重视利用戴笠和军统组织去做分化、拉拢、瓦解、收买地方军阀的工作。

戴笠其实不仅是一个鹰犬和杀手，他还是一个出色的谋略家。在替蒋介石分化瓦解非嫡系派系和军阀的活动中，戴笠为蒋介石立下了汗马功劳。

1929 年，戴笠在跑单帮时，就曾潜入河南，调查反蒋的唐生智部队的军事情报。他深入唐生智的部队，被唐生智发现。唐生智下令在全河南境内搜捕，并悬赏 10 万元捉拿戴笠。直接负责搜捕的是宪兵营，他们到处设卡，一路追捕。走投无路的戴笠竟然直接去见宪兵营营长周伟龙。戴笠晓以一番大道理，又靠黄埔同学的关系（周伟龙比戴笠大四期）加以感情联络，终于说服周伟龙投蒋。本来欲要逮捕送上门的戴笠的周伟龙，不仅释放了戴，还与戴结义为兄弟，亲自掩护戴笠脱险出逃。周伟龙后弃官到南京找戴笠，由戴笠引见给蒋介石，蒋介石大加嘉奖。周伟龙从此加入军统，并逐渐成为军统的重要骨干。

蒋介石由此对戴笠的才能大加赞赏，并提升他为中校参谋。

戴笠在出任特务处处长后，对蒋介石排除异己的宗旨心领神会，主动密切关注、搜集这方面的一切态势。

早在“福建事变”爆发之前，戴笠即以其特工的敏感，注意到了福建方面的异常活动。他对国民党内李济深、陈铭枢与十九路军蒋光鼐、蔡廷锴等人的抗日反蒋活动已有所刺探，随时密报蒋介石，使之保持警惕。戴笠还派遣特务南下，成立监视组予以监视。

第十九路军因一·二八事变和福建事变而闻名，其前身是粤军第一师第四团。1926年由粤军第一师改为国民革命军第四军，在1930年中原大战中助蒋介石击败冯玉祥、阎锡山，番号改为十九路军，蒋光鼐任总指挥，蔡廷锴任军长。十九路军在北伐战争、中原大战和一·二八淞沪抗战时期战斗力极为强悍，被誉为“铁军”。

蒋介石采取了不少阻挠、破坏活动，但李、陈、蒋（光鼐）、蔡等于1933年11月22日在福州成立了中华共和国人民革命政府，打出了“反蒋抗日”的旗帜。他们与中央苏区联系，准备共同反蒋抗日。

蒋介石一面调集重兵围剿，一面急电戴笠，指示他派遣特务潜至福建对十九路军高级将领策反，以釜底抽薪之计予以瓦解。

蒋介石并未让戴笠亲自去福建，戴笠在蒋介石几番催促的情况下，决定亲自潜入福建。很早以前，戴笠就已安排不少军统特务打入十九路军充当中下级军官。

戴笠到达鼓浪屿前，已派特务将厦门警备司令、十九路军补充师师长等人收买。同时他利用潜伏在十九路军中的军统特务到处散布流言，造成军心混乱。继而又通过各种关系，收买了十九路军总部副参谋长兼参谋处长范汉杰、总部译电科科长李道生，加上军统特务、总部上校参谋黎庶望，三人把密码本窃来交予戴笠，致使十九路军与蒋军作战时，作战任务都无法下达。

随后，军统策反十九路军中高级将领。在戴笠的策划下，十九路军六十一师师长毛维寿、四十九师师长张炎、七十八师师长兼马尾要塞司令云应霖等一批主要将领均表示归顺蒋介石。

1934 年 1 月，这些被戴笠策反、收买的将领公开宣布听从蒋介石的命令，逼迫蔡廷锴、陈铭枢、李济深、蒋光鼐等人出走香港。福建人民革命政府被打垮。

蒋介石在听取戴笠的汇报之后，喜出望外，连连大声夸奖“你不愧是我的好学生”。

戴笠认为，对于这些敢与委员长作对的人，必须毫不留情地将他们分化瓦解，使其众叛亲离、亡命天涯。

除效忠蒋介石外，戴笠还有一个根深蒂固的正统思想。他认为，凡是与政府作对的人皆无好下场。这也是他背叛、暗杀王亚樵的原因。

中统与军统并没有明文规定各自业务范围，但总的来说，蒋介石对他们各自有约定俗成的分工。中统管党务，所属人员大部分出身党政教育文化部门，目标是党派政治、文化教育等。军统（前期特务处属复兴社）所属人员大都是军校毕业学生，主攻方向是搜集军事情报、监视军队各兵种的各级将校、策反瓦解杂牌军、排除异己、暗杀绑架等。戴笠后来与中统争夺反共之功，把反共作为军统的首要任务，但对执行排除异己这一明确属于自己业务范围的任务，并没有任何放松。因此，蒋介石对戴笠不放松本身业务相当满意。

在不久后爆发的两广事变中，戴笠凭着驾轻就熟的分化瓦解技巧，再一次为巩固蒋介石的统治立下汗马功劳。

在两广事变发生前，特务处华南区不断提供情报，证明了粤系军阀陈济棠与桂系李宗仁等和胡汉民互相联络，阴谋反蒋。

蒋介石指示戴笠，必要时对两广军政领导人予以制裁。戴笠遵照蒋介石的指示，派郑介民亲赴广东，伺机对陈济棠进行暗杀。

另外，戴笠仍然采取拉拢收买、分化瓦解的对策。

戴笠与郑介民各有分工。郑介民负责分化、瓦解陈济棠的陆军，从陆军中的黄埔系军人入手。戴笠则负责策反瓦解陈济棠的空军和海军。陈济陈济棠（1890—1954），字伯南，广西防城港客家人。历任国民革命军第四军军长，国民革命军第八集团军总司令。粤系军阀代表，一级上将，曾任国民党中央执行委员、农林部部长。长期主政广东，政治上与南京中央政府分庭抗礼，在经济、文化和市政建设方面则颇多建设，有“南天王”之称。

棠与以前福建十九路军不同，陈济棠经营广东多年，实力雄厚。其陆军有20多万人；空军6个中队，拥有战斗机40多架、轰炸机20多架，加上其他飞机共有100多架；广东海军还有舰艇数十艘。

郑介民虽在军统中负责（副处长），但同时兼任军委会参谋本部二处少将处长。蒋介石将这一职务交予军统，目的是让戴笠的军统掌握军队谍报参谋系统。郑介民本人是广东人，在广东杂牌军队里关系很多。他接到戴笠的布置，对广东军队里团、旅、师、军以上军官，逐个进行联系，封官许愿，赠予金钱，获得了极大成功。郑介民的成功主要是利用了黄埔系同学关系和同乡关系，不少军长、副军长、师长均被他策反。

戴笠策反空军，主要依靠潜伏在广东空军的军统特务，指示他们以金钱为武器进行收买。对广东空军司令黄光锐、第二飞行队队长丁纪徐等高级将领，戴笠秘密赠送巨款。广东空军参谋长陈卓林被戴笠收买，充当联系人。戴笠还利用广东空军飞行员到香港轮换休假的机会，逐个做工作，使大批空军官兵靠拢军统，从而奠定了策反的下层基础。

戴笠亲赴香港，与陈卓林谈判，经过多次磋商，答应陈卓林率飞行队投降，每架飞机奖金2万港币。这笔策反交易花的钱比陈济棠当初购买全部飞机还要多。难怪戴笠向蒋介石汇报时，蒋介石认为极不合算，立即予以拒绝。但戴笠力陈其中的重要意义，他对蒋介石说：这不是花钱买飞机的问题，而是花钱搞垮陈济棠的广东陆、海、空军的头等大事，其政治、军事价值绝不可以金钱来计算。蒋介石认为戴笠分析得颇有道理，因而同意了戴笠的做法。

事实证明，戴笠花钱办事的效果是巨大的，蒋介石兵不血刃，不费一枪一弹就平息了两广事变。

1936 年 7 月 6 日，广东空军的 7 架飞机起飞投蒋。同时还有广东航校部分学员和飞行员。陆军第二军副军长李汉魂和第三军九师师长邓龙光分别通电倒陈拥蒋。

7 月 10 日，已被收买的广东第一军军长余汉谋被蒋介石任命接任陈济棠广东绥靖公署主任兼第四路军总司令职务，陈济棠则被免去上述职务。

7 月 14 日，余汉谋通电拥蒋，限陈济棠 24 小时离开广东，并调动所部第一军开始行动。广东第二军副军长陈达也通电拥蒋反陈。第二军军长由陈济棠兼，这应该是他的嫡系部队，由此陈济棠始觉大势已去。

7 月 18 日，广东空军所有飞行员宣布驾驶飞机飞赴香港投蒋。广东航校学员由校长带领于同日驾飞机赴港。陈济棠只好宣布下野，乘英国军舰出逃香港。

陈出走后，桂系无所依靠，只好宣布归顺中央。戴笠受到蒋介石巨额奖金的嘉奖。为了奖励戴笠，蒋介石命令，陈济棠的缉私机关、部队和税警团由戴笠接收。戴笠大喜过望，他一直认为“搞政治的人须有武力做后盾，否则是卖狗皮膏药，将不为人所重视”。他将广东缉私部队和 4 个税警团扩充成广东税警总团，约有一个师的兵力，完全归他领导，军官基本换成军统特务。

戴笠的几次策反地方军阀使蒋介石对他另眼相看。戴笠的地位愈加重要。戴笠的成功固然有他自己纵横捭阖的特工战略和战术，同时也依靠金钱收买等手段。其实，地方军阀中的很多军官并不是为了金钱。如戴笠这次收买广东空军，陈卓林代表广东空军与戴笠谈判，开价一架飞机 2 万元港币。戴笠原先并不知道，陈卓林的这一谈判价码完全是背着广东空军司令黄光锐和广大飞行员的。7 月 18 日戴笠为履行谈判协议，携带 200 多万港币巨款（正好 100 多架飞机的价钱）赶到香港。在黄光锐家中，他与广东空军所有重要干部见面，并交付巨款，兑现他的承诺。陈卓林也在场。但出乎他的意料，除陈卓林外，黄光锐以下全体空军将领和飞行员都拒绝领取放在面前的巨款。戴笠大惑不解，他们说："空军全体官兵投蒋，并非贪图金钱，纯为国家统一。"这番话使得戴笠大为感动。黄光锐是中国航空史上的名人。1923 年，孙中山支持总统府所辖航空局研制出广东第一架国产飞机，而试飞员正是黄光锐。孙中山与宋庆龄亲往观看试飞。这架飞机只有两座，孙问谁愿上天？宋慨然登机。飞机因此被命名为"乐士文"号（宋庆龄英文名)。亲炙过中山先生人格魅力的黄光锐，当然不会做出见利忘义分裂国家的事，所以他对戴笠说的话当为肺腑之言。

戴笠分化瓦解异己常用金钱开道，但并不完全行得通。广东空军官兵具有正义感，反映了当时人心思定、盼望国家统一，不愿打内战的心理。戴笠无非只是顺应了这个潮流而已。

广东空军中只有陈卓林向戴笠单独要钱。戴笠无法，只好呈请蒋介石履行诺言。蒋介石签完支票后，十分气愤，当场将笔掷到地上。因此，广东投蒋的军人凡愿继续在军队干的，都不同程度升官升职，唯有陈卓林一直得不到重用。后被排挤出军界，派任中央航空运输公司总经理。1949 年 2 月，他密派人与中共地下党联络接触，最终参加领导两航起义，为他自己的一生画了一个光明的句号。当时参与起义的中共地下党员是长期潜伏在中航的副总经理查夷平（杨丽娟：《两航起义》，载 2017 年 7 月 11 日《北京日报》第 13 版)。

戴笠通过解决两广事变，不仅得到蒋介石的进一步器重和巨额奖金，还从此有了自己的特务武装，为以后军统建立自己的特务武装部队打开了一个缺口。

第十一章　潜伏——抗战时期的反共行动

1939年，军统举办“汉中特训班”，戴笠亲自出马，训练特务骨干潜入延安。

不可否认，戴笠和军统特务组织为秉承蒋介石的旨意，在十多年的反共活动中干了不少罪恶勾当。戴笠至死都认为，反共是军统第一大业，尽管军统主要业务并不是反共，但他依然跟着蒋介石的调门，大喊：其他只是肌肤之患（包括日本侵华），只有共产党才是心腹之患。戴笠不仅是一个杀手，他还很有政治头脑。他清楚，那些地方军阀、割据势力、帮会道门甚至其他党派都不堪一击，只有中共才是最可怕的力量。他一直把共产党比喻为“壮汉子”，而把国民党比喻为“病汉子”。

但是戴笠在一些大节中并没有丧失立场。比如说在抗日战争这场关系中华民族生死存亡的关键时刻，因为蒋介石最终放弃“攘外必先安内”政策而被迫抗战，他和军统也做了一些有益于抗战的事情。另一方面，戴笠属于黄埔系少壮派抗战营垒中的一员，因而，在思想上、行动上都是主张抗战的。

1937年2月15日至22日，蒋介石在南京主持召开国民党五届三中全会。这是蒋介石在抗战迫在眉睫时召开的一次研讨如何对付共产党和日本侵略者召开的一次重要会议。

经过西安事变，蒋介石被迫改变“攘外必先安内”的方针，履行他在西安事变中对全国做出的诺言，包括与中共合作共同抗日、收编红军等。

西安事变，又称“双十二事变”，1936年12月12日张学良和杨虎城为劝谏蒋介石改变“攘外必先安内”的既定“国策”，停止内战，一致抗日，在西安发动“兵谏”。1936年12月25日，在中共中央和周恩来主导下，以蒋介石接受“停止内战，联共抗日”的主张而和平解决。西安事变的和平解决为抗日民族统一战线的建立准备了必要的前提，成为由内战走向抗日战争的转折点。

这样一来，国民党的政策不得不有所调整。这一重大变化使原来与中统争功，以反共为急先锋的特务处（军统局前身为复兴社特务处，1938年4月升级为军事委员会调查统计局，戴笠由处长升任副局长主持全面工作）的工作失去重点。很多特务无所适从，不知如何办才好。有一部分特务甚至对原先很积极的反共任务懈怠下来。

其实，蒋介石与共产党联合抗日，组成统一战线，只不过是西安事变后迫于舆论而不得已为之的权宜之计。他仍视共产党为最大的敌人。戴笠是有政治头脑的人，他对蒋介石的心理极为了解。

戴笠认为，反共活动仍是特务部门最重要的任务，但必须在方式上有所变更和掩饰，公开提反共已不适应当前的形势。为了迅速应变，用最快的速度适应这一形势，戴笠多次召集高级特务和助手进行研讨，多次对特务骨干训话。戴笠强调，抗战期间仍然是反共活动的大好时机，他认为：“国民党掌握了广大地域，有丰富的人力、财力和军队，既可以利用合作对共产党搞打进拉出，又可以利用高官厚禄来收买，并从内部进行分化瓦解。同时，对不公开的地下党员可以用逮捕汉奸的名义，公开拘捕、囚禁、杀掉；对公开身份的中共党员可以进行侦察、监视、利诱、威逼。”戴笠还对部下分析过：“共产党员生活艰苦，又没有官位，我们只要舍得拿出钱来，给他们官做，就不愁搞不垮共产党。”戴笠再三强调：“这个政策一定要坚持执行，这个机会千万不能放过。”当然，这只是戴笠的一厢情愿。事实证明，中共一直没有被搞垮，反而壮大成长。戴笠多次哀鸣：“共产党的可怕之处就在这里。”他所说的“可怕之处”当然是指共产党人的钢铁信念和意志。

不过，即便戴笠反复阐述，很多特务仍然对国共再一次合作迷惑不解。戴笠不厌其烦，反复训示，“我们特工人员在政治上本身没有主张”“我们不是政治集团，我们是领袖的耳目”。这是符合蒋介石对特工组织一切唯领袖之命是从、贯彻领袖意志、替领袖分忧的主张的。戴笠心领神会，所制订的军统局局训便是：“长官没有听到、看到、想到的事，我们要为长官听到、看到、想到。”因此，蒋介石很欣赏戴笠能够在国共合作新时期这样及早认识并运用新方法和新手段与中共进行新的斗争。

在国共谈判、合作期间，蒋介石、戴笠一直没有停止对中共的监视、破坏活动。国共谈判期间，中共代表周恩来常驻上海，戴笠亲自布置上海区周伟龙、沈醉等大批特务负责监视、跟踪周恩来。国民党代表团访问延安，戴笠经蒋介石批准，派中共叛徒、特务处军事科科长杨蔚化装成随员，随团赴延安搜集情报。戴笠一直没有停止对边区派遣特务的活动，他还曾策划过暗杀边区中共高级领导人的阴谋。他派遣数十名特务潜入延安，但最终被延安保卫部门逐一破获，有些特务还反正为中共进行工作。据记载，戴笠一直盼望在延安边区成立军统站，几次派遣特务均有去无还，只有特务沈之岳孤身一人逃出延安。沈之岳后任军统中共科科长，去台湾后继毛人凤、张炎元、叶翔之（曾任军统局行动处处长）后出任“国防部”情报局局长。据说，沈之岳写了一本回忆录要出版，只是不知他是否提及逃出延安的狼狈相？

戴笠强调对中共延安地区的打入工作，但是，国共合作抗日局面形成，抗战全面爆发，蒋介石被迫下了抗战决心之后，对日抗战已成全国上下的头等大事。戴笠随之调整特务处的整个工作重心，迅速加强对日情报和行动计划。这也符合蒋介石对特工组织的新要求。

蒋介石基本上把对日伪情报的工作都交予了军统，这成为蒋、戴特务活动方针中的一个重要转折点。

七七事变后，蒋介石明白对日妥协没有出路，由此开始加强抗战的决心。日寇对卢沟桥的突然袭击，对全国震动极大。当时蒋介石正在庐山主持军官训练团第一期毕业典礼和第二期开学典礼。各省党政军大员云集庐山，无不忧心忡忡，纷纷议论卢沟桥之变。戴笠也上了庐山，他是蒋介石的心腹，了解和参与蒋介石的不少机密决策，因而很多人就教于戴笠。

当时蒋介石还没有发布抗战文告。戴笠分析认为："我们这次一定要打仗了。"有人不太相信。戴笠说："自从'九一八'以来我们签订了《淞沪停战协定》和《塘沽协定》。日本人没有一天不得寸进尺，步步进逼。我们忍辱负重，以致到今天，如果这次再不打，试想，一般民众对于领袖会做何感想？我们又有什么办法可以避免亡国的惨祸？"有人当场问戴笠，中国用什么来打仗？戴笠回答："我们中国有两个不亡的道理，一个是'置之死地而后生'，一个是'哀兵必胜'，这在中国5000年历史文化上，可以证明。否则，猪吃饱了等人家过年，是绝对等不到自由平等的。"戴笠对时局的这番议论和分析给在场的许多军政大员以很深的印象。

其实，戴笠的思想倾向与那些国民党内专反共又散布"亡国论"的以汪精卫为首的"低调俱乐部"官员有所区别。他的思想倾向明显属于黄埔系中主战的少壮派将领的阵营。他的这番话也很符合他的内心思想。

他的思想与中统的徐恩曾不同。徐恩曾对抗战没有信心，是亡国论者，也不太了解蒋介石的心理。所以徐恩曾既无信心，也无实际行动。1939年以后，中统局成立日伪调查科，但只是摘录、整理日伪公告，整理汪伪中央的组织系统、负责人名单等。抗战期间中统未曾破获过一个日伪间谍组织。中统局也从来没有一位领导过问这个科的工作。徐恩曾本就是个亡国论者，在新时期仍然没有转换工作重心，仍然围绕对付共产党去开展工作。在他的影响下，中统似乎并不把日伪当敌人，仍然把共产党看成真正的敌人。在抗战期间，中统特务投降日伪当汉奸的人要远远超过军统。汪伪特务组织"76

号”特工总部的领导和骨干基本上都由中统投降过去的特务组成。其总头目就是在陈立夫身边工作多年的中统特务丁默邨、李士群。所以相比较而言，中统特务的思想素质包括徐恩曾在内要远远低于戴笠及军统。

唐纵曾秉公而言，论日伪情报军统最好，而做共产党情报要以中统较强。后来蒋介石不满于徐恩曾，也有这方面的原因，反共固然是蒋介石的国策，但在抗战期间需要有新的重点，不能主次不分。戴笠就很好地领会了蒋介石的意图。加之戴笠不像徐恩曾，还讲究一点民族观念。所以庐山训练团典礼结束后，戴笠立即向军统组织发布了一系列命令，概括起来有如下几点：

第一，特务处所属各外勤区、站、组务必迅速布置潜伏组织，以适应抗战初期部分国土沦陷后的对日情报工作。

第二，华北和东南沿海地区及各大城市更应尽快建立潜伏组织。

第三，特务处本部工作立即转入战时体制，机关精简，剩余人员充实一线，机关人员要提高办事效率，适应战时需要。

第四，抗战期间所有军统人员为适应战时体制，一律不准结婚，作为军统纪律，违者要处 5 年以上 10 年以下徒刑（战后统计，军统局共有 200 多名男女特务受到刑罚）。

戴笠本人为了减少牵挂，还将老母和妻子送回乡下老家。

戴笠在布置潜伏时，有的特务如上海潜伏组组长沈醉，请示在做敌伪工作的同时，是不是还要同时注意共产党？戴笠做了指示：“不必再专门去搞共产党人，但发现了还是应该做做这方面的工作。”这说明戴笠已明确了军统在新时期工作性质和任务。这一点并不违反蒋介石的意图。因而在抗战期间，军统并未放松反共，一直利用军统控制的检查站刁难八路军，著名的“宝鸡事件”即是军统的“杰作”。1941 年 1 月初，八路军驻重庆办事处周恩来随从副官龙飞虎率三辆大卡车护送四十余名中共干部由延安赴重庆，途经陕西宝鸡，竟被军统宝鸡运输检查站无理扣压 7 天，经交涉才得以放行。八路军总司令朱德也被军统检查站蛮横刁难过。军统在抗战期间一直没有停止策反中共干部，甚至用暗杀手段对付八路军高级干部，如八路军驻西安办事处代表宣侠父。1943年6月，戴笠甚至策划了刺杀毛泽东的罪恶阴谋，如果不是延安区保安处侦察科科长陈泊缜密发现了军统暗杀计划中的微小破绽，后果不堪设想。此前3月，新四军第三师第八旅旅长田守尧一行由山东赶赴延安开会，在连云港与日军遭遇，全部牺牲。此事被军统侦知，戴笠遂制订计划，派军统特务伪装成田守尧一行混入延安，并入住中央军委招待所达5天之多，等候毛泽东接见。6月20日，陈泊在阅看中央领导日常活动安排表时，发现22日上午10时毛泽东接见田守尧。陈泊立即检查田的报到材料，发现他在经过晋西北时发电中央军委，称介绍信丢失。陈泊立即给晋西北兵站发电，对方称并无田旅长经过。陈泊马上隔离审讯“田旅长”，终将军统特务身份查清，避免了一场惊天大案的发生。6月底，刘少奇在延安召开记者招待会，揭露并谴责军统派遣特务妄图暗杀中共领导人的阴谋，使国民党顽固反共的真面目彻底暴露于世间。

另外，国共基于抗战合作，国民党承认中共陕甘宁边区的合法地位，却不断对边区进行封锁、监视。除胡宗南40万大军屯兵周边外，军统也不断派遣特务潜入边区刺探、破坏。边区保卫部门曾抓获伪装成《中央日报》记者的军统特务，他的任务是检查数个县潜伏特务的工作。侦察科科长陈泊亲自冒名顶替被抓的军统特务去“巡视”，数天便抓获四十余名前来“汇报工作”的潜伏特务。陕甘宁边区保卫处的另一个功绩是全面破获军统“汉中特务训练班”在边区的潜伏网。

陕甘宁边区，包括陕西北部、甘肃东部和宁夏的部分区域，1937年至1949年，是中国共产党领导的根据地。抗战时期国共合作后，名义属国民政府行政院的直辖行政区，解放战争开始后被蒋介石政府宣布为“非法叛乱”区域。

1939年9月，军统开始举办“汉中特种技术训练班”，戴笠亲兼主任，主要训练特务骨干，并潜入延安。至1942年初，特训班成员数十人成功潜入边区中共中央情报、部队、政府等部门。1942年春节前夕，保卫部门抓获特训班教员陈兴林，获知他的任务为联络潜伏人员与胡宗南执行里应外合进攻延安的计划。经陈泊与其彻夜长谈，陈表示愿意弃暗投明。并于5月4日延安举行庆祝会之际，陈兴林指认来开会的军统特务36人并一一被边区保卫人员抓捕。经审讯后，边区保卫部门又抓获潜伏特务二十余人，使军统渗透边区中枢机关的阴谋彻底破灭。

由此可见，军统在抗战中，一直忠实执行蒋介石顽固反共并制造摩擦的反动方针。正如蒋介石掀起的三次反共高潮均宣告失败一样，军统与延安在隐蔽战线上的较量也屡屡受挫。戴笠不得不承认，派遣军统特务潜入延安、建立军统延安站搜集情报是他最费脑筋和精力的一件事，也是他与中共较量最大的惨败。

第十二章　间谍战——与日本间谍的博弈

1937 年，上海，淞沪会战期间，戴笠领导了一系列对日反间谍斗争。

1937 年 7 月，戴笠赴上海布置对日工作和潜伏机构。因开展太晚，潜伏组织在侦察、搜集日军情报、指示轰炸目标、暗杀汉奸方面做了一些工作，但收获并不明显。

这时，蒋介石突然将戴笠召回南京，让他参与侦破一件最高军事机密泄密案。8 月初蒋介石主持召开最高国防军事会议，布置在日本侵略上海前先行歼灭已在上海的日本海军陆战队，并封锁江阴要塞，拦截江阴上游各港口和江面上的日本军舰，以确保南京、武汉等地的安全。

蒋介石未等发布作战命令，却发现日军舰船甚至包括南京、武汉一带的日本侨民都已先行仓皇撤退，致使蒋介石的作战计划全部落空。

蒋介石勃然大怒，认为明显有间谍刺探而泄密。他责成戴笠务必与南京军、警、宪机关配合，迅速破案。

戴笠接受蒋介石的任务，经过认真分析，认为这样的作战计划是国家最重大的机密，能够知道的人极少。他怀疑很可能是有资格参加国防会议的人所为。经过对与会人员逐个审查，他发现行政院机要秘书黄浚有重大嫌疑，且有蛛丝马迹的线索。

黄浚早年留学日本，其子也留学日本归来，被分配在外交部工作。戴笠遂对黄浚秘密监视、调查，发现其生活腐化，挥霍无度，经济来源不明。

在监视和跟踪过程中，军统特务发现黄浚经常独自去两个地方，一是南京玄武湖公园，二是南京新街口一家外国人开设的咖啡馆。再经过对两个地点的设点监视，军统终于发现这两处地点是黄浚向日本间谍送交情报的联络处。于是戴笠布置人员，在黄浚再次与日谍交接情报时将其当场捕获。黄浚之子亦因参与间谍活动随后被捕。

黄浚被捕后，经军事法庭会审，供认了通敌卖国的罪行。经报呈蒋介石，蒋下令将黄浚以卖国罪予以枪决。这在当时是大快人心之事。黄浚是个才人，著有《花随人圣庵摭忆》，在民国时期颇具盛名。黄浚之死引起知识界的震惊。与他有亲戚关系的陈寅恪闻其死讯，又读了他的诗文，写诗感慨："当年闻祸费疑猜，今日开编惜此才。世乱佳人还作贼，劫终残帙幸余灰。荒山久绝前游盛，断句犹牵后死哀。见说旸台花又发，诗魂应悔不多来"（清华大学出版社《陈寅恪诗集》）。陈寅恪有惜才之意，但文人无节，危害国家民族利益，应是罪有应得。

这是戴笠奉蒋介石之命第一次与日本间谍进行的较量。

1937 年 8 月 13 日，淞沪抗战爆发。戴笠闻讯于当日率领特务处高级干部余乐醒、谢力公、潘其武、毛人凤、沈醉等及大批军统骨干疾赴上海，指挥全上海的特工精华配合国民党军队对日寇实行决战，以挫败日军全面侵华战争的凶焰。

在上海的这段时期，是戴笠一生中激发民族正义感的闪光点。

戴笠首先预见到日本会登陆作战，所以他成立调查勘测组，用四天四夜完成了川沙县、金山卫至杭州湾的调查勘测任务。在总结报告中，他对这一带海岸线敌军兵力、谍特动向、敌军意图、地质地形、滩涂港湾、水域深浅甚至海匪湖盗的情况都有详细记录和分析。戴笠由此提出 5 条建议，最重要和最有预见的一条是，因金山卫硬滩地带港湾水深，日本很可能选择此处登陆，应加派重兵防守。这个报告由戴笠及时转交蒋介石本人和淞沪前线部队指挥部门参考。

事实证明，戴笠的预言果然言中。11 月 7 日，日军以优势兵力登陆金山卫，中国军队未能防守住这一要害地段。战后戴笠在美国海军的支持下欲竞争海军司令一职，有人认为他不懂军事。从他对日军金山卫登陆的判断来看，他应该是有一定军事常识的，毕竟他曾于黄埔六期熏陶过。

当时中国守军未能采纳戴笠的建议致使金山卫失守，不过，戴笠却利用了海匪湖盗，为淞沪战役做出了一定的贡献。

原来，太湖里有一股强悍的湖盗，一直没有被官方剿灭。后来，其首领丁锡山因犯杀人案被捕，并被判处死刑。因淞沪抗战爆发，未来得及执行，丁被关押于上海奉贤县狱中。丁锡山在海匪湖盗中有一定威信，军统在这次调查勘测中发现了这一情况。调查组觉得国难当头，海匪湖盗大多讲义气，也并不甘做亡国奴，因而建议戴笠利用丁锡山的威望，收编盗匪队伍，让他们为国立功。

戴笠经过研究，认为可行性很大，遂委托杜月笙出面将丁锡山保释，令其戴罪立功，收编盗匪，由丁锡山统一领导，赴前线抗日杀敌。由于丁锡山出狱和他的号召力，盗匪纷纷投诚，接受改编，组成的部队随后在淞沪抗战中做出了自己的贡献。

另外，戴笠招收了不少失业军官，另加上从上海区和总部机关抽调的一部分军统人员，组成许多战地调查组。他们分赴前线，每日搜集战斗状况、阵地情况、人员伤亡、官兵士气、友邻关系等多种情报。由于调查组成员多为军校毕业生，有军事常识，工作效率甚高，对整个战役起到了一定作用。

戴笠还将军统掌握的军委会参谋本部乙种参谋业务训练班提前结束，将所有受训人员急送回原保送部队服务，并成立特务处驻上海办事处，派专人负责与作战部队联系，为作战部队进行情报服务。

同时，戴笠与杜月笙合作，利用帮会力量，建立特务武装直接参战。戴笠的这个计划立即上报蒋介石，蒋介石经过认真研究后，于 1937 年 9 月 4 日从南京发电给在上海的戴笠，命令他与杜月笙合作，在一月之内建立一支一万人的武装游击部队，投入淞沪抗战。

杜月笙（1888—1951），江苏川沙人（今上海浦东新区）。1902年，杜月笙进入时为青帮上海龙头的黄金荣公馆，负责经营法租界的赌场“公兴俱乐部”，并垄断法租界鸦片提运。1929年，杜月笙任公董局华董，这是华人在法租界最高的位置。1929年，杜月笙创办中汇银行，涉足上海金融业。八一三淞沪抗战后，杜月笙参加上海各界抗敌后援会，任主席团成员，兼筹募委员会主任。他参与劳军活动，筹集大量物资，送到抗敌后援会。他将通信器材、装甲保险车送给中共将领，并应八路军驻沪代表潘汉年的要求，将从外国进口的1000副防毒面具，赠送给八路军使用。1951年8月16日，于香港病逝，终年63岁。

经过一段时间的紧张筹划，军事委员会苏浙行动委员会别动队正式成立，下辖纵队及总指挥部，又设支队（团）、大队（营）、中队（连）、区队（排）、班。杜月笙捐出5000支手枪，兵员主要由帮会成员、工人、学生、店员、失业青年、农民组成。由戴笠输送600名有尉、校级资历的军校毕业生为中队干部，另从中央警校抽调100名具有高中以上文化的警校学员充任中队政治指导员，又向作战部队商调600名军士充任区队长和班长。再由军统部门抽调200名中级、高级特务充任中级、高级军政领导。自戴笠下令起，只用了一星期时间，1500名干部就进入了上海租界报到。这在国民党官场，甚至军事行动中也是极其难得的工作效率。

戴笠在审查兵员时，发现很多参军士兵是知识青年，甚至不少是大专学生。戴笠搞特务工作，虽然吸收一些惯匪枪手，但他更注重知识人才。他觉得让知识青年去做普通士兵，完全是浪费。于是，他成立特种技术训练班，对知识青年加以侦察、行动、爆破等训练。固然他为部队素质所想，但同时他也有培养特工人才的目的。这期特训班是抗战以后戴笠举办各种特工训练班的开始。

1937年10月，苏浙行动委员会所属部队在戴笠指挥下部署在上海南市和苏州河两岸，配合国民党正规军对日作战。尽管部队成立时间只有一个月，缺乏训练，战斗力很差，而且由于时间仓促，军火供应不足，参战部队还达不到人手一枪，但由于士兵大部分是工人、知识青年等组成，爱国热情很高，作战也很英勇。战后统计，在战役中战死官兵达1500多人，受伤500人。不可否认，这支由戴笠领导的部队为中华民族的抗战做出了牺牲。1938年，剩余部队改称忠义救国军。同时由军统组织在天津成立华北忠义救国军，需要指出的是，这支杂牌军的目的是要与中共领导的八路军和抗日武装抗衡，与苏浙部队成立时的目的完全不同。

戴笠在淞沪战争期间，除指挥战地调查、组建部队参战之外，还领导了对日反间谍斗争。这场斗争过去并不太为人所知。

在上海淞沪抗战期间，即1937年9月中旬，著名的救国会“七君子”之一的章乃器先生，忽然向戴笠推荐了愿参加反间谍战线的大学毕业生程克祥、彭寿。

戴笠派骨干文强了解后，知程、彭二位出于爱国心，他们愿利用与东亚同文书院的关系，搜集日方情报，为淞沪抗战贡献力量。

东亚同文书院是日本陆军情报机关支持的特务机构，在中国广泛调查经济、地理、政治、军事等情报，并广泛收买中国各界高层人物充当汉奸。程克祥、彭寿本是东亚同文书院的雇员，但因淞沪战事爆发，两人激于爱国之情，并受恩师章乃器影响，决定为抗战做些工作。戴笠、文强后来继续对二人晓以大义，促使他们完全站到抗日救国的立场一边。

首先经戴笠批准，军统采用了程、彭二人提出的成立文友社的要求，以作掩护，由二人任社长。五六名工作人员包括门房均为军统特工人员，后来想打入这一机构的日本间谍始终未能得逞。戴笠还请朱学范介绍了一名爱国司机陈阿毛，与门房（实际是特工领导人）王树人配合。

文友社的两名女记者安占江、吴忆梅均为军统高才生，不仅年轻貌美，能说会写，还能绘画、照相，大专毕业，又曾受训于北平警察高等学校和中央警校，骑马、射击皆精，堪称特工全才。两人以记者身份为掩护，深文强（1907—2001），号念观，湖南省长沙人。原全国政协委员。他是毛泽东的舅表兄弟，在黄埔军校与林彪同期，与周恩来的弟弟周恩寿同班，参加过北伐战争、南昌起义，后脱党，参加军统。国民党中将。解放战争期间，于淮海战役被俘，1975 年 3 月获得特赦，在全国政协文史资料研究委员会任文史专员。

入同文书院和日本海军俱乐部，搜集各种情报，逐日汇报给戴笠。两人甚至把日本间谍的行踪及租界、上海远郊的联络地点、关系人等极重要的情报，都搜集到手，对淞沪抗战起到了很大的作用。两位女特工还奉戴笠的命令，将同文书院内伪装成教授的日本间谍福田信一上尉诱出，继而绑架至南京警察所逮捕。

不久，日军统帅部调来原在华北的日本间谍楠本实隆少将密潜上海，主持日方间谍活动，主要窃取我方对日作战部署，并寻机暗杀外交调停人宋子文（当时宋子文任外交部部长，敦请欧美列强干涉、制裁日本，使日本在淞沪战场一时陷于被动局面）。

楠本是中国通，老奸巨猾，会一口流利的津味中国话，是土肥原的得力助手，也是戴笠的死对头。他曾在华北、内蒙古、东北等地，多次破坏军统组织，仅被楠本逮捕和处决的军统特工人员达数百人之多。

戴笠逢此时机，立即委派文强去执行暗杀楠本的绝密任务，为中国除一大害。因为他断定楠本一定会在同文书院和虹口日军海军俱乐部露面。楠本此次来沪，即为戴笠打入日本军方的间谍侦悉并电告戴笠，而且同文书院和海军俱乐部均有戴笠早已安排好的特工内线，所以戴笠觉得这次行动极有把握。

等到手枪、子弹都准备好之后，忽然发生了新的情况。楠本至上海后，直接与他在日本士官学校的老同学、国民党原八十七师参谋长，现任戴笠苏浙行动委员会别动队参谋长的杨振华联系，欲用重金收买，妄图利用杨振华为楠本提供军事情报。杨振华当时并不甘自堕为汉奸，遂向戴笠禀报。

戴笠觉得这是一次千载难逢的时机，便改变原来的暗杀计划，派遣文强冒名顶替某少将高参，由杨振华介绍与楠本见面。戴笠非常详细地做具体指示和分析判断，指导文强如何与楠本周旋。文强与楠本七次会谈，均由戴笠指示行动，楠本深信不疑，许诺情报代价为 400 万元，并已几次预付共 46 万元。按戴笠原来计划是将 400 万元骗到手后，再杀掉楠本。这些钱可以充别动队两年军饷。第七次会面后，戴笠经过慎重分析，认为不宜再拖。本来为贪图巨款，已失机会，加之戴笠怀疑杨振华也有问题，所以立即决定，在第八次会见时除掉楠本。等第八次会见时，楠本失约再也不露面了。

事实证明，戴笠的分析是准确的。杨振华在淞沪抗战后公开投敌。戴笠认为这次与楠本智斗还算是小胜，一是摸清了楠本的有关刺探情报的意图，二是白得了日本 46 万元的款项。如果不是贪图几百万的巨款，楠本必死无疑。这次智斗证明，戴笠确实具有特工天分，当然楠本也不是泛泛之辈。迄今所见史料未知楠本如何察觉，依笔者分析，极有可能是杨振华脚踏两只船，言谈中露出蛛丝马迹，也不排除杨振华有所暗示，使楠本顿生警觉，最后逃脱戴笠所织罗网，侥幸不死。

第十三章　大锄奸

抗战期间，军统组织了一系列暗杀、铲除汉奸的活动。

戴笠在抗战中奉蒋介石之命，搞了一系列暗杀锄奸活动，使得军统声名大振。实际上，早在七七事变前，戴笠就已经对大汉奸们开了杀戒。

原湖南督军张敬尧在1932年投靠了日本人。日寇占领热河后，关东军司令部寻找原北洋政府中较高地位的军阀或政客，出面成立傀儡政权，以达到华北分治或独立的局面。日本特务机关首脑土肥原了解到张敬尧政治上失意，且不甘寂寞；经过开价还价，双方一拍即合。关东军司令部委任张敬尧为“平津第二集团军总司令”，并供给700万元活动经费。张敬尧随即潜入北平，住进东交民巷六国饭店，秘密开展组织伪政权的活动。

此一罪恶行径被军统侦知，戴笠上报蒋介石。蒋介石认为，此时日本

张敬尧（1881—1933），字勋臣，安徽省霍邱县人，北洋皖系军阀骨干。1896年投身行伍，曾入北洋新军随营学堂，1906年入保定军官学校第一期。历任团长、旅长、师长、护国军第二路军司令等。1918年任湖南省督军，因贪婪成性，遭到强烈反对被迫辞职，其弟张敬汤被杀。后在吴佩孚、张宗昌、张作霖部下任司令、军长等职。1932年与板垣征四郎勾结，拟任伪平津第二集团军总司令，密谋在北平进行暴动，策应日本关东军进占平津。1933年5月7日，戴笠派杀手将其在北平东交民巷六国饭店内刺杀。

一直在平津两地网罗失意的军阀政客如齐燮元、石友三、王揖唐、吴佩孚、曹锟、段祺瑞、白坚武、张敬尧之流，密谋华北自治，其中如吴、曹、段等人，拒不出山，大受蒋介石的赞赏。但蒋犹不放心，还把他称之为“老师”的段祺瑞请到庐山上。张敬尧之流与日本特务勾勾搭搭，蠢蠢欲动，将来很可能酿成大患，应立即予以制裁。

戴笠奉命后，与郑介民（郑以特务处副处长兼华北区区长坐镇北平）共同研究方案，集中军统华北区、北平站、天津站所有力量，执行暗杀计划。

1933年5月7日，侦知张敬尧的行踪后，军统杀手王天木、白世维潜至六国饭店二层开房间，欲行刺张敬尧。偶然发现张也住二层（原情报认为张住三层），两人当机立断连发三枪，将张敬尧击毙。第二天，刺杀事件震动平津，成了报刊上的重大新闻。白世维后来受军统局重用。1948年升至北平市警察局副局长、警备司令部侦缉处副处长，是北平七五事件屠杀学生的活跃人物。

这是特务处成立后组织的第一起暗杀汉奸的有影响的大行动。它使日本帝国主义分裂华北的阴谋受阻，并促使日本很快与国民党政府签订了《塘沽停战协定》。

八一三事变之后，中国军队在武汉对日作战，这时蒋介石一方面指挥抗战，一方面与日方秘密和谈，一方面又不断指示戴笠，对那些可能投敌的重要人物予以制裁。

戴笠撤退到武汉不久，就坚决执行了蒋介石的指示，下令各沦陷区潜伏组织要积极开展锄奸活动。

1938年初，戴笠从汉口发电报给军统天津站站长陈恭澍，命令他暗杀日本扶持的伪华北临时政府头面人物王克敏、汪时璟。陈恭澍经过严密侦察和策划，于1938年3月28日下午1点多钟，派军统杀手兰子春、徐自富预伏于北平煤渣胡同东口，对王克敏实行暗杀。当时王克敏与日本顾问山本荣治同车行驶，军统杀手实行狙击后，王克敏受伤未死，山本却毙命。兰子春、徐自富被日本宪兵逮捕后遇害。

天津沦陷后，军统华北区秘密组织成立抗日锄奸团（以下简称“锄奸团”），其成员为天津大中学校的爱国学生，主要从事侦查、锄奸活动。军统派员教授暗杀、爆破、搜集情报等业务，所有经费及所需特工器材、枪支弹药均由军统局华北区供给。

锄奸团在 1938 年至 1940 年期间多次在沦陷区内锄奸，给日伪以很大震动。如 1938 年 12 月 27 日，锄奸团将天津大盐商、商会会长、甘心出任伪职的王竹林击毙于法租界丰泽园门前。1939 年 4 月 9 日，锄奸团行刺在英租界内大光明电影院洋洋自得看电影的大汉奸程锡庚，使程当场毙命。程为日伪华北联合准备银行天津分行经理兼伪天津海关监督，甘心下水、为虎作伥，尤其卖力推行日寇经济侵略政策。还有一件在沦陷区引起极大震动的中原公司爆炸案，也是锄奸团所为。中原公司位于日租界，天津沦陷后，中原公司生意反而大为兴隆。日伪组织各种游艺歌舞，宣扬“大东亚圣战”，且粉饰升平。锄奸团为打击日伪气焰，于 1940 年 8 月 27 日夜，将公司大楼予以爆破。爆炸后引起大火，将全部商品及货柜、门窗等燃为灰烬。一时人心大快，也使锄奸团威名大震。

锄奸团成员大多并非职业特工，只是凭借爱国热情和血气之勇，对汉奸予以沉重打击。1939 年后，领导锄奸团的军统华北区区长王天木调上海区任区长，因与毛人凤之弟、上海区书记毛万里摩擦争权，竟赌气公开投敌。9 月，天津站行动组裴级三受王天木影响，投靠日伪，并将华北区、平津、保定三站及唐县、沧县两行动组人事组织交出，致使军统潜伏组织遭致命性破坏。除区长陈恭澍只身脱逃外，区书记、锄奸团团长曾澈以下几乎全部被捕，曾澈及其下属被杀害、判刑。曾澈虽经日伪严刑拷打，坚不屈服，而且拒绝了戴笠传进监狱要他假投降的密令，凛然赴义。锄奸团亦被破获，损失极大，成员多被杀害、坐牢。虽然军统力图恢复该团活动，先后任命侥幸脱逃的骨干成员孙大成、叶德明等继任团长，但因元气大伤，且一再遭日伪破获，终于 1941 年将团本部撤往重庆，其成员因不能在天津立足，陆续撤往重庆。有声有色的天津锄奸活动终告落下帷幕。

这段史实过去多不见刊载，那些奋勇锄奸、为国捐躯的志士们基本是二十岁上下的青年学生。“国家兴亡，匹夫有责”，我们不要忘记，牺牲、被捕的志士有的还只是风华正茂的中学生！

附带提及，汉奸周作人没有任何理由而自甘下水，他出任日伪政权教育督办，鼓吹奴化教育，消磨沦陷区人民的斗志。爱国学生激于义愤，行刺锄奸，可惜枪弹击中周逆之毛衣纽扣，使其侥幸苟命。有一种说法认为是军统北平潜伏人员发展学生所为。当年北平日本占领军就怀疑是国民党军统特工所为，曾专门传唤周作人至宪兵队调查（《度尽劫波——周氏三兄弟》，群众出版社，1998年版）。或有组织，也号称“锄奸团”，但从今所能见到的史料来看仍有蹊跷，大概传闻而已。一是除天津锄奸团外，军统北平站并无此暗杀锄奸组织。二是军统暗杀对象皆为级别较高，影响较大之大汉奸，周逆虽有名，恐怕还够不上名列军统的暗杀名单。三是，假使是军统所为，其光复后军统并未将此次锄奸列为成绩，可见谋杀周作人应是个人行为。抗战胜利后，自称卢品飞者在美国出版《黑暗的地下》，称他与另外两人密谋此次行刺。当然，从今天的眼光来看，这亦属大义锄奸，无可非议。为周作人辩护的某些后人们，面对舍身锄奸的义士，当应羞愧吧！

戴笠命令津京地区展开锄奸活动，如震动北平的麻景贺（又名麻克敌）刺杀日本天皇特使案，同时还特别把锄奸重点放在上海。因为上海沦陷较早，汉奸活动十分猖狂，有恃无恐。因而，戴笠严令军统上海潜伏区区长周伟龙，对所有投靠日本侵略军恶迹昭彰的大汉奸坚决予以制裁。

周伟龙因而成立行动组，先后制裁了不少大汉奸。

1938年9月戴笠对原北洋政府第一位国务总理、广州护法军政府财政部部长、政务总裁的国民党元老唐绍仪下达了密杀令。据上海潜伏区情报，唐绍仪与日方专使抽井秘密接触，欲图出山主政维持会。周伟龙根据戴笠的命令，组织两名军统杀手，于1938年9月30日上午在上海租界福开森路唐绍仪寓所，以送古玩为名，将唐绍仪用利斧砍死。

事出之后，于右任、张继等一批国民党元老，认为唐绍仪落水证据不足，集体向蒋介石告状，要求缉凶，但蒋介石只认为杀唐绍仪时间过早，唐绍仪（1862—1938），字少川，广东香山县人。1874 年成为第三批留美幼童，赴美留学，后进入哥伦比亚大学学习，1881 年归国。曾任驻朝鲜汉城领事、驻朝鲜总领事、清末南北议和北方代表、民国第一任内阁总理、北洋大学（现天津大学）校长等。为中国主权、外交权益及推进民主共和做出了重要贡献。上海沦陷后，因态度暧昧，盛传日本拟利用他组织华中伪政府，1938 年 9 月 30 日，蒋介石下令，戴笠派杀手将其刺杀于家中。

麻克敌（1905—1941），原名麻景贺，河北遵化麻家村人。军统北平潜伏人员。抗战期间，麻克敌在沦陷区进行锄奸行动。1940 年 11 月 29 日，麻克敌将日本天皇特使高月保男爵刺杀于北平，令日方震惊。事发后，日军封锁北平城，全城搜捕刺客。最终，因叛徒出卖，麻克敌不幸被捕，于 1941 年 2 月 15 日英勇就义，年仅 36 岁。

并没有责备戴笠。蒋介石表面上还以自己名义，发唁电给唐绍仪遗属、送治丧费等，将这件血案遮掩过去。戴笠对于此案的处理略有些操之过急，实在应该等唐绍仪出山之后再制裁，别人就无话可说了。

后来戴笠另外搞的几件暗杀案，其对象却是货真价实的大汉奸。

1938 年除夕，军统潜伏组织的两名杀手利用伪维新政府外交部部长陈箓回家过年之机，在沪西愚园新村 25 号陈箓寓所将其击毙。几乎同一时期，伪维新政府军政部部长周凤岐也被军统行动组暗杀。

汪精卫的出走和组织伪政府，使蒋介石的求和计划受干扰，蒋极为恼怒。另外，上海的一些军阀政客、帮会首领之流，投靠汪伪政府，更为蒋所不容。同时，一些国民党情报人员投敌，也威胁着军统、中统在上海地下组织的安全。因而，在汪伪政权酝酿、成立的两年中，蒋介石一再指示军统、中统组织惩办汉奸。

原上海总商会会长、中国通商银行总经理傅筱庵，在北伐战争期间因支持孙传芳，当时就一直受到蒋介石的通缉。后来他长期避于青岛，依附于日本人，抗战前回到上海，投敌当上了伪上海市市长。蒋介石闻知后，严令戴笠将傅暗杀。军统组织利用傅筱庵的厨师对他当汉奸的不满情绪，经过周密策划，令厨师将夜里睡熟的傅筱庵用菜刀砍死。这位厨师杀傅之后，在军统特工的掩护下，逃到重庆，由军统发给奖金，每月还发放津贴100元。继任的伪市长梁鸿志，更是臭名昭著的大汉奸，亦被军统杀手乔装小贩将其击毙。另一位汉奸何缵出任杭州市市长，被军统特工击毙，以至于伪浙江省省长梅思平挖空心思，选了一位军统变节分子、担任“76号”区长的傅胜兰担任市长，还美其名曰：“以特制特。”可见军统暗杀人员对汉奸的威慑力量。

1938年底，军统特工于松乔奉戴笠之命，暗杀汪伪特务头子李士群。于松乔在福熙路附近误射张啸林，但未伤到张啸林的性命。张啸林是上海与杜月笙、黄金荣齐名的帮会头目。蒋介石在上海沦陷前，曾多次交代戴笠：“上海的阵地不能丢失！”蒋要戴笠务必动员杜、黄、张三人撤离上海到内地。但张啸林认为这正是独霸上海的大好机会，因而死活不肯离开上海。日本占领上海后，看上了张啸林的势力，因而多次拉他下水。张啸林根本不知民族大义为何物，欣然秉承日本人的意旨，成立“新亚和平促进会”，为日本人的经济掠夺大出其力。在盛传他将出任伪浙江省主席之前，戴笠暗中布置上海区对张啸林拟订制裁方案。戴笠还与杜月笙接洽，鼓励杜月笙“大义灭亲”，参与刺张行动。之前，军统特工于松乔曾暗杀过张啸林，因其乘坐保险钢板汽车，子弹屡击不透。

后来，杜月笙的亲信万墨林通过关系介绍给张啸林一位保镖，某日保镖借口请假，在院内与人发生争吵。张啸林闻声从楼上推窗俯身询问，并大声斥责。保镖拔枪击中张啸林头部，后又飞奔上楼再补一枪，张啸林立毙。当时张啸林之死，人们只认为是主仆之间仇杀，其实这是军统参与精心布置的暗杀行动。

在锄奸行动中，军统牺牲了大批特工，如吴赓恕策划谋杀汪精卫，被告密逮捕，汪精卫亲自批示予以“枪决”。

1938 年 5 月，军统局在武昌正式成立。迁到重庆后，军统开始扩大机构，成立了行动处、布置处、训练处等。布置处负责沦陷区潜伏和策反工作。训练处除开办各种训练班，训练行动、暗杀等各种专门人才外，还领导军统外围组织“抗日锄奸团”。同时建立海外特工机构，先后成立了美国、伦敦、巴黎、菲律宾、新加坡、曼谷、腊戍、仰光、印度等海外站。站下有时还设分站，如越南境内就设有 7 个情报分站，并于 1939 年在广西南宁设情报总站，进行总领导。此外，在德、意、日、埃及及西北欧、东南亚等国家和地区还设有特工组或直属通讯员，驻外使馆武官处大都有以武官身份活动的军统情报人员。军统情报组织可谓遍布全球。军统最著名的情报活动当属向美国提供日本偷袭珍珠港的情报，曾使得罗斯福总统对军统和戴笠刮目相看，并促成了中美合作所的成立（合作所成立的目的是对日情报战）。

因而，蒋介石和戴笠的锄奸活动由此伸展到了国境以外。

1938 年 12 月 18 日，国民党副总裁汪精卫经过策划，突然从重庆出走，经昆明抵达越南河内。同年 12 月 29 日，汪精卫在香港《南华日报》刊载遗臭万年的“艳电”，以“恢复和平”为幌子，由此开始为虎作伥的卖国投敌活动。

汪精卫出逃及发表“艳电”，等于公开投敌。这引起国民党内和全国震动。蒋介石采取措施，一再要求汪精卫归来。但汪精卫下水决心已定，居然置之不理。蒋介石在无奈和气愤之下，对汪精卫动了杀机。

1939 年 1 月 1 日，国民党中央执委会召开临时会议，做出一致决议，开除汪精卫的国民党党籍和一切公职，并动员全国报纸对汪精卫进行无情揭露，下令“严缉惩办汉奸”。

此后，蒋介石密令戴笠制订计划暗杀汪精卫。汪精卫先逃至越南，军统旋即成立暗杀组，追赴河内。因种种原因未获成功，只击毙汪精卫秘书曾仲鸣。

军统局除对罪行累累的汉奸予以暗杀外，还暗杀了一些投敌的军统特务和汪伪特工。抗战期间，汪伪集团为了巩固其统治，在日本主子的精心培植下，成立所谓“国民党中央执行委员会特务工作总指挥部”，因其地址位于当时上海沪西极司菲尔路76号（今万航渡路435号），故称“76号”。这个汉奸特务机关异常残暴，专事破坏抗战，残害抗日志士，无恶不作，气焰最为嚣张。“76号”自上而下，甚至一般特务均来自中统、军统变节人员，对中统、军统活动规律、行动特点等极为熟悉，因而对中统、军统潜伏特工危害甚烈，如中统苏沪区潜伏人员除区长徐兆麟和会计两人脱逃外，全军覆没，皆被“76号”捕获。军统上海区所属10个部门、8个行动大队及5个情报站全部潜伏特工无一人幸免，均被一一逮捕！又如军统青岛站，本来军统布置欲狙击在青岛会谈的汪伪和华北“临时政府”首脑，但因站长傅胜兰是投靠“76号”的王天木的部下，王天木熟知地址，按图索骥，自傅以下十余人及电台等均被捕获。傅随后叛变，一直做到汪伪杭州市市长、“76号”武汉区区长。当然，日本投降后，傅被军统逮捕受到了清算。同时，“76号”本身特务与潜伏人员或熟悉或相识，通过威逼利诱，拉拢意志不坚者变节下水。负责上海郊区布置游击工作的军统少将高级参谋萧家驹、潜入上海任军统上海特派员的罗梦芗等，反过来又供出线索，致使连环反应，牵连更众。这也造成重新布置的潜伏人员和组织相继被破获，军统特工牺牲甚多。

因而，军统除定点清除一些臭名远扬的大汉奸外，开始将锄奸目标锁定危及自身安全的“76号”。1939年秋，军统在戴笠布置下，将上海青帮“通”字辈老大季云卿等12人击毙。季云卿不仅在青帮是辈分较高的流氓，而且与“76号”关系极为密切，对“76号”的成立起了重要作用。不仅“76号”著名的行动特务头目如警卫总队长吴世宝、直属警卫大队长张鲁等是季云卿介绍加入，而且“76号”首脑人物如主任丁默邨、副主任李士群、唐惠民等皆为季之徒弟。因而季的被杀，确使“76号”整体惶恐不安，起到了重要的威慑作用。值得一叙的是，杀手詹森（本姓尹）之父是汪伪汉奸高官。詹森击毙季云卿后被“76号”逮捕，并公开枪决（这是汪伪“76号”公开枪决的第一人，其父乃知死者为自己的儿子）。

当然，对军统危害最大的还是“76号”首脑李士群。李士群原为中共党员，后叛变加入中统，1937年11月日寇占领上海，又下水当了汉奸，为日寇搜集情报。汪伪政权成立，李筹组特工机构。由于他的经历和位置，对军统、中统以及新四军、中共地下党构成了极大威胁。1943年夏，军统因李士群防范甚严，遂决定利用日伪间的矛盾，施反间计，终于9月6日晚，被日本宪兵队特高科科长冈村以宴饮欢聚之名，以毒牛肉饼将李士群毒杀。

李士群之死，使“76号”群龙无首，成为促使汪伪“76号”走向分崩离析的原因之一。“76号”一些罪大恶极的骨干，也多被军统除掉。戴笠曾一次下令集体谋杀汪伪特工骨干20多人，包括著名的杀手，如一处处长万里浪等背叛军统投靠汪伪“76号”行恶多端的骨干。陆续被军统暗杀的还有“76号”第四处副处长钱人龙、第一处副处长谭文治（军统叛徒）、“76号”电台台长余玠（原名李开峰，军统叛徒）等。

中统组织也在上海搞了一些暗杀活动，暗杀了一些投敌的中统特务和汉奸，但不如军统的暗杀活动有影响。因为暗杀行动技术不是中统的长项，所以中统始终未搞出像军统那样有影响的大行动。唯一有影响的是中统女特工郑苹如引诱丁默邨加以暗杀，因丁的汽车里加有钢板，致使子弹不能击穿。郑苹如被“76号”逮捕后枪决，年仅23岁。

2008年，李安执导的《色·戒》在威尼斯电影节夺得金狮奖，主角王佳芝的原型引起了争议。电影系据张爱玲同名小说改编。不可否认，张氏小说取材于当年暗杀汉奸而英勇牺牲的女烈士郑苹如的事迹。

郑苹如是烈士，张爱玲借助烈士的事迹，改头换面糅进了自己的经历。近来，郑苹如的小妹郑静芝向媒体澄清传闻，这位年届80岁的老人希望不要对烈士的“崇高人格和志向”予以亵渎：“把郑苹如描写成以色相诱人的交际花”，希望观众“看过电影后切勿把片中沉溺情欲无法自拔的女主角与历史上大义赴死的抗日烈士画等号”！因郑苹如原为中统特工，故台湾“军情局”也证实：影片《色·戒》中王佳芝确有其人其事，即郑苹如。但据“军情局”公布的资料，郑苹如远非《色·戒》中之描写，而是英勇赴义的巾帼英雄！

根据原中统高层人物汪曼云、马啸天供词整理出版的《魔窟》一书，其中对郑苹如的描述即或详尽，但由于角度不同，使人感受不到烈士的凛然大义！

郑苹如1918年出生，父郑钺乃同盟会、国民党元老，其母为日本人。抗战爆发，年仅19岁的她加入中统，起初专事搜集情报。年轻貌美的她曾上过当时最红的画报《良友》的封面。她结识不少日伪高层，曾一度策划绑架日本首相之子近卫文隆，以结束抗战。后来接受命令刺杀大汉奸丁默邨。在第一次狙杀未中已受怀疑的情况下，她又单身执行刺杀，不幸被捕，于1940年壮烈牺牲。年仅23岁。据中统材料证实：她临死都未暴露身份。抗战后国民党方面出版的《上海抗战蒙难同志名单》也无郑苹如之名。

郑苹如的爱国献身精神其来有自，她出身忠烈之家。其父郑钺在上海沦陷后，拒绝日伪邀其出任伪司法部部长之职。其弟郑海澄在抗战后从日本归国参加空军，于1944年1月在保卫重庆的空战中壮烈牺牲。郑苹如的男友王汉勋亦为空军飞行员，1944年8月在执行任务时殉职。至今，郑、王二人的英名仍镌刻在南京航空烈士公墓的纪念碑上。值得一提的是郑苹如的母亲木村花子(郑华君)，抗战爆发后随夫携女回到上海。郑苹如被捕后，日伪开出条件，如郑钺出任伪职，其女可保不死。母亲爱女心切，但终未劝过丈夫一句！1966年，木村花子80岁时逝于台北，蒋介石特颁“教忠有方”匾额以示褒扬。

郑苹如本来前程似锦，她是上海政法学院学生，父亲是高级检察官，前途可保无虞。她熟谙日语，有很强的交际能力，加上年轻貌美，过上锦衣玉食的生活易如反掌。花样年华还未尝过爱情的甜蜜，曾与男友相约，待抗战胜利再结连理。最终，她再没有见到男友！双方各自为国牺牲。

另外，徐恩曾本人并不太热衷暗杀活动，所组织的一些暗杀，往往带有个人目的，如谋杀王阆仙案。王本是徐恩曾的亲戚，参加中统后负责特务经费，并代为管理徐恩曾在宁、沪两地房产。

上海沦陷后，徐恩曾出于私利，让王阆仙参加中统苏沪区，名为潜伏，实则替他管理房产。但王不久投敌，徐恩曾唯恐房产被日伪没收或被王私吞，为保护私利，才一再严令苏沪区将王干掉。总之，中统在沦陷区的锄奸活动，从来没有像军统那样干得有声有色。

其实，军统也有一位经历与郑苹如相仿的潜伏特工李丽。她生于1910

年，21世纪初在台湾逝世，享年92岁。逝世后她所撰回忆录《误我风月三十年》出版，世间始知悉她军统特工的身世。

李丽是民国时期著名交际花，1935年当选“上海舞后”。戴笠以谭某假名交付她情报任务，但李丽并不知谭某即为戴笠。

1938年，李丽加入军统，接受特工训练成为情报员。她与戴笠单线约定：“不论何时何地，只能他找我，不能我找他。”由于李丽的交际花身份，年轻貌美，与前后驻华派遣军总司令畑俊六、冈村宁次，华南派遣军总司令松井石根，汪伪政权前后两任最高军事顾问柴山兼四郎、矢崎勘十，她都能与之巧妙周旋，套取情报。汪伪头目陈公博、周佛海等均曾到她家闲坐。戴笠交给她的第一个任务就是接近汪伪特工头子丁默邨。

李丽在松井司令官邸偷阅文件，并传递给军统，使日军多艘运兵船被击沉，日寇伤亡千余人。因此她受到军统局嘉奖。李丽的情报生涯持续到抗战胜利，她一直背负着“汉奸”的恶名。1945年，中美合作所在上海举办联欢会，戴笠本欲携李丽公开出席，为其正名，但被李丽婉拒。这使得她后半生“欲哭无泪”。她有一子，随母姓，其子后参加“军情局”，但父亲一栏空白。李丽在回忆录中也未道出儿子的生父之名。据说她儿子加入军情局后，在上级的追问下说出生父之名，从此受到照顾。台湾地区情报圈内开始盛传其子即她与戴笠所生。这段史料曾由台湾地区《中国时报》于2011年7月31日报露，大陆《环球时报》于8月1日以记者文章予以摘要。这一抗战时期军统潜伏情报特工的真面目才为世人所知。

李丽是幸存者，而军统人员在抗战中牺牲者有资料统计为1.8万人。这大约包括军统武装部队忠义救国军在对日作战中的牺牲人数。军统特工牺牲者据说有数千人之多。

第十四章　刺杀汪精卫

暗杀汪精卫，是戴笠的军统最费心血的一次暗杀行动。

汪精卫出逃及发表“艳电”，等于公开投敌，引起国民党内和全国各界的极大震动。

蒋介石采取措施，一再要求汪精卫归来。当时舆论痛恨、惋惜、规劝等如波涛般汹涌，其中尤以国民党中政会秘书张九如致汪精卫书最具代表性，其洋洋万言，晓以大义，殷切期盼悬崖知返：“大敌在目，薄海同仇，先生将何之？先生其归欤，国危如斯胡不归”“……上危国本，中摇军心，外张敌目，内贼天良”“即姑退万步，曲如所虑，共产党能乘机代兴，然之于异族，与之于中国共产党，究孰亲孰疏，孰得孰失”（见闻少华《陈公博传》）。但汪下水决心已定，一切均置之不理。

蒋介石在无奈和气愤之下，对汪精卫动了杀机。

1939 年 1 月 1 日，国民党中央执委会召开临时会议，做出一致决议，开除汪精卫的国民党党籍和一切公职，并动员全国报纸对汪精卫进行无情揭露，下令“严缉惩办汉奸”。

此后，蒋介石密令戴笠制订计划，暗杀汪精卫。

一场由蒋介石发起、戴笠具体执行的军统首次境外锄奸追杀行动拉开了序幕。此次刺杀汪精卫的行动一共持续了 5 年……

蒋介石对制裁暗杀汪精卫的密令中指示得很具体：

第一，立即对怀疑与汪精卫出逃相关的人如交通部部长彭学沛、教育部常务次长张道藩等人，由军统审查控制。

第二，对怀疑协助汪精卫出逃的云南省政府主席龙云进行监视。（在之前军统局已截获龙云、汪精卫之间的往来信函。）

第三，立即制订密裁计划，迅速布置，必须抢在汪精卫离开河内至南京筹组伪政府之前将其杀掉。

第四，做好准备之后，等候蒋介石本人下达具体行动时间。

戴笠奉蒋介石密令之后，马上采取了行动。前两项好办，分别派军统所属各站、组，对彭学沛、张道藩等人予以监视。

后面制裁汪精卫的计划就不太好办了。戴笠深感棘手，尽管他和军统对于暗杀轻车熟路，在布置、策划、行动各个方面有积累已久的丰富经验；但这次不同，在国境以外组织暗杀，他没有把握。

以前在香港组织暗杀王亚樵的行动就没有成功，戴笠为此还被港英当局拘押了三天。戴笠将此视为奇耻大辱。尽管戴笠认为香港是中国领土，并大骂不平等条约卖国，但香港当时毕竟是殖民地，香港当局有司法权，中国政府无权过问任何事情，所以布置行动处处受到限制。不管怎样，香港是军统多年经营的一个基地，并不觉得十分困难。后来终于在内地将王亚樵暗杀，戴笠最终还是成功了。

这次却不同。越南是法国殖民地，完全不同于香港。法国人比港英当局对殖民地区治安抓得还紧，任何人禁止携带武器。香港是殖民地，但基本上是中国人，语言、装束、习俗与内地基本相同，十分便利。军统人员在香港经常活动，地形也熟。在越南则不同，表面看中国人与越南人几乎分不出来，语言、风俗却根本不一样，而语言不同是最大的困难。地形上的不熟悉会带来一着棋错、全盘皆输的后果。

军统在越南有不少情报人员，国内行动部门也有不少暗杀高手，不过却没有一个国际行动杀手，也无此方面的实践和先例。况且这些军统杀手，过去在国内搞暗杀，都不是个人行动，往往都奉蒋介石命令和批准，有大批军、警、宪和帮会甚至地方政府及其他特工组织如中统的配合，地形、关系都非常熟悉，所以得心应手，几乎百发百中。即使有时绑架和暗杀行动不慎失败，可以由军警单位找借口转为公开逮捕。军统也有不少次租界内的暗杀。当时租界有“治外法权”，不允许国民党军警人员携武器进入租界，也不准在租界内搞政治绑架和暗杀，但国民党政府和军统往往和租界当局暗通款曲，即使绑架、暗杀失败，也可以通过所谓照会将行动人员引渡给国民党政府。

因而，从战略上考虑，戴笠觉得这次出境暗杀汪精卫基本上不具备任何条件。

首先，汪精卫不同于一般的军阀政客，他是老同盟会会员，年轻时就搞过暗杀。他在北京暗杀摄政王载沣，虽未成功，却使他声誉大起。他也几次被人暗杀，在这方面有丰富的应付经验。汪精卫也算是国民党元老，历经风云，且与蒋介石合作多年，深知蒋介石排除异己、消灭政敌的种种手段。这次出境，并不是汪精卫心血来潮，而是长期密谋的结果。他明白：以自己国民党第二号人物的身份和地位投敌落水，必然会给国民党带来极恶劣的影响，使蒋介石下不来台，会迫使蒋介石采取非常手段。所以汪精卫出逃必然会加倍警惕并采取防范措施。因而戴笠认为，汪精卫是个文官，却比那些军阀帮会更难对付。

更令戴笠感到棘手的是，汪精卫逃到河内，并发表响应12月22日日本首相近卫的第三次招降声明的“艳电”，但是汪精卫一直组织“低调俱乐部”，热衷和平运动，因此人们大多不相信位居中国第二把交椅的国民党副总裁，会舍此甘为汉奸。蒋介石命令戴笠准备予以制裁，他尚未下定决心。蒋介石还抱最后一线希望，在未公开开除汪精卫党籍和职务之前，只说汪精卫去河内治病，并派外交部部长王宠惠、汪精卫的挚友陈布雷等亲往河内劝其归国。汪精卫尚未公开宣布投敌，戴笠也不能贸然从事，只能万分谨慎。因为分寸不好掌握，万一重蹈暗杀唐绍仪的覆辙，导致重大后果，戴笠是无法交代的。

戴笠又不能不做准备，他只能不计困难，全力以赴。

在劝说汪精卫无效后，蒋介石下定制裁决心。戴笠开始准备实施制裁令。

原来蒋介石下达任务和命令时，曾考虑由郑介民亲自去河内指挥这次行动。戴笠向蒋介石提出建议，因这次行动是蒋介石交办军统局所历来不曾有过的重大行动，郑介民为军统局副手，但多年来奉蒋介石之命主政军令部二厅，分管军统负责的谍参工作和军事情报工作，对军统局本身业务不太过问和负责。如由郑介民赴河内负责，还要先熟悉军统暗杀行动业务情况，恐怕对这次重大行动不利。另外，戴笠还有一个不便对蒋介石说明的原因，即郑介民在军统局内的胆小怕事、谨小慎微是出名的，郑介民也很惜命，遇事往往不敢向前，所以戴笠怕郑介民在河内误了大事。因此，戴笠主动自荐于蒋介石，希望蒋介石同意他出境，担任这次暗杀汪精卫行动的总指挥。

蒋介石经过考虑，同意了戴笠的请求。

整体计划确定之后，戴笠开始考虑具体布置。

他成立了军统越境刺汪行动组，自己担任总指挥，并与郑介民制订了具体方案。与以往暗杀行动不同，在行动组人选上，戴笠慎之又慎。他首先挑选了特工技术专家余乐醒。

余乐醒是早期中共党员，早年随周恩来赴法勤工俭学，攻读化学、机械专业。回国后任叶挺独立团政委。后又被中共派往苏联学习谍报，“四一二”反革命政变后脱党，加入军统。他是军统元老，还介绍自己的夫人、内弟沈醉等 20 多名亲属加入军统。余乐醒对军统特工技术极有研究，精明强干，而且能讲法语，是赴河内行动十分适合的人选。余乐醒虽堪称专家，却缺乏独立指挥重大行动和组织工作的经验。戴笠权衡利弊，经过反复考虑后与郑介民商定调天津站站长陈恭澍担任河内刺汪行动组组长。陈恭澍是军统重要骨干和行动专家，参与策划、领导和指挥过军统局的数次重大暗杀活动，如绑架暗杀张敬尧、吉鸿昌、石友三、王克敏等，几乎都获得成功。他不仅经验丰富，又有实践锻炼，最后他被确定担任行动组组长。余乐醒负责特种技术如使用毒气、毒药、定时炸弹等手段。

行动组负责人确定以后，开始严格调选全部组员。戴笠从军统局特务总队选定了四位各有专长的老行动员张逢义、余鉴声、陈布云、郑邦国。另外，为了确保成功系数，戴笠还不惜血本，将他的贴身警卫王鲁翘和军统局武术训练班教官唐英杰也调入行动组。王鲁翘毕业于杭州特训班，一直跟随戴笠做贴身警卫，练就了百步穿杨、弹无虚发的好枪法。唐英杰自幼习武，在军统局内是有名的武功高手，据说还能飞檐走壁，极受戴笠垂青，每每尊之为“江湖异人”。留港担任译电员的是戴笠随从秘书、戴笠最亲密的同乡同学王蒲臣之侄王绍谦。从这些行动人员的组成，可看出戴笠不惜死战的决心。这些行动人员，戴笠都予以接见，暗示蒋介石下达任务的重要性。

人员选定后，分批分期从各个途径潜往河内集中。随后，戴笠反复考虑行动总指挥中心设于何地的问题。

预定的指挥中心地点有三个：昆明、香港、河内。昆明设指挥中心比较安全，但距河内较远，不太方便。河内指挥近便，但不安全，一旦出事，会导致全军覆没。因为当时越南的法国殖民当局对汪精卫等人予以保护，尤其严防刺客行刺，所以指挥中心设在河内极不保险。最后经过反复斟酌，戴笠将指挥中心地点选在了香港。

戴笠为何选中香港？对此他是经选择和反复比较的：

第一，香港不像河内那样管理严格。法国殖民当局规定，任何人不得携带和使用枪支武器，违者将判刑坐牢。香港则是自由港，虽有规定，但往来人员复杂，便于活动。相比较来说，进出和隐蔽还是自由方便的。

第二，香港进出方便，河内则需要签证等手续。落地香港便于调遣特工人员。

第三，在香港指挥行动得心应手。军统在香港经营多年，力量雄厚，关系众多，设施齐备，不像河内人地生疏，没有基础。

第四，交通方便。香港距河内近便，乘海轮一昼夜即可到达，也有飞机直达河内与重庆，便于必要时来回走动。

第五，便于同时监控汪精卫的同党。汪的同党有一批人正在此地观测风向，窥机而动。指挥中心设于此地，便于监视和控制，制裁也便利快捷。

第六，一旦出事，凭着戴笠的身份，与港英当局交涉，不至于像1936年刺杀王亚樵那般狼狈。戴笠此时已非昔时的无名小辈，已经成为颇有影响的重要人物了。

第七，香港毕竟是中国人居住之地，军统人员和指挥中心隐蔽于此，不易被人觉察。

综合以上考虑，戴笠最终决定将行动指挥中心设在香港。1939年1月，戴笠携带秘书毛万里及工作人员乘飞机赴香港，行动组已先期分批潜入河内。

戴笠原本在香港购有一幢洋房，但为保密和隐蔽行踪，戴笠分别在香港、九龙租下公寓，轮流居住，以防不测。这是戴笠的谨而又慎之处。

行动指挥中心设在香港铜锣湾晚景楼一号公寓内。同时在香港高街6号设联络站，由毛万里充任联络员之职，同时设电台两部，昼夜不停轮流值班，一刻不间断地与重庆、河内联系。全部安排妥当以后，戴笠为了更加稳妥，决定去河内具体布置行动计划。

戴笠化名何永年办下护照，秘密飞到河内。首先他拜会了国民党驻河内总领事，请求协助。随后在总领事馆内设立刺汪行动指挥所和联络点，架设电台，与香港直接联络，同时利用领事馆人员名义掩护杀手活动。戴笠利用总领事馆秘书、军统情报员方炳西，解决行动人员住宿、用车事宜。他还指示潜伏在河内的军统直属通讯员与河内法国警方疏通关系，以保有备无患，并掌握汪精卫的行踪，以利行刺。

对行动组所有人员，戴笠具体交代布置任务。余乐醒负责投毒、炸弹行刺工作，陈恭澍负责狙击暗杀。戴笠一再指出：所有行动人员必须严格执行计划，精心准备，并严厉警告部下："这是一次难得机会，不但要好好掌握，也应该做出成绩，否则我们自己也将死无葬身之地。"

由此看出，戴笠对蒋介石交予的任务心领神会，他对这次任务也是不遗余力，动了最大的脑筋。

两天之后，戴笠返回香港。

现在剩下最关键的就是暗杀武器的问题了。在河内当地无法买到暗杀所需枪支，而且容易引起注意。经过研究，军统先从滇越铁路运一批手枪至越南海防港口，再由河内行动组偷运进河内，各种关口运输都是军统人员完成的。后来又由美国购得新式左轮手枪，由法国援华志愿军大队中方联络官曹师昂（其妻是法国人）将手枪藏于行李中，偷运到河内。至此，所有布置方案均一一完成。万事俱备，只欠东风，就等蒋介石下达最后的命令。

在刺杀汪精卫时机还未成熟之前，戴笠根据蒋介石的意愿，准备先期对汪精卫在香港的追随者予以打击，以期对汪精卫发出警告震慑，使其有所悔悟。

汪精卫到河内以后，追随汪精卫的国民党要员纷纷到港，观测风向，互相串联。这些人大部分是汪精卫“低调俱乐部”的成员，“亡国论”和“速败论”的鼓吹者。戴笠经过侦察、监视，大吃一惊。他发现这些人并不是一般人物，而且这一时期到达香港，绝不是偶然巧合，皆与汪精卫出逃有关，并且这些人大都深居不出，行踪诡秘。本来已在香港的汪精卫追随者也不断大造舆论。

戴笠注视着这份名单上那些熟悉的名字和职务：

陈公博：四川省党部主任。

顾孟余：铁道部部长。

周佛海：中央宣传部代部长。

陶希圣：艺文社主任。

陈璧君：中央监察委员（汪精卫之妻）。

林柏生：中央立法委员、《南华日报》社长。

高宗武：外交部亚洲司司长。

周隆庠：外交部情报司日苏科科长。

梅思平：江宁县县长。

萧同兹：（香港）中央通讯社社长。

……

戴笠反复思忖究竟拿谁开刀，因为稍有不慎，就会带来严重后果，不仅不能“体谅领袖苦心”，也不能起到威慑汪精卫的目的。因为此时汪精卫还未公开投敌，所以必须选择一个合适的人选予以制裁。

此时，汪精卫集团气焰很高，活动很频繁。尽管大部分人深居不出，但也有少数人很活跃。经过监视发现，陈璧君在香港、河内之间来回穿行充当联络人，起了传递情报的作用；高宗武、梅思平负责在香港与日本人秘密接触。林柏生公开利用控制的《南华日报》大造舆论，抨击蒋介石；萧同兹公开写文章拥护汪精卫的“和平救国”实则投降的主张。林柏生不仅在报上发表汪精卫的“艳电”，还积极参与投敌活动，是汪精卫集团的马前卒。但他的地位、声望并不高，戴笠决定先拿他开刀，以敲山震虎，抑制汪精卫集团的投降活动。

经过一番侦察和布置，戴笠已掌握林柏生的行踪。在暗杀之前，戴笠先派人捎话给林柏生，约其会谈。林柏生不予理睬。戴笠又亲自打电话给林柏生与萧同兹，谴责二人不该大造汉奸舆论，并严重予以警告。林柏生仍然我行我素，继续发表文章，与蒋介石唱对台戏。

戴笠忍无可忍，命令军统香港区书记刘方雄指挥杀手于 1939 年 1 月 13 日晚实施刺杀。杀手却错杀了一个与林柏生长相差不多的人，使林柏生侥幸免于一死。实际上，林柏生在报馆因事未归，戴笠只得另寻机会。

1 月 17 日中午，陈璧君邀请周佛海、梅思平、陶希圣和林柏生小聚密谋。饭后，香港警方约林柏生谈 1 月 13 日暗杀事件情况，并再三叮嘱林柏生小心。谈话后，林柏生约梅思平等饮茶谈事，因地方不远，遂步行前往。监视、跟踪的刘方雄和两名行动员，再次行刺林柏生。因不便带抢，行动员用袖藏铁棍猛击林柏生头部。军统初以为林柏生已死，实际未击中要害，后由香港警方秘密保护起来住进医院。不幸的是一名行动员被当场捕获。

暗杀林柏生未获成功，却震慑了在香港的汪精卫集团成员，他们的气焰有所收敛，再也不敢公开活动。不过这使汪精卫提高了警惕，一再更换住址，并有近期离开河内的可能。这些迹象综合其他情报戴笠分析得出结论：汪精卫确有近期离开河内的迹象。戴笠迅速上报蒋介石请其定夺，并报告行动布置情况，同时附上一封截获的汪精卫致龙云的信，信中暴露了汪的叛国之心。蒋介石终于下了决心，批准戴笠的行动计划，3 月 19 日电令行动组："着即对汪逆精卫予以严厉制裁。"

汪精卫机警狡猾，但他所更换的住址还是被军统潜伏人员不断发现，并且随时随地有军统人员予以监视。在军统人员近两个月的监视下，汪精卫搬进高朗街 27 号朱培德夫人公寓中。此时，余乐醒一直主张用毒物暗杀汪精卫，他绞尽脑汁，却无结果。他试验了诸如在面包中注射毒液、在浴池中施放毒气等办法，都困难重重。此时正好接到戴笠"予以严厉制裁"的急电，余乐醒只好放弃用毒物的计划，准备实弹狙击暗杀。于是，余乐醒和陈恭澍二人拟定了 3 月 22 日午夜袭击汪宅，强行杀死汪精卫。

3 月 20 日获监视汪宅人员报告，汪精卫正打点行装，似有全家离开河内迹象。实际上是汪精卫等人要到距河内市区数十公里外的丹道镇三岛山麓旅游，也不排除汪精卫有试探之意。陈恭澍等以为汪精卫要逃往西贡再赴日本。所以他当机立断，率领行动员追踪而去。

在河内市区达莫桥头，他们发现汪精卫等人乘坐的两辆黑色轿车，靠近之后，却引起对方怀疑。两辆车掉头向原路疾驰而去。等陈恭澍掉头追赶时，因过桥车辆很多，被夹在中间。这时其实有个机会，就是下车去枪击正停车等待过桥的汪精卫。陈恭澍担心无法逃离，便决定过桥后再行动。谁知在汪精卫过桥后，陈恭澍的车却赶上红灯。等过桥后，汪的车早已不见踪影。

戴笠很不满意。其实大家都明白，机会的失去主要是行动人员不敢放手干。在国内杀人，即便被捕也会相安无事，因为戴笠总有办法将人保释出来。在河内戴笠根本无能为力，所以行动员们唯恐失手被捕。

当天下午，其实还有一次机会。汪精卫回家后，大概因此事在门前草坪上与陈璧君发生争吵。等陈恭澍率行动员疾驰而至时，汪氏夫妇早已回房。这又是布置的失误。原来殖民当局规定任何人不准携带枪支，所以为避免麻烦，监视汪精卫的军统人员都不带枪支，只负责报告情况。这样一天之内丧失了两次机会。不过，这表明了军统人员没有境外暗杀经验，也不适应境外环境，再加上总是担心被河内当局逮捕，所以屡屡失手。

然而，军统内部的制裁纪律是异常严厉的，完不成任务，尤其是这次重大任务，放跑了汪精卫，按军统纪律，很可能“殉法”而死。因此，陈恭澍见汪精卫已发现异常，决定提前于当日（3月20日）夜间行动，强行刺杀。

汪精卫所住的高朗街27号，位于河内哥伦比亚路，是一栋三层楼房，外面有一人多高的围墙。三楼正面有两间房间，一大一小。大间里有床铺，汪精卫白天多在此房起居会客，行动组经过长时间观察，断定大间为汪精卫的卧室。其实，汪精卫为人狡猾，他白天在大间睡觉，夜间则去小间睡觉，这样就给行动组造成了错觉。

当晚11点半，陈恭澍等6名行动组成员来到汪宅。按原定计划，王鲁翘、唐英杰、余鉴声等4人从后门越墙入宅上楼至汪的卧室行刺。陈恭澍2人在外巡哨、接应。有翻墙走壁之功的唐英杰翻入墙内，却打不开后门，只好让墙外3人搭人梯，一个一个爬入墙内。上楼后，门踢不开，只好用斧砸开缺口，用手电照见有人，便以为是汪精卫，连开三枪。这时河内警方警车来到，唐英杰携王鲁翘越墙逃跑，而郑、余二人因无法翻墙，被河内警方捕获。

陈恭澍等人以为汪精卫必死无疑，兴奋异常。谁知天亮后探听得知死者是汪精卫的秘书曾仲鸣。原来上午行动组追踪汪精卫的汽车，闹了一场虚惊，曾仲鸣前来探询情况，当夜便留宿于大间室内。其实如果不是曾仲鸣来访，行动组发现大间无人，必然会到小间搜寻，汪精卫不免一死。所以说，巧合之中曾仲鸣成了汪精卫的替死鬼。

暗杀事件之后，一时哗然。河内当局立即调派大批警察日夜保护汪精卫的寓所。

曾仲鸣（1896—1939），福建闽县人。1912年留学法国，后获文学博士学位。1925年回国后，历任国民政府秘书、汪精卫秘书、国民党中央候补执行委员、中央政治会议副秘书长、铁道部次长兼交通部次长等职。1938年12月，追随汪精卫离开重庆经昆明到河内。1939年3月21日凌晨，在河内汪精卫寓所中，被前来刺杀汪精卫的军统特务误杀身亡。

汪精卫之婿何孟恒后来回忆：刺汪的失败在于军统部署"一塌糊涂，破绽百出""买了汽车在门口过去过来地观察，却不买望远镜，根本没有弄清我们各人的住处，连我们不只住在27号都一无所知""陈恭澍明知道行动组成员唐英杰，此前被派到天津就闹过笑话，却将成败攸关的侦查任务交给他"。

陈恭澍等清楚，再也没有机会行刺汪精卫了。他们只好向戴笠发电告知，并派王鲁翘急赴香港当面向戴笠汇报行动全部过程。

戴笠在了解全部细节之后，感到再不可能有机会。他只好下令撤回河内行动组，香港指挥中心也撤回国内。

这次暗杀汪精卫的行动是戴笠以往暗杀行动中最费心血的一次，他竭尽全力、耗尽脑汁的程度简直是空前的，耗费精力之大也是前所未有的，他几乎日夜坚守香港指挥调度，连春节也未归与母亲团聚。这次行动不仅是蒋介石极为重视的一件任务，而且戴笠明白，如果让汪精卫活下来出逃，肯定要投敌组织伪政府，其政治损失更是难以估量。事实证明了戴笠的预判。就在汪精卫遇刺后，日本马上做出反应，立即召开五相会议，制订营救汪精卫的计划，并专派轮船，在越南当局配合下，将汪精卫接到上海。

多年以后，戴笠一想起这次失败便极度伤心，他在总结经验教训时说："民国二十八年（1939）3月20日，在越南河内，我们因制裁汪精卫，被当局捕走的两位同志，至今还关在河内。我们检讨当时的得失，是计划不周密，以致汪逆漏网，只打死汪的副手曾仲鸣。汪精卫后来在南京组织伪政府，危害国家民族，这实在是我们的遗憾。当时，应该在达莫桥上把他打死。不在桥上打，而在晚上行动，已经失策。但当天晚上，我们的同志还勇气甚足，敢于去打，而在法国人统治下的河内，我们能够造成有声有色、轰轰烈烈的一幕，也总算难能可贵了。”

刺汪行动失败，蒋介石未能如愿以偿，颇不满意，对戴笠有所指责。戴笠认为行动人员如王鲁翘等是英勇的，值得表扬，而具体负责人因贻误战机是有责任的，如余乐醒被撤职，下放到军统炼油厂挂职。陈恭澍一直闲置听候处理。陈恭澍去台湾后，出版回忆录若干集，其中专门谈及河内刺汪行动，甚详，但不免有文过饰非、推脱责任之嫌。戴笠对有功人员如驻河内总领事许念曾予以嘉奖，推荐他为驻埃及公使。

戴笠是一个记耻的人，以后他一直念念不忘继续筹划刺杀汪精卫。就在刺汪失败后，他立即派王鲁翘潜往上海，继续跟踪行刺汪精卫。王鲁翘是戴笠的贴身警卫，军统内的著名杀手，枪法极准，参加过暗杀王亚樵。可见戴笠为刺杀汪精卫，不惜动用他最得力的手下。可惜王鲁翘因事泄被捕，坐了6年监狱，20世纪50年代曾任台北市警察局局长，1974年死于车祸。他儿子王卓钧后来出任了台北市警察局局长，父子同职在台湾地区警界传为佳话。王卓钧后升“警政署署长”，2010年率团来北京，与大陆警界高层会晤，对两岸刑事犯遣返、共同打击刑事犯罪做出了贡献（2010年10月27日《环球时报》）。王鲁翘文化程度不高，而他的儿子却是台湾“中央警官大学”毕业，还获台北大学犯罪学研究所硕士学位，是真正的刑事犯罪学专家，和其父的职业不可同日而语。王鲁翘是山东济南人，而王卓钧生于王鲁翘去台湾后的1951年9月。据媒体报道，王卓钧率台湾地区16名警政高层访问北京，还到上海、江苏、浙江等地交流参访，这些地方都是其父足迹常至之处，不知王卓钧有何感慨？王卓钧年逾六十，现已退休，不知是否撰写回忆录述其父一生行事。后来戴笠派出多名杀手刺杀汪精卫，均被汪精卫枪决，唯有在上海被捕的王鲁翘幸存，是何原因，至今是一个谜团。

在河内损失两员干将（一直被殖民当局关押）、在上海王鲁翘被捕之后，戴笠愈加愤怒。他从此始终把汪精卫列为军统暗杀名单上的第一号人物，不惜以极大的代价包括人力、物力、财力投进去，使自己能在蒋介石面前将失去的面子找回来。

1939年5月，戴笠派军统特务戴星炳伪装投靠汪精卫，密谋行刺。但一因戴星炳地位不高，无法与汪精卫接近；二因汪精卫河内遇刺以后，警惕性极高，也无法下手。戴笠决心不惜代价，增派最受戴笠器重、凶悍无比的老资格特务、军统局书记长吴赓恕率领10名行动员到上海，配合戴星炳密谋继续暗杀汪精卫。

戴星炳因事机不密，被汪伪特工逮捕，后被处决。戴笠闻讯电令吴赓恕继续寻找机会刺汪。吴在临来上海前，曾向戴笠发誓，不杀汪精卫绝不回重庆。因而吴积极活动，找到一位在伪政府任职的老同学预谋用炸弹暗杀汪精卫，不料此人向汪精卫告密，致使吴赓恕被捕，惨遭杀害。

吴赓恕之死使戴笠极为伤心，也更加愤怒。他不甘失败，再次布置新的行动。这次他起用了河内刺汪行动失败而闲置的陈恭澍，接任上海区区长，统筹加强暗杀汪精卫行动的领导力量。军统成立北极冰箱公司，作为刺杀汪精卫行动的秘密据点和联络站，由军统行动人员陈三才担任指挥，配备穿甲枪，计划狙击汪精卫的汽车。但由于内部人员出卖，陈三才被捕，密点被搜查，所有材料、枪弹均被查抄。这次行动计划时间长，也极机密，戴笠本来寄予极大的希望，但仍然付之东流。

戴笠百折不挠，决心不达目的誓不罢休。他总结多次经验，认为刺汪行动往往要长期准备，却经常在过程中出问题而导致失败。他决定简化步骤，减少在长期计划、筹备过程中暴露的风险。经过考虑，他决定采用侠客行刺的办法，不用枪械，只凭拳脚功夫致汪于死地。

经过物色，他找到一名大力士黄逸光。黄本人曾亲手打死过老虎，抗战时任童子军徒步旅行团团长，在南京受到过汪精卫的接见。黄逸光愿意以民族大义为重，舍身锄奸。黄逸光到南京后，拿着当年与汪精卫合影的照片求见。汪精卫很狡猾，在接见之前，先派特务搜查黄逸光的住房，搜出小型电台、密码本等物，于是黄逸光亦被捕，立即被枪决。汪精卫在批示枪决黄逸光后，也批示枪决了上次刺汪被捕的军统行动员陈三才。

蒋介石在此期间一直关注着军统局的刺汪行动，对戴笠组织暗杀行动，每每失败而深感失望。戴笠运筹无措，因为在 1939 年至 1940 年的近一年时间内，戴笠在河内失败以后，连续 5 次组织刺汪行动，不惜投入极大精力与财力，但连损干将，未获寸功。戴笠承认这是他们遇到的最难对付的老狐狸，他不得不暂时放置，开始策动高宗武、陶希圣脱离汪伪集团，并获得成功。这使蒋介石稍感满意，对协助有功的杜月笙发奖金法币 20 万元，发给军统局有关人员奖金 5000 港币。

刺汪失败，戴笠并没有停止对其他汉奸的追杀。在抗战期间，戴笠指挥军统人员，共暗杀了数百名汉奸（包括投降日伪的军统特工），甚至还派军统特工潜伏于南京日本总领事馆内，由军统局南京区策划，在一次宴会上毒杀日方高官及卖国汉奸，引起震动（见《抗战时期“南京日本总领事馆毒酒案”真相》，载《文史春秋》2011 年第五期）。对整体暗杀活动来说，除刺汪一案，蒋介石总体上还是很满意的。相比较而言，蒋介石对中统锄奸活动不得力是不太满意的。

过去，一直怀疑汪精卫是日本医生下毒致死的。据相关史料披露，汪最终仍被戴笠所害。1944 年 7 月，汪在日本做完手术后隐匿于上海，后与陈璧君联系的密码被军统电台截获破译。蒋得到报告后即命戴笠实施“密裁”。戴笠收买汪的护士，在汪每天服用的中药中掺入玻璃粉毒汁，此毒汁人喝后无刺激、无反应，最终中毒而死（《名人》1995 年第八期）。据笔者分析，汪精卫 1935 年在南京遇刺，身中三颗子弹，有一颗嵌入脊骨，因当时医疗设备不全而无法取出，致使脊椎长期发炎，铸成大患。实际上军统即使不下毒，汪精卫也必死无疑，只不过可能下毒加快了汪的死亡而已。由此可见，直到抗战结束前夕，蒋、戴依然不忘制裁汪逆精卫。不过笔者认为，除了上述戴笠分析的河内刺汪失败原因外，用人不当是最主要的原因。主要指挥者余乐醒于暗杀是外行，陈恭澍优柔寡断，致使丧失机会。如果起用吴赓恕、沈醉、赵理君等悍将，则胜券会更大。暗杀林柏生也属失误，明则敲山震虎，实则引起汪精卫的警惕与防范。况且，余乐醒的毒杀计划更是打草惊蛇。1941 年，陈恭澍任上海区区长被捕，陈璧君闻说当年刺汪总指挥被捕，亲自过堂问陈：“你们在我浴室摆了个小罐，那是干什么的？”看来汪、陈对军统毒杀早有防备。据知情人回忆：当年将毒药罐放置浴室后，汪精卫竟然三天未入浴室洗澡。

不过，“恶有恶报”，当年汪伪集团窜至香港而至河内继而叛国者，都因恶贯满盈最终受到正义的惩罚。汪精卫死后的墓穴在光复后被用 150 吨炸药夷为平地，他的尸骨也被秘密焚毁扬灰。任汪伪政府代主席、军委会委员长和行政院院长的陈公博，尽管逃亡日本，终被引渡回国，于 1946 年 6 月在苏州被枪决，其家属为他营墓立碑都不敢镌名。汪伪政权核心人物、汪逆之妻陈璧君于 1946 年被国民党高等法院判处无期徒刑，上海解放后继续被人民政府关押，1959 年 6 月死于上海监狱。她死前曾对人民政府的改造政策表示感谢，亦对自己的汉奸行为有所悔悟，她在汇报中说：“令我心平气和，知道共产党的成功不是偶然的事。”汪伪政权二号人物周佛海 1946 年被国民党高等法院判处死刑，1947 年 3 月被蒋介石特赦，改判无期徒刑，1948 年 2 月因心脏病死于南京狱中。汪伪集团实业部部长梅思平 1946 年 9 月 14 日被执行枪决。当年在香港被军统刺杀未死的林柏生，随陈公博潜往日本，但终与周隆庠被何应钦派中国宪兵用专机引渡回国受审。当年由香港赴河内的核心人物还有陶希圣、高宗武二人，后来反正，陶最终继陈布雷之后成为蒋介石的“文胆”——任国民党中宣部部长，高宗武不愿做官而寄居海外。也有一种说法认为高宗武本身即为内线，由军统策划。当年日汪签约谈判时，日方已发现他与重庆方面有关系，故一直将他与汪精卫等人分开居住。日方谈判代表犬养健后来在回忆录中也记叙高一直表白：“决不当汉奸。”

梅思平（1896—1946），浙江永嘉人。毕业于北京大学。曾任中央大学、中央政治学校教授，国民党中央法制专门委员会委员。抗日战争爆发后，为“低调俱乐部”的主要成员之一。曾代表汪精卫参与日、汪“重光堂”密约谈判。历任汪伪中央执行委员会执行委员、常委、组织部部长、汪伪政府工商部部长、实业部部长、粮食委员会委员长、内政部部长、浙江省省长。1945 年抗战胜利后被军统逮捕，1946 年 9 月 14 日被枪决。

周佛海（1897—1948），湖南省沅陵县人。早年留学日本，为中共一大代表、中共一大代理书记。一大后脱党，投靠蒋介石，成为国民党中委。抗战期间，他又叛蒋投日，成为汪伪政权的二号人物。抗战末期又为戴笠提供情报。于 1946 年 11 月被国民党南京高等法院以“通谋敌国、图谋反抗本国”罪判处死刑，次年经蒋介石签署特赦，改判无期徒刑，1948 年 2 月 28 日因心脏病死于狱中。

总的来说，蒋介石、戴笠的刺杀汪精卫和锄奸活动应该说是抗日正义行动，而汉奸被严惩，也是罪有应得。

第十五章　大策反

抗战期间，对伪军的策反，蒋介石都交由戴笠的军统去办。

抗战期间，蒋介石除重视利用特工在沦陷区搞潜伏、暗杀锄奸活动之外，还特别重视对伪军的策反工作。这方面的工作，他主要交予戴笠的军统去办理。

戴笠直接策反并产生很大影响的日伪高级官员应推高宗武、陶希圣。高、陶二人随汪精卫叛国后，高宗武任汪伪政府“外交部次长”，陶任“宣传部部长”。二人感觉出力很大，分赃却不平等，自觉当汉奸也当不出名堂，遂生抱怨之心。

此时，戴笠因多次刺杀汪精卫失败，便想在分化汪伪集团上下功夫。戴笠找到与高、陶二人有联系的杜月笙，利用其关系，对二人晓以民族大义，劝其归顺国民政府。二人遂有悔意，愿及早回头，但唯恐回到重庆会受到蒋介石的惩处。戴笠无权做主，请蒋介石裁决。蒋介石令戴笠邀请杜月笙赴重庆面商，蒋亲自接见杜月笙，听取杜的详细汇报。蒋介石认为：只要二人脱离汪伪集团，就可以既往不咎。如愿继续从政，安置以相当职位的工作；不愿从政，可以出国，经费包办，两方面都可以自由选择。如能将《日汪密约》（即汪精卫与日本商定成立伪政权的秘密约定）携出，更有重奖。蒋介石同时指示财政部部长孔祥熙，发给杜月笙10万港币，作为策反经费和补助高、陶二人的生活费。

杜月笙派人向高、陶二人传达蒋介石的承诺，并给每人4万港币，以示蒋介石的关怀。在策反期间，军统香港区亦做了不少工作，终使高、陶二人决心回头。

1940 年 1 月，趁汪精卫赴青岛参加伪南京“维新政府”和伪“华北临时政府”南北傀儡政权合流会议时，陶、高二人携带汪精卫与日本梅特务机关签订的密约，乘船潜到香港，再由军统人员予以保护，并将密约派专人送交蒋介石。戴笠经蒋介石同意，将密约在香港《大公报》公开发表，使世人对汪精卫的卖国行径一览无遗。

蒋介石对军统和杜月笙配合策反高、陶二人的成果很满意，因为二人脱离汪伪集团，还公开了《日汪密约》，对汪精卫是一个沉重打击。高宗武不愿回重庆做官，蒋介石发给奖金 5 万美元，送他到美国。陶希圣留在蒋身边工作，后因替蒋起草《中国之命运》一书，大获蒋介石欣赏，在陈布雷自杀后做了蒋介石的“文胆”（陶希圣后任国民党中宣部部长要职）。杜月笙获奖金法币 20 万元，军统香港区也受到了奖励。

为了更好地进行策反工作，戴笠成立了军统局上海二区。戴笠为此向蒋介石做了汇报，但蒋介石并不满意。他认为军统沪二区的领导人资历、阅历都太浅，只有可能策反汪伪集团的中层干部。蒋介石非常希望军统能策动汪伪集团的上层人物。蒋介石还认为，像高宗武、陶希圣那样回头固然很好，更需要策反汪伪集团的重要人物，并且继续留在其中，暗中归顺重庆政府。因而，蒋介石要求戴笠，必须物色一个有相当广泛的人脉关系并能打入汪伪集团内部还能站住脚的高级人物。

这样的策反工作很困难，比策反高、陶二人困难更大。按照蒋介石的要求物色打入汪伪集团的人物并不好找。戴笠经过思考，觉得有一个人比较合适。此人叫唐生明，黄埔四期插班生，虽然不是军统组织成员，却是戴笠的挚友、结拜兄弟，国民党常桃（常德、桃源）警备司令兼湖南省第二区行政督察专员、区保安司令。因其兄唐生智的关系，与汪精卫、周佛海等汪伪集团头面人物关系很熟；而且在国民党将领中，唐生明是个极讲究吃喝玩乐的“花花公子”。如果以唐生明受不了后方的艰苦，向往上海、南京的安逸生活，去投靠汪精卫，是一个很令人信服的理由。加之唐生智、唐生明都曾反对过蒋介石，汪精卫尽管狡诈，对投靠来的亲朋故旧每每怀疑，但绝不会相信唐生明会来策反。

戴笠将他的人选汇报给蒋介石，蒋介石有所考虑，立即令戴笠设法将唐生明请到重庆。戴笠马上电令常德稽查处处长沈醉，向唐生明转交邀请电。蒋介石亲自打电报到长沙第九战区司令部，谕唐生明速到重庆。

蒋介石想派唐生明打入汪伪集团，不仅是策反，而且还有一个目的，就是通过日伪，扼制新四军的壮大。

唐生明到重庆后，蒋介石亲自接见并请他吃饭，送给他一万元特别费，还将一张他亲自签名的与宋美龄的合影送给唐生明的母亲。临别时蒋还特别叮嘱："你这次去，见到过去认识的人，都可以跟他们说清楚，只要他们做的事对得起国家，于国家有益，将来都可以宽恕的……"

戴笠让唐生明取得信任后，设法掩护上海、南京的军统潜伏组织，这两个地区的军统特工都由唐生明指挥。被捕的特工人员，相应设法营救。同时策反汪伪集团人物，传达蒋介石的宽大政策。更重要的任务是援助军统的特务部队忠义救国军。戴笠一直尽全力发展忠义救国军，但收效不大，而共产党领导的新四军却逐渐壮大。因而戴笠一再强调唐生明要利用一切手段限制新四军的发展。

唐生明先到上海。戴笠已先期制造舆论，报纸上还登出唐生智反对唐生明投敌，并脱离关系的声明。唐生明到南京后，果然受到汪精卫的欢迎，任命他为汪伪军事委员会委员、清乡委员会军务处处长、苏州办事处副处长等职。

唐生明站稳脚跟后，在家里架设了电台，与沦陷区军统组织和南京军统局建立了联系。戴笠将有关新四军的情报，通过唐生明转交日伪特务机关，再由日伪和救国军配合，共同打击新四军。这是蒋介石的如意算盘，借日伪之手消灭新四军。同时，唐生明还对汪伪集团的大汉奸拉拢策反，传达蒋介石的"宽大政策"。

戴笠派军统特务去南京，策反汪伪海军部部长、第一方面军总司令兼苏浙皖绥靖军总司令任援道。策反成功后，戴笠派专人与任援道联系，建立了电台、密码，与重庆军统局本部直通，因而获得了有关日本海军和沦陷区的不少情报。唐生明在抗战胜利后，戴笠已内定推荐他为海军参谋长，因戴笠摔死而不了了之。唐生明是个福将，也是个传奇人物，是毛泽东当年在湖南师范小学任教时的学生，与陈赓关系密切，应陈请求向井冈山根据地输送过枪械。新中国成立前夕，受党的影响，他策反军统交警总局局长周伟龙，被毛人凤发现。周伟龙遇害，唐本人遭军统特务暗杀而未被击中。新中国成立后唐任全国政协委员，在人民政府安排下度过了晚年。他逝世时，李鹏、万里、习仲勋等党和国家领导人参加了告别仪式，《人民日报》还发表了“唐生明生平”，称其为“中国共产党的老朋友”，列举他在北伐战争、“四一二”反革命政变、南昌起义、秋收起义等重大历史关头与共产党的友谊、支持和援助。可谓备极哀荣，盖棺论定。

珍珠港事件后，戴笠更大规模地策反汉奸要员和伪军将领的工作，主要采取待机过来的战略，从而积蓄在沦陷区的潜在力量。

戴笠在这方面有一定的政治头脑，他看到蒋介石关于控制敌后地区的指示并不能成功，原因是军统掌握的特务武装部队，不足以与日伪军和八路军、新四军抗衡。只能依靠汉奸武装，将其策反控制，将来一可以扼制共产党武装的发展，二可以在胜利后捷足先登，抢占地盘。

戴笠的这一着棋“很有远见”，在抗战胜利后，正是大批汉奸武装在军统的指挥下，摇身一变变成“反正国军”，抢占地盘。据统计，抗战胜利前，由戴笠策反等待“反正”的汉奸武装已达百万人之多。

戴笠还有一件成功的策反，是将周佛海控制到手。

周佛海早年信仰马克思主义，参加创建中共并出席中共“一大”。后来周脱党，投靠蒋介石，成为反共理论专家，后又叛蒋当了汉奸。戴笠看准周佛海善于投机钻营的特点。戴笠趁日本在太平洋战争逐渐失利的机会，开始对周佛海进行拉拢。

首先，他采纳了唐生明的建议，软禁了周佛海的母亲、妹妹、岳父、岳母等6人，作为筹码。戴笠觉得，周佛海在南京伪政权中举足轻重，集党务、行政、经济、外交、军事、特工、警察、财税大权于一身（周佛海兼职极多，计有汪伪政委会常委兼秘书长、伪中央执委、军委会副委员长、财务部部长、行政院副院长、警政部部长、税警总团团长、中央特务委员会主任委员、中央储备银行总裁、上海市市长、清乡委员会副委员长等），控制了周佛海，也就在相当程度上控制了汪伪政府。

果然，由于家属被扣，周佛海觉得累及家人，十分伤心。他看到风向，认为德、日法西斯败局已定，也早有弃汪投蒋之意。周佛海开始利用权力，释放被捕的军统特工。双方已达成初步默契。

1942年，戴笠派遣军统重要骨干徐肇明、杜伯威打入周佛海的“禁卫军”：税警总团。周佛海明知底细，却装聋作哑，还将二人委以重任。后来，周佛海以黄埔教官的身份接见徐、杜二人（二人均为黄埔六期生），彻底向二人交底，表示要“付出最大努力”，为蒋介石效力。徐、杜二人后将周的交底报告送给戴笠。

1943年2月，周佛海派释放出的军统特工程克祥（即淞沪抗战中由章乃器介绍给戴笠的大学生，后参加军统）携他的亲笔信到重庆，交给戴笠以表明心迹，并请转交蒋介石。

戴笠将周佛海的信交给蒋介石，向蒋介石建议可以给周佛海以某种许诺，以便利用。周佛海很谨慎，没有蒋介石的承诺保证，他不会贸然行事。蒋介石经过考虑，同意写信承诺，以便周佛海彻底反正。蒋介石信的内容是：君有悔过思改之意，甚佳。但望君暂留敌营，戴罪立功。至于今后君之前途，将予以可靠保证，望勿虑。

这封信，蒋介石没有署名字，只签了“知名不具”四个字。蒋介石很机警，以他的身份，不应该给这样的大汉奸写信具名，所以不署真名。周佛海过去多年在蒋介石身边工作，熟悉蒋介石的笔迹，故不会怀疑伪造。他了解蒋介石的性格，知道“知名不具”正体现了蒋介石的谨慎小心。

戴笠拿到蒋介石的亲笔信后，经过研究，将程克祥破格提升为军统南京区区长，唯一任务就是与周佛海联系，并负责对周加以监视。另成立南京站，借助周佛海的关系重新获取情报，并监视控制南京区，同时负责对汪伪军界上层人物的策反。站长由军统骨干周镐（周为打入军统的中共党员）担任。

戴笠对南京地区潜伏组织一直耿耿于怀。1937 年，戴笠任命特务处一科科长钱新民为南京潜伏区区长。12 月 13 日南京沦陷，钱新民经受不过日特威逼利诱，带全区潜伏人员名单投降，致使整个潜伏区组织被摧毁殆尽。这是军统第一个高级干部投敌，使戴笠在蒋介石面前无法自圆其说（戴笠一直认为钱忠实可靠，还在蒋介石面前替钱新民大加吹嘘）。

1941 年，军统上海潜伏区开会，被内奸告密暴露。区长陈恭澍将上海区特工人员 130 多人全部交出，军统潜伏在南京的特工也被捕获。

戴笠一直念念不忘，记恨犹新，这次他就要重新恢复已中断 6 年之久的南京潜伏区。

戴笠将蒋介石的亲笔信及周佛海母亲、岳父等人的照片交程克祥转周佛海。程与周镐带领工作人员经四川到安徽，由周佛海派其内弟、伪财政部总务司司长委托伪财政部警士队队长杨叔丹，专程接程、周一行，护送到南京。

周佛海见到蒋介石的亲笔信，始下决心。他按带来的意见，安排程克祥在财政部任专员，建立军统南京区。戴笠为程配备了文书、译电、报务员各一人。戴笠并不太信任程克祥，早已密令文书和译电员监视程，又令报务员监视文书和译电员。报务员另用电台专用密本随时向局本部报告情况。戴笠用这种连环监视以达到层层控制的目的，可见他的煞费苦心。

周镐被周佛海安插在伪军委会军事司第六科任少将科长，掌握了军委会的运输事务。在周佛海的掩护下，周镐迅速建立起了军统南京站，还发展了 8 个潜伏组。他所执行戴笠的任务除恢复南京站以外，还有监视周佛海、程克祥并策反军界上层人物。不久，他就吸收伪财政部警士队队长杨叔丹参加军统，另策反伪军委会参谋次长张恒、常务参谋次长祝晴川等，在伪军委会内大搞特工情报活动。此后，有关汪伪南京、上海地区的大量情报开始发往重庆。

同时在周佛海的策动下，汪伪集团军政首脑人物纷纷与戴笠建立联系。他们表示愿意立功赎罪，提供情报，作为内应。这些人物几乎遍布汪伪集团各个要害部门：

罗君强：伪司法行政部部长兼安徽省省长。

傅式说：伪浙江省省长。

缪斌：伪考试院副院长。

鲍文樾：伪军委会参谋总长、海军部部长兼第一方面军总司令。

丁默邨：伪浙江省省长，特工首脑。

孙良诚：伪第二方面军总司令。

吴化文：伪第三方面军总司令。

张岚峰：伪第四方面军总司令。

庞炳勋：伪第五方面军总司令。

孙殿英：伪第六方面军总司令。

……

由此可以看出，戴笠几乎可以控制汪伪集团的行政、军事、特工等各方面。蒋介石的指示也可以通过戴笠对汪伪集团加以影响和实施。以李士群之死为例，可以看出蒋、戴等人对汪伪集团的影响力。

李士群早年参加中共，1927 年至 1928 年到苏联学习。1932 年被中统逮捕，随后自首叛变，参加中统。1938 年投降日本侵略者，汪伪政府成立后，李先后担任汪伪特工总部主任和警政部、清乡委员会秘书长（负实责）、江苏省省长等职。李士群不仅坚决反共，也坚决与军统、中统组织为敌，势力最为庞大。

本来，戴笠一直想把李士群策反，但李认为自己在国民党内根底浅，投蒋不会有太大好处，因此不肯反正。再加上李士群根本无爱国之心，也不顾什么顺应潮流，依旧与军统作对，因而被蒋介石、戴笠视为策反控制汪伪力量的最大障碍。于是唐生明献计献策，周佛海通过日本人挑拨日本特高课与李士群的关系。李士群因为势力膨胀，汪精卫早已秘密成立“政工委员会”，目标就是逐步削减李士群的势力，必要时予以剪除。同时，李士群的恶性发展也引起日本人的警惕。

戴笠看到这些矛盾，决心利用，通过蒋、日、汪三方力量，铲除李士群。于是他发密电给程克祥，令周佛海予以“制裁”。结果，通过周佛海的关系，1943 年 9 月 6 日晚，李士群被日本宪兵队特高课课长冈村借家宴为名下毒，两天后李士群因毒药发作而死。

李士群之死，使军统策反活动的障碍被彻底铲除。

同时，戴笠通过策反控制汉奸，能随时了解到汪伪和日本在华的许多部署。这些情报具有重大政治、军事和经济价值，有的甚至引起当时中国的盟国美国的重视。

周佛海由于职位极高，掌握汪伪机密多，递送的情报质量高、价值大。1943 年夏，周佛海以“特使”身份，代表汪伪政府“访问”伪满洲国，了解了伪满方面的许多情报。汇总给军统后，戴笠又转呈蒋介石，使蒋介石第一次较全面地了解到伪满方面的内幕。这令蒋介石很满意。

1943 年 11 月，周佛海随汪精卫赴日本参加“大东亚六国会议”。利用这次机会，周佛海搜集了日本应付太平洋战争的有关作战部署、作战计划等军事情报，同时大量考察了日本国内的政治、军事、经济状况。周回国后立即全部报送戴笠，又由戴笠转报美国军事部门，使美国在太平洋作战中有所准备。

1943 年对军统来说，是一个日伪情报丰收的转折点。数量多、质量高，为中统局等情报单位望尘莫及。这是戴笠秉承蒋介石指示的极大成果，甚至引起了美国特工部门的羡慕与嫉妒。

戴笠的策反工作不仅在情报搜集方面首屈一指，而且使军统的实力大大增加。这些都使蒋介石甚感满意。1943 年 7 月，戴笠赴西安视察处理工作，因患肺炎卧床不起，蒋介石闻讯，立即手书慰问戴笠："贵恙如何？甚念。希珍重为盼。中正。"由此可以看出蒋介石对戴笠的关切。

戴笠的策反并不局限于汪伪，他同时对中共人员及其公开单位的干部进行策反。在这方面，戴笠与蒋介石对中共的态度是一样的。蒋介石一直认为，日本人只是肌肤之患，共产党才是心腹大患。不消灭共产党，将来就会死无葬身之地。

抗战中，国民党承认共产党的合法身份，戴笠的反共方针有所改变。他非常注意隐蔽性，缩小或撤销军统公开的反共建制单位，表面上以示诚意。抗战初期，戴笠注意力集中对付日伪，但在国民党掀起反共高潮时，他抓紧反共。他多次指示军统，不能放弃反共斗争，尤其是中共代表团和机构所在地重庆，他特别强调是重点。他指示建立庞大的反共谍网，监视、邮检、跟踪中共的驻渝办事处、《新华日报》的工作人员。利用军统掌握的忠义救国军与新四军搞摩擦。在"皖南事变"中，戴笠刺探新四军情报的工作，促使蒋介石下决心发动"皖南事变"。1940 年，戴笠经蒋介石同意，秘密逮捕了中共第十八集团军成都办事处主任罗世文（兼中共四川省委临时工委书记、川康特委书记）、中共川康特委军事工作负责人车耀先等 20 多名中共党员。

1943 年，戴笠利用中共延安整风之机，秘密策反八路军驻洛阳办事处主任袁晓轩公开叛变，先后造成 80 多名中共党员和进步人士被出卖的恶性事件。对军统关押的中共高级干部叶挺、廖承志等人，戴笠一直进行诱降策反工作。

另外，戴笠组建延安军统站，并成功打进中共要害部门，但最终被中共情报部门侦破，先后有数十名军统特工被中共保卫部门捕获并策反。

军统曾有一个外围组织"抗日锄奸团"，主要成员是大专院校的学生。原来还做过对日伪斗争和情报工作。1942 年以后，戴笠将这个组织改变了罗世文（1904—1946），四川威远人。1937 年回四川领导统战工作。1940 年 3 月 18 日，在成都被捕。戴笠将他押到重庆军统局总部看守所，亲自审问，妄图诱降，遭到严辞拒绝。1940 年下半年，被转往贵州息烽监狱关押。在狱中，罗世文担任秘密成立的临时党支部书记，以各种方式坚持斗争。1946 年 7 月，被押解回重庆中美合作所渣滓洞监狱。8 月 18 日，在重庆歌乐山松林坡刑场壮烈牺牲。

车耀先（1894—1946），四川大邑县人。早年投身川军，由司务长、连长后升为团长。1928 年东渡日本，1929 年加入中国共产党，任川康特委军委委员。1934 年在成都主办“注音符号传习班”，引导许多有志青年走上革命道路。1937 年 1 月，创办《大声周刊》，进行抗日宣传，成为成都抗日救亡领导人。1940 年 3 月在国民党制造的“抢米事件”中被捕，关押于贵州息烽集中营、重庆渣滓洞监狱。1946 年 8 月 18 日，牺牲于松林坡戴笠停车场。

性质，他说：过去锄的“奸”是“汉奸”，现在除的“奸”是“内奸”（暗指中共）。由此可见，戴笠一直没有放弃反共任务，只不过各个时期有不同的侧重而已。这不仅符合蒋介石对军统和特工组织的要求，也确实像戴笠所说是“替领袖分忧”，即秉承蒋的意志做反共急先锋。

然而，戴笠所布置的军统潜伏也不是无懈可击，军统潜伏组织多次被破坏，也有不少军统特务背叛投敌，给军统潜伏带来重大影响。除钱新民的南京潜伏区、陈恭澍的上海潜伏区被日本特工破坏摧毁以外，军统还有一些潜伏组织遭到破坏。在陈恭澍之前，上海潜伏区于 1939 年遭受严重破坏，不少重要干部叛变，损失极大。区长王天木的投敌，导致天津站王天木的部下裴级三于同年 9 月投降，平、津、保定、唐山、沧县组织悉被破坏，军统华北潜伏区几乎被摧毁。外围组织“平津抗日锄奸团”惨遭打击，很多人员遇害。以后军统重建天津站，又多次被破坏，多人被捕。因王天木投敌，军统青岛潜伏站被破坏。不久武汉区也被破坏。因军统组织的破坏，导致不少军统特工被日伪杀害。

军统局每年“四一”大会（军统成立纪念日）都要进行祭奠活动。戴笠每年都要花费精力，寻找烈士遗属，抚养遗孤。军统特工有不少叛变投敌，也有一部分军统特工出于民族大义，对日伪英勇斗争而惨遭杀害。

戴笠对这部分人是牢记在心的，所以他在主持军统局时期，把死难者家属、子女全部包下来。戴笠死后，军统局缩编改为保密局，不再负担这笔费用，引起特务家属们的愤怒，经常去哭泣吵闹。有一次大批家属趁军统局帮办唐纵过生日时，一拥而至大吵大闹，弄得唐纵焦头烂额。沈醉解围才避免了事态的扩大。直到保密局于 1949 年撤逃台湾地区，这一问题始终没有解决。

第十六章　大肃奸

汪伪政权覆灭后，军统开展了大规模“肃奸”行动，清除汉奸；抗战胜利后，蒋介石把接受伪产也交给军统执行。

汪伪政权覆灭之后，军统开始“肃奸”行动，曾逃脱军统杀手子弹的汉奸们，仍逃脱不了正义的审判。因为军统在抗战中对汉奸予以坚决清除，所以抗战胜利后，蒋介石把肃奸和接收伪产交予军统局执行。一个重要原因是蒋介石与戴笠策反汉奸有重要内幕，不能外泄，只能交军统办理。军统成立“肃清汉奸案件处理委员会”，叶翔之为主任委员。在全国各大省会及越南等地设立25个“肃奸分会”，并由军统局编印《汉奸调查专册》，以供军统追捕缉拿之用。

抗战结束前夕，蒋介石下令：接收沦陷区后，由戴笠主持肃奸，包括伪满洲国的傀儡皇帝溥仪及“大臣”。戴笠多次召开军统局高级干部会议，除提到汪伪、华北伪政权组织成员如何逮捕、处理外，还着重提到如何抓捕、处置溥仪、溥杰兄弟等重要汉奸。为安抚东北民心，国民政府拟将溥仪兄弟及伪满洲国首恶分子在沈阳公审后枪决。后由于苏军出兵东北捕获溥仪兄弟及伪满洲国首脑，并押往伯力，此一计划终未实行（沈美娟：《沈醉的最后七年》）。

1945年8月，日本无条件投降。全国舆论一致要求惩办汉奸。中共发表《中国共产党中央委员会对于目前时局的宣言》，呼吁解散伪军、严惩汉奸。国民党先命令汉奸伪军维持东南沦陷区治安，接受改编。后于同年9

月，命令军统局在南京、上海、北平等主要沦陷大城市对汉奸予以逮捕。

戴笠经周密研究，决定基本采取诱捕方针，以求兵不血刃一网打尽。如上海，9 月 20 日恰值中秋节，戴笠以他名义向数百汪伪高级官吏和将领发出请柬，邀请他们出席中秋节赏月晚会。为防止有变，戴笠发表讲话，以稳定人心。他说："八年抗战，现已胜利，在座的不少人在抗战期间出任伪职，这当然有各种原因。从今天起，只要能立功赎罪，政府是宽大为怀，既往不咎……""解决汉奸问题，政治重于法律。要相信蒋委员长，要相信政府"。戴笠的话实际是一种策略，但汉奸们不明就里，皆报以热烈掌声。三天后，出席晚会的汉奸们又被戴笠请到军统局愚园路公馆大院，被预伏的军统特工和警宪人员一网打尽。第二天，军统开始新一轮行动，再次搜捕汉奸 100 多人，全部关押于原汪伪"76 号"特工总部监狱。华北肃奸更为迅捷。1945 年 12 月 5 日下午，戴笠仍以他的名义邀请所有北平伪政权高级军政要员赴宴。汉奸们本以为要握手言欢，正待畅饮，戴笠拿出蒋介石亲自审定的肃奸名单，一一点名，宣布对赴宴的汉奸们予以逮捕。除个别如曹汝霖等被蒋介石予以剔除汉奸名单，释放回家之外，绝大多数都被关押，等待审判。汪精卫之妻陈璧君，被军统诱捕归案。

其他各主要城市肃奸也基本由军统布置执行。

曹汝霖（1877—1966），祖籍浙江。幼年入私塾，后去汉阳铁路学堂读书。早年留学日本法政大学。曾任北洋政府交通总长、外交总长等职。参与签订"二十一条"。五四运动时期，被指为卖国贼，住宅惨遭烧毁。抗日战争时期，曹汝霖不与日本人合作，拒绝担任伪政府总理大臣一职，保持了晚节。

自 1945 年 9 月至 12 月，军统局的肃奸行动告一段落，共逮捕汉奸疑犯 4291 人，移送军法或司法机关审判者共 334 人。

1946年4月1日，高等法院正式成立于南京朝天宫，全国瞩目的汉奸大审判拉开了序幕。

对于汉奸的量刑，国民政府制订了标准：伪省长以上处以死刑；伪部长一般处以无期徒刑；伪次长为7年至15年徒刑；伪局长为3年至5年徒刑；以下普通通敌者，处6个月至2年徒刑。

第一个被处决的汉奸是伪立法院副院长缪斌。1946年4月3日开庭审判，5天后缪斌被处死。汪伪首脑汪精卫因1943年三节胸椎骨严重变形，骨膜炎发炎溃烂（一种说法认为是军统杀手下毒致死），于11月10日死于日本名古屋。虽然无法对他进行审判，但仍将他埋于南京梅花山墓穴的尸首焚烧扬灰。汪伪“国府”主席陈公博潜往日本，被引渡回国，1946年夏经审判后在苏州狮子口江苏第三监狱被执行死刑。1945年10月2日，七七事变后组织过上海“维新政府”和南京伪“中华民国维持政府”的大汉奸梁鸿志，在苏州潜逃地被军统逮捕，并被判处死刑，11月9日在上海提篮桥监狱被执行枪决。成立伪“冀东防共自治政府”的段汝耕也被判处死刑，1947年在南京老虎桥监狱被处决。作恶多端的汪伪特工头目丁默邨，1947年5月1日以“通敌叛国”“戕害军统、中统地下工作人员”罪名被判处死刑，执行枪决。丁默邨1921年曾加入社会主义青年团，后加入国民党，1937年任军统局第二处处长。下水后组织汪伪“76号”特工总部，杀害大量军统、中统潜伏特工及中共地下党员。被军统诱捕的汪精卫之妻陈璧君被判处无期徒刑。不过，如按国民政府对汉奸的量刑标准，陈逆在汪伪政权中并无实际职务。她是汪伪政权成立的主要策划人，加之在公开审判中，她态度傲慢，拒不认罪，为她自己和汪精卫百般辩解，且不断破口大骂蒋介石，这可能加重了她的量刑。北平最引人注目的是对金璧辉（川岛芳子）的审判，如依政府量刑标准，她似乎不应被处以极刑。因为她臭名昭著，尽管有日本人以她入日本国籍为由为她开脱，但最终她仍被处以死刑。她的死也留下了种种谜团，至今仍有人认为她被冒名顶替等等。金璧辉与军统潜伏人员有过接触。据说戴笠一度曾想留下金璧辉，以便在将来由军统

> 金壁辉（1906—1948），清朝肃亲王善耆第十四女。清朝灭亡，善耆欲借日本之力复国，将女儿送给川岛浪速做养女。从此更名川岛芳子，被送往日本接受军国主义教育，成年后返回中国，长期为日本做间谍。1928 年，去上海从事特务活动。历任伪满洲国“安国军总司令”“华北人民自卫军总司令”等伪职，曾参与皇姑屯事件、九一八事变、“满蒙独立运动”、一·二八事变、转移婉容等活动。1948 年，被军统逮捕，以汉奸罪判处死刑。

局“运用”。舆论汹汹，经权衡利弊，这个计划遂被放弃。最有戏剧性的是对周佛海的审判，在日本行将战败前，周佛海即开始与戴笠联系，要求反正，并提供了一定的情报。日本投降后，蒋介石委任周佛海为国民党军事委员会上海行动总队总指挥，负责对上海的接收。戴笠对他关怀有加，并担保他无事，但舆论一时皆曰“可杀”。蒋迫于压力，将周逆收监，并判处死刑。周的妻子闻讯威胁披露蒋与周的信函，因为蒋对周有过承诺。蒋介石后又授意将周逆改判无期，周 52 岁时死于南京老虎桥监狱。

也有汉奸经过申诉后改判的，如文化汉奸周作人被判 14 年有期徒刑，并剥夺公民权 10 年。周逆不服，申请复判，后终被减少 4 年，判决书云，“查申请人虽因意志薄弱，变节附逆，但其所担任伪职，偏重于文化方面，究无大罪行”，特别指出“曾经协助抗战及有利人民之行为”。周逆确曾保护过北平军统特工，这位特工还出庭证明。看来，周逆的辩护起了作用。当时北平肃奸时，周作人并未被军统第一批集体拘捕。他是被军统单独至住宅拘捕的，在北平炮局胡同陆军监狱里关了半年，才被押往南京审判。不过他只在上海提篮桥监狱服刑不到 3 年，1949 年被保释出狱。人民政府也没有原谅他，周一直未获公民权，因他给毛泽东、周恩来写过信，政府考虑他的特长，准许他可以著译，但不得使用真实姓名。这如同陈璧君一样，中共取得政权后，依然将她收押服刑。可见在对汉奸的处理上，国共双方是绝无异议的。

当然，百密一失，也有漏网之鱼，如张爱玲的情夫、汪伪主管宣传的高官胡兰成，隐姓埋名，潜往台湾地区。多年后居然在（台湾）文化大学谋得教职，还出版《山河岁月》，被余光中公开发表评论予以揭发，文化大学即将胡兰成除名。台湾“警务总司令部”也将他的书查禁。胡兰成始惊恐万状，又潜往日本，终使其汉奸经历未受到法律制裁。

除了汪伪高官，“76号”一些特工头目也因罪恶满盈而被处以极刑，如曾一次枪杀中国农民银行职员20多人的杨杰，在日本投降后先被中统逮捕，后移交南京军事法庭被处以死刑。一些军统叛徒也受到了审判。

一些负责肃奸的军统接收人员，收受汉奸的贿赂，将肃奸工作弄得乌烟瘴气，引起舆论的抨击。一些汉奸正是靠行贿得以逃脱法网。需要指出的是，军统部门在肃奸过程中，从上至下都借此大发横财，不少大汉奸向军统肃奸人员行贿得以逃脱制裁。

1948年1月5日，在军统局的全力协助下，对汉奸的审判全部终结。国民政府司法行政部部长谢冠生宣布：各省共审判办结汉奸案25155件，14932名汉奸被判刑，其中死刑369人，无期徒刑797人，有期徒刑13570人，处以罚金14人。叛国作伥的汉奸们得到应有的下场。当然，也有舆论认为，肃奸并不彻底，还有不少汉奸摇身一变，成为“曲线救国”的所谓“反正”英雄，尤其汪伪部队，基本被改编为“国军”。更为遗憾的是，当时曾酝酿引渡伪满洲国皇帝溥仪回国受审，由国民政府派出的东京审判检察官向哲浚向苏方提出引渡溥仪要求，被苏方以“审判尚未结束”为由予以拒绝。其实，依笔者所见，为了教育子孙，警戒后人，也应该学一学韩国，出版《汉奸名录》，让罪不可恕的汉奸们永远被钉在历史的耻辱柱上！

第十七章　军统的膨胀

军统在抗战期间无限膨胀，财政、经济、交通、治安、内政、军事无所不管，权力达到了巅峰。

一个国家在战争状态下必须对经济领域及秩序实施管制，中国在抗战时期亦是如此。当时中国有关的管制机构如缉私、运输监察、货运管理、税警、经济情报乃至扰乱日伪经济（包括印制伪币）等，蒋介石全部交给军统局管理、监察、检查（只有盐务、税务交中统监督）。军统有自己的缉私、税警、检查部队，俨然成为抗战时最权威的经济管制部门。抗战时国民政府迁都重庆，为便于蒋介石了解经济领域的情况，军统部门负责每日将重庆市场物价上报给蒋介石参考。

为叙述方便，本章将抗战时期成立的由军统控制的战时管制部门介绍如下：

交通运输及邮电航检

军统本身设有经济情报专业部门和处级单位——经济研究室，保密局时期的第一处（情报处）下设有经济科，说明军统一直对经济情报比较重视。

国民党政府原有交通检查系统，由复兴社特务酆悌控制。1938 年 12 月 25 日长沙大火案，时任长沙警备司令的酆悌被蒋介石当成“替罪羊”公开枪决，原交通检查系统及驻外武官的派遣权，都由蒋介石交予戴笠管理和控制。

1939 年冬，日寇进逼广西，一时西南区域交通运输陷入混乱，戴笠将有关情报呈送后引起蒋介石的重视。

1940年春，蒋介石召见戴笠，对交通阻断、经济危机对抗战的影响表示忧虑。戴笠当即建议由军统强势介入，以加强反贪机构。蒋介石为加强控制水陆交通运输系统监察网，遂同意戴笠在军委会下设“西南进出口物资运输总经理处”（对内简称“西南运输处”，对外称“中国西南运输公司”，后改称“中缅运输总局）。总处设在广州，主任由宋子文的嫡系曾养甫及宋子文之弟宋子良先后担任。但该处的警卫稽查组、政训处及仰光、腊戌等地关键岗位主管职权，皆由军统骨干张炎元、陈质平、潘其武等担任。

日寇占领广州后，运输总处迁到昆明，开始经营滇缅、滇越公路交通。军统开办了卡车司机训练所，先后培训了海外华侨子弟等3000多人。军统用海外军事援助的大卡车组建了庞大的运输队，使之成为抗战后方唯一的输送物资通道。军械装备及必需的海外物资，甚至美国援华军事人员都通过这条“血管”进入大后方，军统成为这条生命通道的唯一掌控部门，军统的财源也由此日进斗金。

1940年5月，西南运输处升格为军委会运输统制局，统一运输管制和运

宋子文（1894—1971），海南文昌人。毕业于上海圣约翰大学；后去美国哈佛大学攻读经济学，获硕士学位，继入哥伦比亚大学，获博士学位。1925年任国民政府财政部部长。1928—1930年通过谈判收回关税自主权，使中国有权确定关税税率和监督税收。1942年担任国民政府外交部部长后与美国政府签订《中美抵抗侵略互助协定》，次年与外国谈判收回各国在华的治外法权。1945年出席联合国大会任民国政府首席代表。1949年去香港，后移居美国纽约。1971年4月25日在旧金山逝世。

输检查，由参谋总长何应钦兼主任。下设监察处，仍由曾养甫任处长，两个月后即由戴笠兼任。由戴笠保举、蒋介石批准，原警卫稽查组组长、“十人团”之一的张炎元为副处长，主持工作并兼运输组组长，同时调拨交警五个中队归其指挥，司令陈绍平由军统局派任。其任务是保护公路运输及机场安全，同时担负“剿匪”任务。戴笠犹嫌不足，将各地路警培训半年后编组成9个武装交警团，经报何应钦批准，成立交通警务司令部，统一由军统指挥。在全国重要城市派驻检查站、检查所60多处，全部由军统人员掌控。戴笠还率特工进入缅甸建立情报网，以保护大后方唯一的进出口通道。

上述措施保证了抗战军运物资等畅通无阻，戴笠同时利用职权在各地抢购物资并销售，以充实军统局财源，甚至纵容杜月笙贩毒运货，使其以行贿手段获得财政部烟土护照，派军统武装押运，但对云南地方贩烟行为却严查扣押。军统利用检查职权横行一时，引起各方责难。

1943年初，监察院院长于右任率先发难，以“监察处”与“监察院”相似易被误解为由，要求改名直至裁撤。蒋介石不得已于2月18日下令将这一机构改为“军委会水陆交通统一检查处”，任命戴笠为处长，张炎元为副处长，业务组组长是“十人团”之一的胡天秋。检查处的组长、分处长皆为少将，科长及各检查所所长大多为上校，军衔颇高。同时将地方检察机关及宪兵统归戴笠管辖，权力更加扩大。1945年4月，检查处与交通警备司令部、缉私税警合并为“交通巡察处”，戴笠不再兼处长，但却向蒋介石保举军统特务吉章简为处长，实际等于仍由军统控制。

统一检查处设有两个交通巡察总队及各地检查所、站，仍保留建制。

各地检查所、站有权没收“违禁品”，故被称为“鬼门关”。最著名的是重庆南一品场检查所，扼守东南、华中、云贵等省陆路至重庆关口。该所所长韦贤号称“铁面无私”，除上面下发的一些规章外，他自己又制订了一些规定，动辄罚没，来往车辆无不怨声载道。各方面控诉不绝，但戴笠并没有调动他。原因是戴笠某次夜间路过此地未事先通知，被拦下检查。戴笠的司机大发脾气：“老板的车你也敢挡住！”韦贤吼道：“我是奉老板命令检查！他自己规定的，自己更应当遵守！不管谁，我都要检查！”戴笠从车里听见，马上下来要韦贤按规定手续办理，并大为称赞。此事传出，无论公私来往车辆更加小心。军统内部对他厌烦，不少人向戴笠反映。戴笠曾对沈醉说过：“我们需要的就是这种不讲情面，不大懂人情世故的干部。无论他有什么别的缺点，这一点就很可取了！”戴笠在局务会上常常称赞检查所的工作，证明检查所确有“成效”，也没有给戴笠出过大麻烦。

1938年汪精卫投敌后，为防止后患，军统局设立航空检查机构。国民党军政要人购飞机票，必须一律经军统局批准。1945年，航检、邮电与水陆交通检查合并，交通巡察处与特检处合并，成立邮航特检处。特检处全称为“军委会办公厅特检处”，各地设邮电检查所，由陈立夫控制。后因戴笠争夺邮电检查系统，陈立夫将邮电检查交军统，新闻检查和图书杂志审查由中统控制，从此该处领导及各地邮检所所长均由军统委任。1941年蒋介石发布《防止异党活动惩治条例》，在国民党军政机关内部设立“防奸防谍小组”，直接归特检处领导。

抗战后，中共联合各民主党派，强烈要求取消特务机关，邮航特检处和各地邮电检查所被迫撤销。这说明，军统控制这些部门，不仅是为了保证交通运输、邮电航空，兼有“防奸防谍”功能，这也是蒋介石将这些部门交给军统的原因之一。

缉私及建立税警武装

在抗战爆发前，军统局成立了禁烟缉私机构，主要分布于长江流域、两广等地。1939年3月，军统在各重要地区卫戍司令部、警备司令部下设稽查处，负责情报搜集与检查。1941年后在兵工署所辖各兵工厂设稽查处25个，并组建29个大队和9个直属中队的警卫部队。

抗战进入相持阶段后，由于日寇的封锁，进出口贸易几乎中断，引发走私泛滥，缉私成为各部门争夺的肥缺。军统局不断上报走私情报呈蒋介石。1940年6月20日，蒋介石召见戴笠，有意通过军统组织的强势管制，加强缉私监控，改革税收，阻止走私上升，同时针对日伪利用走私破坏大后方经济的手段予以还击。戴笠正中下怀，向蒋介石提出在军委会下设统一的缉私机构，将中央与地方的缉私武装统一指挥。

这期间，美国总统罗斯福代表居里来华考察。居里特别谈道，中国战时经济走私是一个严重问题，如果这个问题能够得到解决，中国在经济方面并不需要外国的多少帮助。英国财政金融考察团来华，团长李滋罗斯在蒋介石接见时也建议：开辟税源，增加财政收入，“输血”改变财政日益枯竭的现状。蒋介石因此愈加感到缉私、税制改革关系战时财政的改善，故而下决心成立统一的缉私部门。他否定了戴笠提出的归军委会下设的方案，而批准在财政部下设立缉私署，同时否决了财政部部长孔祥熙保举的署长人选，下手令：“缉私署长一职，决派戴笠兼任可也。”这表明了蒋介石的深思熟虑。戴笠非常明白，他曾对别人说过：“这‘决派’二字，不是随便加的。”

戴笠任署长后，迅速成立编练、经理、总务等处，在 16 个省市设立缉私处，处下设 129 个查缉所和 449 个查缉分所。在重庆、西安、衡阳成立查缉人员训练班，抽调 3000 多军统人员受训，充实到缉私机构。戴笠特别重视掌握缉私部队。财政部原有税警总团，是宋子文任部长时创立的，全部德式装备，由留学美国西点军校的王赓为总团长（王之妻是民国名媛陆小曼，后嫁与徐志摩）。税警总团后扩充为 8 个团。在八一三淞沪战役与日寇

孔祥熙（1880—1967），字庸之，号子渊。山西省太谷县人，祖籍山东曲阜，孔子的第七十五世孙。南京国民政府行政院院长，兼财政部部长，亦是一名银行家及富商。妻子宋霭龄。与宋子文、蒋介石为姻亲关系。长期主理国民政府财政，但一直因以权谋私、贪污腐败而备受舆论指责，最终被迫辞职。1967 年 8 月 15 日在纽约因心脏病病发去世。

激战后，总团被调往陕西宝鸡整训，改由孙立人任总团长。戴笠去点验接收时，遭到孙立人拒绝。税警总团第 2、第 3、第 4 团及直属队后被何应钦改编为新编 38 师。戴笠截留接收了税警第一团，后在此基础上扩充为 4 个税警总团，共 22 个税警团，总计 6 万多人。这支武装部队皆由戴笠控制和指挥。

缉私署成立后，查获了大量案件，收入也与日俱增。仅以山西为例，由军统骨干乔家才兼缉私处处长后，全省税收增加了 9 倍。当年国民党政府年税收仅 10 亿元，而全国总预算支出达 70 亿元。缉私税收的大增，当然有利战时经济的好转，军统局也从中大获其利。

军统不少缉私人员从中敲诈勒索捞取利益。军统的高级缉私官员如福建缉私处处长江秀清、军统西北区区长程一鸣、军统局闽北站前后两任站长严灵峰、张子白等，皆有包庇走私、敲诈商户等恶行。因为多地缉私处处长皆由军统局区长、站长兼任，秘密、公开合二为一，暗可用特务手段，明可调缉私部队，权力大得吓人。甚至戴笠身边的一个司机和警卫，也参与走私，乃至违抗检查，分别于 1941 年 3 月、11 月以走私罪被判处枪决。戴笠发现军统人员参加走私是毫不留情的，对中统、地方派系走私活动也严加抓捕。1943 年浙江缉私处查获中统人员走私、夹带伪钞案，主犯原判死刑，经徐恩曾出面保护改判 8 年徒刑。

孔祥熙家族一直在搞投机贸易，戴、孔之间一直有矛盾。后缉私署破获孔祥熙女儿孔令俊男友林世良走私五金、车胎大案，戴笠密报蒋介石，蒋批交军法审判，判处林世良 10 年徒刑。军统扣押的这批货物暴涨之后价值 6000 万元，按缉私条例，货物充公后可按市值获奖金十分之一。戴笠犹嫌不足，想借机让孔祥熙难堪，因林世良是中央信托局储运处处长，仗着“准丈人”孔祥熙的宠爱，贪污舞弊劣迹甚多。戴笠大量搜集罪证后密报蒋介石，蒋盛怒之下改批“立即枪决”。戴笠获得消息后马上执行。孔祥熙闻知，让孔令俊求情于宋美龄，待蒋介石想改判时，得知林世良已死，因此对戴笠顿生厌恶，但亦无可奈何。孔祥熙得知后大为恼火，孔令俊也跑到宋美龄处哭闹。蒋介石有苦说不出，又不堪孔、宋其扰，一怒之下，斥责戴笠"擅权嗜杀，隐报情由"，将戴笠署长一职撤销。

这个案件轰动一时，戴笠获得了一个不畏权贵的名声，却丢掉了肥缺和阵地。其实林世良之死还有一个致命点是他太傲慢。林自恃有孔祥熙做后台，让案件公开化。戴笠为了脸面和对部下有交代，拼死要让林世良人头落地。事实证明，罚没的缉私物品，只要权贵如宋美龄、宋子文、杜月笙等暗地打招呼，戴笠还是会发还的。1943 年 7 月蒋介石手令宣铁吾接任，宣一到任，将军统各省缉私处处长一律撤换，以下各级军统人员也受到排斥。唯一使戴笠欣慰的是保住了税警总团，改为"别动军总队"，仍辖归军统局指挥。

蒋介石通过林世良之死，感觉到戴笠不满足于仅获得厚利，他的野心开始膨胀。军统在缉私方面卓有成效，蒋介石还是毫不犹豫地将缉私部门这块肥肉从戴笠手中夺走。

战时货运管理和印制伪钞

1941 年，日寇占领沿海发达地区，内地往来运输中断，抗战后方物资渐趋匮乏。戴笠向蒋介石提出专设机构，从沦陷区抢购物资以利后方经济。蒋介石遂指示戴笠与孔祥熙合作。但二人离心，互为掣肘，导致效果并不显著。

1942 年 4 月，戴笠提出对日伪占领区贸易"进出连锁"原则，在价值相等下限出奖入。

同年 10 月，蒋介石以对日经济作战为名，批准成立财政部战时货运管理局，目的是为战时财政和军统局自身资金需要开拓经济来源。蒋介石任命戴笠兼局长，名义上属财政部领导，实际上该机构由军统一手掌控。

1943 年 4 月货运管理局正式成立，军统的王抚州任专任副局长。在豫皖、浙东、福建等设 7 个管理处，均归军统人员掌握。

货运管理局的主要任务明确为：一、管制对沦陷区的物资输出入贸易，增加后方必需。二、发动和奖励商民抢购运输物资。三、自设业务及运输机构。四、破坏日伪金融与经济。

局机构除五处三室、外勤各管理处、货运管理站外，还设立自营机构商号，如光隆庄、协昌庄、振兴庄等，垄断与沦陷区的贸易。各管理处的职责之一还代行海关进出口检查权。管理处辖地的“忠义救国军”“别动军”予以配合，套购敌占区物资，内运推销，军统局大获其利。如浙东货运管理处，以兴隆庄名义进行贸易，垄断浙南的木材、松香、猪鬃、大米、大豆、桐油等，交换敌占区的卷烟、细布、棉织品、五金、日用百货、西药、橡胶轮胎等。各管理处基本如此，军统武装则加以保护。

蒋介石和戴笠对货运管理局的工作业绩很满意，戴笠也自诩建立了一支军统“过硬”的队伍。但货运管理局的高级军统干部也有借走私肥己者，如浙东管理处处长赵世瑞，利用职权，勾结浦东“忠义救国军”武装走私，在与沦陷区贸易中贪污中饱，人称“赵万万”。在他手下工作的侄子赵子清，也大饱私囊，人称“赵千万”。因分赃不均事发为戴笠所知。1945 年 8 月，赵世瑞被收押，查获贪污所得价值 4000 万元。后经特别军法审判，赵世瑞被处以 5 年徒刑。就是这样一个贪污犯，在戴笠死后被毛人凤释放，还进入陆军大学将官班学习。

1938 年以来，日本特务机关开始大量伪造法币，输往抗战后方，扰乱金融市场并抢购后方物资。据统计，抗战时期，日伪共伪造法币总额达 40 亿元，加剧了中国战时经济的压力。

当时，国共两党都针锋相对予以反制，中共的措施是“用落后的办法”，自造土纸印制“抗币”。日伪无纸源，待研究印制需半年以上，制好后边区的“抗币”又换颜色，伪币一上市即被识破，因此对中共边区金融影响不大。

国统区不可能按中共的土法印币，在接连破获贩卖假币案后，蒋介石责成戴笠迅速解决。

戴笠马上采取“以其人之道还治其人之身”的策略，与英、美两国造币公司合作，从美国购进特殊纸张的印钞设备，又从中国银行造币厂请来专家，悉心研制，在重庆军统局秘密印刷厂大量印制日本军用票和汪伪政权“中储券”，几乎乱真。到后来，戴笠干脆通过汪伪财政部部长周佛海，直接获得日伪银行最新钞票版样，在重庆大肆印刷。据统计，军统局所印日伪货币成品总数逾15000箱。这些流入沦陷区的伪钞，极大扰乱了日伪金融市场。军统局用伪钞抢购日伪沦陷区大量物资，坐收“无本”之利，既补充抗战财力，军统局也财源滚滚。军统局在印制汪伪“中储券”五角纸币时花纹嵌入“中央快回来”五个极小字体，被人发现后在南京引发民众奔走相告。人民兴高采烈，而汪伪当局则骚动不安，惊恐万状。这些制作精良的伪币，确使日伪金融一再陷于混乱，损失极大，令日伪疲于应付，货币信用大为降低。

在军统与日伪的“伪币战”中，因军统与汪伪政权“内线”如周佛海等高层的配合更胜一筹。但是，军统内部有人大发其财，当时，伪币是从重庆运到江西上饶和界首，再分发到沦陷区。界首的军统组织居然都在使用这种被称为“特券”的伪钞。据汤恩伯的亲信吐露：日酋冈村宁次、汪伪军政部部长鲍文樾、海军部部长任道援、上海市市长陈公博，甚至国民党开封绥靖主任孙良诚等政要都曾介入其中，大发横财。这一秘密在抗战胜利后被披露，一时舆论大哗（张刃：“1942：报道河南灾情第一人——回忆大公报记者、父亲张高峰”，《海内与海外》2013年2月号）。

当然，首发其财的是军统局。军统局在抗战后无限膨胀，人员剧增，很多开支只能自筹，如忠义救国军的大部分费用都是由军统局自筹的。蒋介石将这些经济部门交军统管制，也有此番用意。军统局的权势由此达到了历史的巅峰，戴笠有一番话是极准确的注解：“我们本身的声望超过了我们的力量，我们怕的是自己实不足以副名，就我们现在所掌握的公开机关的业务性质来说，在交通方面有运输监察；在经济方面有缉私；在治安方面有警卫、稽查和特检；在内政方面有全国警政；在军事方面，各位知道，我们简直关系更大。总之，财政、经济、治安、交通、内政、军事，今天都已掌握在我们的手里。”（申元：《戴笠轶事》）戴笠的这番话洋溢着睥睨一切的自信，尤其是他将“财政、经济”置于军统本身业务“治安、内政、军事”之上，可见他的野心勃勃，更可见他并不甘心只做一个特务首脑的心理。

第十八章　从忠义救国军到交警总队

军统作为特务机构本没有武装队伍，但戴笠野心勃勃，建立了自己的特务武装部队。

军统作为特务机构，原本没有武装。成立之初军统连警卫部队都没有，与戴笠私交甚密的胡宗南将自己的几百名武装部队连人带枪拨给戴笠，这成为军统特务总队的前身。军统的特务总队负责内部特务工作和警卫工作，并非真正意义的作战部队。在抗战期间，军统控制的税警、缉私部队也不是作战部队。

军统自己创建的武装部队是淞沪抗战时在上海成立的，是与杜月笙及青帮合作的“苏浙行动委员会别动队”，下辖 5 个支队及特务大队，兵源为上海军训高中生、青年、帮会成员。任务为协同国民党正规军作战，对敌寇后方实施破坏和袭扰。军统还在青浦、松江、佘山成立训练班和教导团轮训官兵，戴笠为训练班题写的班训为“不怕死”三字。1937 年 8 月至 9 月间由蒋介石批准正式成军，总计 1 万多人投入抗战。

戴笠为控制这支部队，抽调大批军统干部任各级指挥官。在淞沪战役中，这支部队尽管经验不足，但作战尚称英勇。第四支队在苏州河北岸掩护军队撤退，与日寇激战后全部牺牲。佘山教导团、青浦训练班、松江训练班在撤退中牺牲惨重。松江班遭日寇轰炸，全班 500 多人幸存者仅 40 多人，青浦班仅余四分之一。

1938 年，戴笠将剩余武装编为“苏浙行动委员会别动队教导团”，戴笠亲任总团长。至4月底编成5个支队、南京行动总队、教导第一团、教导第二团，总兵员达一万余人。5月，番号改为“忠义救国军”（以下简称“忠救军”），戴笠任总指挥。该军主要活动于苏浙皖一带，多次与日伪军作战，牵制了日伪一定兵力。1939年7月20日，忠救军一部在杨蔚指挥下包围日军扫荡部队，激战至夜后，毙日寇百余人，忠救军伤亡80多人。

此后，为避免蒋介石猜忌，戴笠辞去总指挥一职，荐俞作柏继任，但戴笠仍实际控制。忠救军开始大发展，不断收编散兵游勇、地方武装，甚至土匪，造成人员良莠不齐，甚至有投降日伪者。1939年11月至12月，戴笠连续召开会议，明确忠救军的任务，除游击作战、策动伪军、情报搜集等，主要针对汪伪政权和新四军“两大敌人”，并明确忠救军完全由军统局自筹经费、军饷。

1940年3月，忠救军全部集中、整编，共计26个纵队、总队、大队、直属队等，总兵力近3万人。作战区域为浦东、京沪、沪杭铁路、京杭国道一带，总指挥为周伟龙，文强任政治部主任。以后历任总指挥有阮清源、马志超等。不可否认，忠救军在东南与日伪作战，也不断与中共新四军发生摩擦。其活动特点不仅是游击作战，也带有浓厚的军统特务工作特点，搜集情报、策反伪军成为忠救军的重点工作。忠救军还设有策反、搜集情报的机构——“上海统一行动委员会”，由文强任主任。

抗战期间的忠救军，隶属于军统指挥，是带有游击战性质的特务武装部队，确为以抗击日伪为主的作战部队。在日本投降时，是忠救军郭履洲、阮清源等部队率先进入南京等地接收。

中美合作所成立后，鉴于这支部队游击习气甚重，成分复杂，经常与国民党正规部队如第三战区产生矛盾和摩擦，虽历经数次整编，仍然不断受到蒋介石的指责，于是戴笠下决心利用中美所训练并装备忠救军。从1943年至1946年，中美所举办了10多期“中美特种技术训练班”，专门训练忠救军，并配以美式装备。训练班前后共训练了4万多名忠救军和军统特务。所谓“特务训练”，即美国教官以美式武器训练其使用武器、爆破、周伟龙（1901—1950），字道三，湖南湘乡人。军统“十人团”成员之一。毕业于黄埔军校第四期。1927年后历任汉口警察署署长、特务处上海区区长。八一三淞沪会战爆发后，潜伏在法租界内，从事暗杀汉奸和情报搜集等工作。1939年后历任军统局书记长、别动军司令、中英情报合作所主任、交通警察第一总局局长兼军法执行部主任。1949年1月，蒋介石引退回奉化，命令周伟龙调两个加强总队前往担任警卫任务，周伟龙另有所谋，被保密局以“图谋不轨，叛党投敌”逮捕。1950年周伟龙在台湾新竹被枪杀。

侦察、游击作战等，明显带有非正规军训练的特务武装部队性质。训练一般为期3个月，待训练班结束，学员全部配美式武器装备。没有重装备，皆为美式轻型火器如火箭筒、汤姆生机枪、UD机枪、卡宾枪、曲尺（自动手枪）、左轮手枪、火焰喷射器、爆破器材等。

训练班分别有安徽歙县、湖南南岳、河南临汝、西安牛东、绥远陕坝、贵州息烽、江西修水、福建建瓯、浙江瑞安、福建漳州、安徽临泉等10多期。戴笠对此极为重视，除临泉第十期训练班由汤恩伯兼主任外，其余各期均由戴笠兼主任。除训练忠救军各别动纵队外，还有湖南陈士虎的土匪特务部队。

1946年3月10日，交通警察总局在重庆成立，至1947年共设作战、警务、总务、经理、秘书、军法、政工、督察8个处及秘书、人事、会计三室16科，另有电讯总台等直属单位。外勤单位有京沪区、平津区等11个铁路警务处；7个公路警务室，8个警务组；还有招商局、工程局警务室及各地招商分局警务室，民航局警务室及各机场警务所等。从局长，副局长，各处科长，外勤各处、组、室、所首脑及骨干，均为军统派去的特务，极少数由主官介绍未参加军统组织的人员，也必须先报军统局审核备案。

抗战胜利后，经过训练的忠救军部队，并入交通警察总局，番号改为交警总队，国防部批准编制为总队、直属大队28个，并成立水上总队，至解放战争末期，全国所有各铁路、公路原有的交通警察基本编入交警总队。戴笠在1945年4月曾谈起成立交警部队的目的是“抗战胜利后各方必疏于防范，而共产党必乘机而起，做全面叛乱。为使我戡乱大军能机动灵活起见，交通的维护是戡乱重要的措施，务必尽全力来维护交通安全和畅通”，戴笠此话是在抗战胜利前，可见他谋划成立交警部队的目的就是为了同中共作战。

这支特务武装部队原属中美合作所指挥，抗战胜利后完全由军统局指挥，军统局改为保密局后归属不变。交警总队名义上隶属交通部交警总局，但人员调动、部队派遣交通部均无权过问。国防部还批准交警总队列入战斗部队序列。从戴笠到毛人凤都将其视为军统和保密局的重要家底，也受到蒋介石的特别重视。

交警总队号称“袖珍王牌军”，经过美国特务训练，全部美式武器装备，每个总队辖3个步兵大队，大队辖3个步兵中队、1个机枪中队，中队则辖3个分队。总队还有通讯、迫击炮、平射炮、特务4个直属队，并设有政工、军需、军械、副官、督察、书记7个室。总队编制为3000多人，18个总队加直属队共计5万多人。这支部队机动灵活，便于调动。历任交警总局局长如周伟龙等及各任总队长皆为军统高级特务，连排级以上军官绝大多数也是军统特务，与国民党正规军相比，这支部队更忠诚于蒋介石，作战更顽固凶悍。

抗战胜利后，这一美式特务武装受到蒋介石的重视，将其配置于全国铁路、公路的警卫，其中17个总队及直属大队分布在胶济、陇海、京沪、浙赣、平汉、沪杭、北宁、粤汉、津浦九条铁路动脉沿线，一个总队驻守吴淞口，负责南京至吴淞口长江沿线巡逻。在各铁路沿线相继成立京沪杭等4个护路司令部，1949年在上海成立两个守备兵团。护路司令部和守备兵团司令官均由蒋介石亲自指定。在国民党重点进攻解放区时，交警总队还在山东、河北成立办事处和支队，以统一指挥交警部队进攻解放区。

1947 年至 1948 年，军统还将交警总队以上的指挥机构设为四五个交警旅。交警总队配合军统，保密局各区、站执行搜捕、押解、屠杀中共革命力量的秘密任务，并镇压工运、学运。新中国成立前夕在重庆、上海、成都的集体屠杀罪行中，都有交警总队参加。

解放战争开始后，蒋介石将交警总队投入重点战役，配合正规军担任攻守作战、后方骚扰、破坏交通等任务。在阻止中国人民解放军解放大同和包头的两次战役中，交警总队开始参加防守作战。据不完全统计，交警总队在解放战争期间共袭击中国人民解放军 600 多次，致使中国人民解放军官兵伤亡数万人。

1946 年 8 月，5 个交警大队在苏中如皋被解放军全歼。在解放区犯下累累罪行的第二总队在睢杞战役、上海战役中相继被全歼。后有张国樑、熊剑东等数支总队被解放军予以全歼。在上海战役中，第二、第五、第六、第十一、第十二、第十五、第十八 7 个交警总队和水上总队悉数参战，几乎被解放军全部歼灭，其中第十二总队向解放军交出武器，只有两三个不完整的总队由周文新率领逃往台湾。

1949 年春，蒋介石“引退”到宁波奉化老家，因发现陈仪与中共联系起义，蒋介石感到恐慌，对保卫他的国民党部队疑神疑鬼，因而特别指定毛人凤抽调交警总队来担任他的警卫。此时任交警总局局长的周伟龙，与策反湖南国民党部队的唐生明取得联系，暗中将王春辉等 6 个交警总队先后调往湖南集结。周伟龙还想抽调在奉化保卫蒋介石的交警总队时，被毛人凤发现，经报告蒋介石后在上海国际饭店将周伟龙逮捕，使交警总队的集结计划失败。

在解放战争中，除两三个残余总队逃往台湾，其余总队均被解放军歼灭，在大陆的交警总队残部也在代总指挥李铁夫率领下，放下武器向解放军投诚。这一由戴笠精心培育骄横凶悍的军统特务武装部队终于在解放战争的硝烟中彻底土崩瓦解。

交警第二总队副总队长刘操在任第三大队队长时，在河南杞县、夏邑陈仪（1883—1950），字公洽，浙江绍兴人。日本陆军大学毕业，陆军二级上将。曾任台湾省行政长官兼台湾省警备总司令部总司令，任内发生历史悲剧二·二八事件，为事件中最受争议政治人物之一。1948 年 6 月任浙江省政府主席。11 月释放浙江省警保处处长毛森报批处决的 100 多名共产党员。1949 年 1 月，尝试策反京沪杭警备军总司令汤恩伯起义，被汤恩伯密报蒋介石。被免去浙江省主席职务并被软禁。1950 年 4 月，被押解到台湾，蒋介石以“匪谍”罪，指令军事法庭判处陈仪死刑。6 月 18 日，于台北市马场町刑场被枪决。

先后将交战后阵亡的中共地方武装人员的头一律铡下，共计 20 多人，去向上级“报功”，后被中国人民解放军俘虏，作为战犯被关押改造。他在 1962 年 9 月所写的交代材料中忏悔道：“国民党交警是最反动、最仇视革命、仇视共产党的武装。他为了镇压革命是不惜绞尽脑汁，不顾任何艰险，不计任何代价，不择任何手段的。真是穷凶极恶，灭绝人性！”

第十九章　情报战——中美合作所

军统的电讯业务和破译业务在世界上是首屈一指的。1943年，国民党政府批准成立“中美特种技术合作所”。

中美合作所是“中美特种技术合作所”的简称，是抗战中军统与美国海军成立的以对日作战为目的的情报机构。

在抗战中，蒋介石一直很重视与盟国美国、英国的各方面合作。在当时国民党政府各个部门中，基本都有美国顾问或合作项目，唯独中统、军统没有这方面的成绩，蒋介石感觉很遗憾。

策反汪伪集团人物的目的，也有将获得的情报提供给盟国的意图。但是，在蒋介石看来，中统在这方面做得很不够。1939年，徐恩曾专门从重庆派中统特务赵冰谷等人去南京策反汪伪集团，虽然卖了力气，蒋介石认为并无成绩，与军统的工作差距太大。

徐恩曾为了表现成绩，于1942年至1944年，三次与英国特工部门合作，每次都为英国方面所不满。中统曾组织缅甸工作队，目的是为英缅战区提供军事情报，但这个工作队一直未走出国门进入缅甸，也始终没有为英方提供任何有价值的情报。

中统后来又组织马来亚、新加坡工作队，直至日本投降，只有几个人到了马来亚，根本未起到任何作用。

这些都引起了英国特工部门的不满。唯一使英方稍感满意的是中统组织的留印华籍海员工作队，为英方解决了不少难题。但为争薪水、办公费等问题与英方多次发生争吵。工作队回国时因私带黄金乘飞机被英方查获。老账新账一起算，英方认为这三次合作不成功，说明中统腐败无能。英方将材料反映给蒋介石。蒋介石看了这些材料，认为中统的工作有失体面、有辱国格，也有碍与同盟国的合作与交往，他很不满意，认为徐恩曾难辞其咎。

相反，军统在这方面的工作却做得有声有色，一直得到蒋介石的称赞。在军统中地位仅次于戴笠的蒋介石侍从组第六组中将组长、军统局帮办唐纵曾认为军统对中共的情报不得力。他在 1942 年 8 月 23 日日记中谈及：现在延安情况很混乱（当时延安正发动“抢救运动”），可惜我们在共产党内没有一根内线，得不到确实的情况（唐纵在去台湾时将数十本日记交友人保管，后友人交湖南省公安厅，由群众出版社出版，是研究军统的重要资料——见《炎黄春秋》2007 年第九期李锐文）。当然，唐纵后来调离军统，大概还不清楚军统陕甘宁站、组全军覆没，但平心而论，军统在对日伪情报上还是很有成绩的，对中国抗战和盟军对日作战起到重要作用。

军统在抗战与盟国合作的最大成绩是成立了中美合作所（中美特种技术合作所，Sino-American Special Technical Cooperative Organization，简称 SACO）。

早在 1940 年，军统就开展国际和海外情报活动，在加强国际情报合作方面，取得了很大进展。同年，为加强了解、掌握日军在南洋一带的动向，戴笠派郑介民（时任军令部二厅副厅长、军统局局本部主任秘书）亲赴南洋，于菲律宾马尼拉等地建立军统驻外情报组，以加强这一地区特工情报活动。不久，戴笠应香港当局请求，以军令部第四处名义建立工作队，从事香港地区航空情报侦测。1940 年、1941 年，戴笠为加强东南亚特工情报活动，两次亲赴缅甸视察，建立军统情报网，并建立起卡车队，用于滇缅公路运输抗战物资。

此时，加上原来军统已发展和建立的海外站、组，其网络已遍及全球。在美、法、英、德、意、日、印度、菲律宾、泰国、越南、缅甸、新加坡等欧亚地区，均有军统情报站、组和直属通讯员。

1940 年下半年，由郑介民联系，蒋介石批准，军统局分别与英国、苏联特工情报部门合作，成立“中英情报合作所”和“中苏情报合作所”。中英所的任务是军统负责向英国提供日本陆、海、空军在中国沿海及大陆的军事活动情报，尤其是日本空军的情报。这个所还成立专门的特别工作小组，派到香港地区以及印度、缅甸，侦察日本空军活动并破译日本空军的密电。

中苏所表面由军令部二厅出面，实际由军统局主持。任务是侦察和破译日本陆、空军通信密电。

在与英、苏两国合作的同时，军统开始自己侦察和破译日军电讯密码。军统在特务处时期，就有电讯科。扩大为军统局后，升为电讯处（军统局第四处），下设通讯、机务、工务、考核、电监、人事等各科。处长魏大铭是军统最著名的电讯专家。

1936年，魏大铭就破译出了日本外交密电。

1938年，戴笠报请蒋介石批准，以国防部二厅名义通过驻美使馆，秘密聘请世界闻名的破译专家、美国密码之父赫伯特·雅德利来华，传授无线电通信破译技术，并协助军统侦破潜伏于重庆的日本间谍。雅德利的年薪1万美元。这在当时是很优厚的待遇了。

1939年，军统局侦察出日本使用的密码由日文50个假名组成，使破译工作有了新的进展。

1940年，雅德利与军统合作，破获日军飞机轰炸重庆间谍案。1938年国民政府迁都重庆，日机开始频繁疯狂轰炸，并企图炸死蒋介石。重庆防空部队的反击收效甚微。军统发现，日本间谍的潜伏电台密码诡异，殊难破译。该电台与日军通信频繁。军统断定日机频繁轰炸且难以击落，均与日谍潜伏电台提供情报密切关联。蒋介石得知此情况，即令军统求助美国情报机关。

雅德利到重庆后，经夜以继日跟踪潜伏电台密码，终于发现日谍“独臂大盗”行踪，但无法破译其怪异的密码。据其通信密码字母等排列规则，雅德利发现是书籍密码，底本为英文长篇小说。军统经不懈侦察，发现“独臂大盗”为川军高炮部队军官，并勾结蒋介石的德籍顾问赫尔·韦纳，形成间谍网络，为日军指示轰炸目标。重庆高射炮最高射距为 12000 英尺(约 3658 米)。“独臂大盗”将此情报通知日军，日本轰炸机一进入重庆上空即在 12000 英尺以上飞行，避免被高射炮击中，这是日机从未被击落的原因，致使重庆屡遭重创。

雅德利得知后，亲自晤见“独臂大盗”女友徐贞，以大义感动她，请她帮助破案。徐贞设计与雅德利来到“独臂大盗”宅寓，几番周折，终于发现所依据的密码底本为赛珍珠英文小说《大地》。随后，“独臂大盗”落网，终结了日军轰炸机屡屡得手、来去自由的状况。雅德利破获如此诡异的无线电通信密码，在国际特工史上亦属罕见。

蒋介石分外高兴，亲自召见雅德利，大为嘉勉。1940 年 7 月，雅德利完成合同归国。但在此案中立下殊勋的徐贞，在摆脱日伪特工跟踪避往香港途中，由嘉陵江乘渡船去往机场时，被日伪特工伪造翻船事故遇害。

自此，戴笠领导的军统对日密电侦察与破译活动取得长足进展。

1941 年，军统不断破译日方密电，较有影响的是破译日本外交密电，发现日本与苏联进行商务谈判，以橡胶换取木材。但日本无橡胶资源，因而军统推断日本将有南下占领盛产橡胶的东南亚的企图。此情报转交美国海军参谋部，引起美方极大重视。同年 11 月，军统又破译出日本企图与美国结盟的密电（日本派极有谈判经验的前驻德大使来栖三郎赴美“和谈”)。这份密电引起蒋介石的极大重视，及时与美国交涉，致使美日“和谈”未有成果，迫使日本加紧进行偷袭珍珠港的准备，最终与美国彻底决裂。这份密电的破译可以说促成了中国外交上的胜利，巩固了中美盟国的关系。

军统破译的最重要的一份日本密电是，1941 年冬军统局电讯处技术研究室从日本空军频繁调动的种种布置侦译到日空军准备在太平洋偷袭珍珠港美国舰队和基地。戴笠立即将这份绝密情报送呈蒋介石。蒋介石十分重视，批准戴笠的建议，将此情报转告美国军方。

戴笠将这份密电通知军统局美国站站长、中国驻美大使馆武官肖勃，由肖勃再转告驻美武官郭德权，通知美国国防部的官员，请他们注意日本空军的动向。但当时美国国防部的将军们听到这一忠告后，竟然捧腹大笑，根本不相信这份情报的真实性。他们认为这是国民党政府在挑拨美日关系（因为日本代表团一直在美国，直到珍珠港事件爆发前仍在美国放烟幕，大造“和谈”舆论），再者，他们也不相信中国的特工部门有这样高的素质和神通。

随后，军统侦译部门不断发现这种情况，仍然连续电告肖、郭二人，请他们转告美国军方。这两人都怕再受到美国人的嘲笑，不好意思再去正式通知美国国防部，只能向与他们有私人关系的个别美国军方领导人透露，但情报依然没得到重视。

1941 年 12 月 3 日，距日军偷袭珍珠港还有 4 天，破译人员池步洲截获并破译了日军偷袭珍珠港计划的密码电文，电文由国民党政府密告美国总统罗斯福，罗斯福半信半疑，未能及时采取措施（现在有一种研究认为罗斯福为了打破美国“中立主义”势力和民间情绪，故意压下情报内容，以获得对日宣战的支持）。

1941 年 12 月 7 日，日本按预定计划偷袭珍珠港，美国太平洋舰队遭受重创。这才使美方对军统的破译能力刮目相看。

这里有必要谈一谈池步洲。池步洲 22 岁时以优异成绩毕业于厦门大学，并被保送到日本东京大学留学。抗战爆发后，他回国参加抗战，到军委会从事破译密码工作。军委会技术研究室归军统主管，由军统局电讯处处长魏大铭领导。池步洲本人并未履行加入军统手续，他只作为技术人员被选送到军委会。

新中国成立后，池步洲被以反革命罪判刑入狱。1963 年，他恢复公民身份。1983 年上海高级人民法院证实他未加入任何特务组织，亦无反革命行为，遂予以平反。同年池步洲侨居日本。笔者酝酿动笔写作此文时，池步洲 89 岁，出版了《日本遣唐史简史》《日本华侨经济史话》等著作。

包括池步洲在内的军统无名破译英雄们，他们的名字一直不为人所知，直到 1994 年池步洲的业绩才刊载于世间。他们从未受到过嘉奖，但正由于他们的才智，才引起了美国人的佩服与注意。

其实，军统当年破译了不少对盟国作战非常重要的情报，可惜都不受重视。军统还破译出日本战机要轰炸停留在香港某处的英国军舰的情报，转告英国有关部门后，同样未受到重视，致使英国军舰被日机击沉。

应该说，军统的电讯业务和破译业务在世界上也是首屈一指的。在珍珠港事件之后，美国军方才想起中国武官告之他们的情报是真实的。对此最感兴趣的是美国海军情报署，他们知道是军统局侦译的以后，一方面与肖勃商谈，一方面通知驻重庆的美国驻华使馆武官迪帕斯上校与军统局接洽，希望双方在对日作战中能够进行情报合作。

戴笠大为兴奋，一方面通知肖勃在美国抓紧商谈；一方面与迪帕斯会面。军统的实力给迪帕斯留下了深刻的印象。

肖勃在美国也获得成功。美国海军部参谋部出于战略考虑，有意援建中国海军。他们派遣海军情报署梅乐斯中校，于 1942 年 4 月访华，考察中国海军实力。戴笠觉得，军统不仅可以开展中美情报合作，还可以借此加强与美国海军的密切联系。因为戴笠一直有个野心勃勃的计划，想掌控海军大权，出任海军司令。

戴笠征得蒋介石同意，亲自接待梅乐斯，陪同梅乐斯参观军统局的一些单位，使梅乐斯对军统的能力和效率大为赞赏。随后，戴笠正式向梅乐斯提出军统局与美国海军情报署合作的计划。

梅乐斯回国后，极力向美国海军部赞美军统的实力，他的报告认为军统是世界上最强大的特工组织之一，尤其电讯质量和破译技术更属世界一流。梅乐斯强烈呼吁与军统合作的主张，最终得到了美国海军部和情报署的批准。

1942 年夏，梅乐斯再次访华，正式开始与军统合作，并积极支持戴笠出任海军司令。

刚开始双方各有打算，美国方面企图垄断军统局的对日空军密码侦译经验，而戴笠想偷学美国的技术，另外想获得军统所需的美国无线电通信设备，而将自己的一套技术经验严格封锁。因此双方在初步合作中并不满意，工作几乎停顿。

梅乐斯（1900—1961），1922年毕业于美国海军学院，曾获哥伦比亚大学电机硕士学位，后入海军服役。1922年和1936年两度在美国海军驻华部队任职。1942年再度到中国出任美国海军驻华顾问组组长和驻华使馆海军观察员，同年9月被任命为美国战略情报局远东协调主任，获海军准将军衔。12月与戴笠签订协议，以中美两国共同抗击日本侵略者为目的成立中美特种技术合作所，任副所长。抗战胜利后，梅乐斯返回美国，后在拉丁美洲从事情报活动。1958年升任海军中将。1961年因病逝世。

日本海军大臣大角岑生大将于1941年2月5日乘机飞赴海南岛，赴任南太平洋舰队司令，但迷航进入中山县国民党第十二集团军挺进第三纵队上空，遭到轻重机枪密集射击，将大角乘坐的“微风号”运输机击落并爆炸，十余人死亡。飞机残骸中发现装有大批绝密文件的两个保险箱，其中有日方欲偷袭珍珠港和发动太平洋战争的文件，被认为是军统向美国提供偷袭珍珠港情报的由来（张春：《珠海传奇》，《时代报告·中国报告文学》2016年2月号）。

蒋介石的心理更复杂。虽然他对中美合作，大规模开展情报活动给予支持，对军统寻求美国的帮助持赞成态度，而且希望合作能继续扩大和加强，以进一步打败日本，但蒋介石也有高度的警惕心理，尤其对军统特工与美国特工的合作很不放心。

因为蒋介石一向对有的美国人企图直接控制国民党军队及重要机构的意图予以警惕和抵制，例如美军印缅战区指挥官史迪威与蒋介石争夺印缅战区中国军队指挥权一事，就是一个极好的证明。同时，他也疑忌戴笠借此依靠美国人的支持势力膨胀，而且美国情报组织主动上门，更使蒋介石有所警惕。

不过蒋介石最终意识到，中美特工合作主要为了两国共同对日作战，他应该放手，所以他一直采取比较谨慎的态度给予支持。

作为美国方面，虽然一开始别有企图，但通过长时间了解，他们还是最终确定与军统继续合作，并加快了合作步伐。

一个重要原因是，美国军方因不掌握中国东南沿海地区军事、地质、地形、气象、水文等情报资料而吃了大亏。

1942 年 4 月 18 日，美国 16 架 B—25 轰炸机从距日本本土 1200 公里的航空母舰“大黄蜂”号上起飞，首次对日本东京等地进行轰炸。任务完成后，原预定在中国浙江衢州机场降落，由于美方对中国东海沿海气象地形等资料不掌握，遂造成事故。轰炸机返航到达浙江上空，赶上了风雨交加的恶劣气候，飞机与地面失去联系，导致无法降落。飞机耗尽了油料，飞行员和机组人员被迫弃机跳伞。机上人员共有 75 名，跳伞后有 67 人被中方军民救护，仍有 8 名飞行员被日军捕获，造成了不应该发生的损失。

这次损失使美国海军方面彻底下了决心，必须与军统局合作，以掌握东海沿海地区的一切资料，利于美国海、空军与中国携手对日作战。因此，中美合作所正式成立后，第一个开办的特工训练班就是 1942 年冬开办的气象工作人员训练班，学员毕业后主要分配到东南沿海做气象测量工作，为美军作战提供气象资料。

另外，美国方面认识到，军统组织是世界上最庞大的特工组织之一，几乎掌握控制了国民党政府的所有重要部门，包括军队和警察都有渗透，其势力遍及城乡每一个角落，无所不在。依靠军统在中国进行活动是再好不过的合作对象，其他任何单位都无法和军统比拟。其次，军统的电讯部门管理严格，敏感性强，效率高，破译技术更属先进，超过了美军的经验积累，非常值得学习借鉴。虽然美国在设备上有优势，但在破译技术上确实略逊一筹。再有，军统在沦陷区和东南沿海布置有强大的特工力量，并掌握一定的武装部队，对日情报上乘，对美国海军具有重要的战略价值。还有，戴笠凭军统的力量想染指中国海军，对美国海军来说，具有更长远的发挥潜力。

对于戴笠来说，并不仅仅想谋取海军司令一职，他还想通过美国海军的力量，提高军统的技术和力量。其实戴笠很重视与美方合作，所以他一开始就将合作所抓在手里。以前洽谈或进行中的中英、中苏合作项目，他都交给别人负责。而与美方谈判，他每一个细节都会过问。基于双方共识，1942 年冬，双方加快合作步伐，合作进入了实质性阶段。

经过会谈，双方确定新的合作项目，还鉴于美国在中途岛大海战中转入进攻的战略需要，合作范围有所扩大。双方（军统局和美国海军部情报署）共同成立中美特种技术合作所，以便共同主持中美情报合作业务。

合作要求约定军统局向美方提供日本陆、海、空军在中国与太平洋沿岸及沿中国海岸和中国内地的活动情报，提供上述地区气象、水文等方面的资料；协助美方在中国沿海及内地指定地区建立水文和气象研究机构及无线电台；协助寻找、救护、保护美方在华人员及失踪、伤亡人员等。

美方无偿向军统提供必需的武器弹药、无线电设备、气象、交通、医疗等各种器材。美方先后源源不断运来大批武器弹药等各种物资，包括中小吉普车 200 辆、十轮大卡车 2000 辆、156 座气象台的器材和设施、1000 张病床使用的医疗设备和医药（军统局由此成立自己的四一医院，4 月 1 日是军统局前身特务处成立纪念日）、9000 多吨特工器材和武器。另外，美方帮助训练和装备军统掌握的特务武装——“忠义救国军”（仅第一次双方签订的合同就规定美方帮助训练和装备的特务达 5 万人）。同时规定经中美所训练和装备的特务部队，须接受中美所的指挥。

合作计划分别由双方协商形成文字。戴笠将合同先交宋子文，研究认为无问题后，方向蒋介石报告。蒋介石看了很满意，表示同意。美国政府也予以批准。国民党政府于 1943 年 1 月正式行文批准成立中美特种技术合作所。

1943 年 4 月双方正式签约。美方有美国海军部部长弗兰克·诺克斯、美国总统罗斯福的代表人鲁斯、美海军情报署代表梅乐斯；蒋介石原指定外交部部长宋子文，因宋临时有事，改派外交部常务次长胡世泽代表；加上军统局副局长戴笠共同主持签约仪式。

1944 年双方还签订了补充合同，规定美方为军统培训特工并提供器材；

为军统培训刑事警官并提供器材；美方还将为军统培训高级特工 40 人，在美国受训一年，一切费用由美方支付。

美方为军统办过 20 多个各种训练班，主要帮助军统训练特工和武装部队。中美所成立了军事作战组、情报组、心理作战组（这个组蒋介石曾给予很高评价。在解放战争时期，保密局也成立了心战科）、气象组、行动组、交通运输组等机构，指挥军统特工、武装部队、爆破部队和暗杀的活动。

蒋介石原先有些戒备心理，看到中美所成立有利于双方共同对日作战，也不危及他的统治，他感到很满意。

1945 年秋，蒋介石专程来中美所视察，蒋纬国等随行。他到中美所的一些重点部门进行了视察。在视察过程中，他对中美特警班的美国刑事试验最感兴趣，每看到一件新的刑具，都要问明其用途和功效，总是连连点头，赞不绝口。在观看特警班第一期学员表演时，蒋介石只对刑警课目感兴趣，尤其称赞追捕人犯、警犬搜查、骑警驱散人群的表演。戴笠原以为蒋介石对阅兵分列式感兴趣，没有过多安排刑事表演课目，因而事后大为后悔。由此可见蒋介石对特工要求并不讲求表面文章，而是注重实际效果。

毫无疑问，中美所成立的目的是共同携手对日作战，但蒋介石关心的还是如何镇压、反对共产党这个“心腹大患”。

这次视察使蒋介石非常高兴。他在视察后的训话中，满面笑容地感谢美国教官的训练成绩，并予以称颂。对受训学生，他更是勉励有加，称之为“不但是戴局长最好的学生，也是我喜爱的学生，今后你们的责任非常重大，应当有很大决心去完成我所交给你们的任务”。由此可以看出蒋介石对中美所的特工训练是深感满意的。所以，蒋介石于 1945 年冬，首次批准把中美所几年来的工作情况和成绩，公开登载在国民党的机关报上。

对于蒋介石的心理，戴笠和梅乐斯其实早就猜透了。按合同规定，中美所的成立只为共同反对日本帝国主义，抗战胜利后中美所自行结束。两人都认为，帮助军统抢先进入沦陷区接收，阻止中共的武装进入各个城市，训练反共有经验的归顺汉奸特务，继续帮助军统全力与中共做斗争将是更重要的任务。双方都没有理由再合作下去，尽管依依不舍，但也无计可施。

不过，梅乐斯一再向戴笠保证，为将来帮助国民党战胜共产党，他们会回来再度与军统合作。抗战结束后，中美所宣布结束，美方人员陆续撤回美国。不过，通过中美所的建立，戴笠却获得了更大的名气。

由于美国海军捷足先登，与军统合作，得到了中国战区的大量情报和资料，使美国海军对日作战屡获成果。美国海军在美国军界中有了更多的发言权。梅乐斯在短短几年内由一个中校一直升到少将，便是美国海军获得成功对他的嘉奖。

这样一来引起美国军界的不满，各方面都想争夺中美所的指挥权，分享情报硕果。一时间戴笠成了各方争夺的对象，身价倍增。连中、美、英首脑三方会晤时，美国总统罗斯福向蒋介石提出想见一见这位中国的“希姆莱”，可见戴笠在美国和国际上的影响。

蒋介石本来就对美国人时不时要控制国民党军队和要害部门有所警惕，对于美国各方闹矛盾争夺中美所领导权，乐得看热闹。戴笠有惊无恐，倾向于与他私交深厚的梅乐斯掌握中美所，对美国其他各方一概不放在眼里。

争夺中美所的美国各方，除美国陆军外，还有美国战略情报局、美国三军联合参谋本部，后来空军、中印缅战区等都对中美所感兴趣，推波助澜，一时争吵不休。

在中美所成立后，美国海军曾明令宣布，美国驻华海军有关机构，乃美国太平洋舰队的工作单位，应在舰队总司令直接指挥下作战。

陆军不甘示弱，马上发了一个声明，凡在华美军一切机构，均应受美国中印缅战区司令部节制，并接受美军参谋长的统辖。

当时美军参谋长是马歇尔，他从中美所建立之初就坚决反对它成为一个独立机构，更反对由美国海军来指挥。

与此同时，美国战略情报局局长（后改名中央情报局）多诺万也想控制中美所。由于多诺万与美国陆军关系较好，所以他极力赞成由陆军掌握中美所，企图借此机会先打破海军的垄断，再把中美所控制到手。在中美所刚成立之际，多诺万曾任命梅乐斯为战略局远东代表，妄想笼络、控制梅乐斯。但是多诺万的锦囊妙计被美国海军部识破，坚决予以反对。

多诺万一计不成，便转请陆军出面，向梅乐斯提出要派遣一批教官来华，协助中美所训练特务部队，在西北另行建立根据地等要求。结果遭到梅乐斯、戴笠的反对和拒绝。陆军方面准备的一些教官，只好半途而归。

多诺万仍不甘心，借 1944 年中美所续签第二次补充合同来华担任美方主持人的机会，想以战略局取代美海军情报署来控制中美所，推荐战略局格伦上校为中美所第二副主任，但仍被梅乐斯与戴笠所拒绝。

这场争夺战，一直发展到魏德迈继史迪威出任中印缅战区美军司令后，更形成了一个高潮。

梅乐斯、戴笠自恃有美国海军的支持，任谁也不放在眼里。蒋介石采取不干涉态度，他认为不论谁来控制也不会取消中美所。魏德迈对军统局和中美所成见很深，而且有严重的“白人至上”的歧视思想。他对中美所由中国人担任主任（中美合作所戴笠为主任，梅乐斯任副主任）极为不满。因而，他坚决主张将中美所置于战略局领导和控制之下，使中国人退居被支配地位。

梅乐斯针锋相对，坚持战略局来华工作人员必须受中美所领导。魏德迈大怒，索性认为中美所要受他本人指挥，并以辞去中印缅战区司令相要挟。

双方闹得不可开交，官司一直打到华盛顿。马歇尔代表陆军首先赞同魏德迈的要求。空军无力争夺中美所，但早已眼红，希望把水搅混，随声附和支持陆军。海军受到夹攻，再三力争。最后由美国联合参谋本部裁决发布命令，强行规定去华中美所所有海军人员，自梅乐斯以下均必须直接受魏德迈指挥。

梅乐斯窝了一肚皮气，便与戴笠合谋，阳奉阴违，表面上接受魏德迈指挥，实际上根本置之不理。梅乐斯照旧听美国海军的调度。魏德迈无可奈何，更加气愤，便利用权力，阻挠海军对中美所的军援。中美所每月所需的 150 吨物资，由于魏德迈控制了空中航线，以各种借口不予运送，中美所每月所得物资半数也达不到。

史迪威（1883—1946）：1904年西点军校毕业，参加过第一次世界大战，担任过美国驻华大使馆武官。1926—1929年出任美军驻天津的第15步兵团营长、代理参谋长，晋升中校。史迪威曾多次来华，会讲中文。史迪威于1942年晋升中将，并被派到中国，先后担任中国战区参谋长、中缅印战区美军总司令、东南亚盟军司令部副司令、中国驻印军司令，分配美国援华物资负责人等职务，后被晋升为四星上将。2015年9月2日，史迪威荣获中国人民抗日战争胜利70周年纪念章。

魏德迈（1897–1989），曾进入西点军校就读。1934年入堪萨斯州莱文沃思堡指挥参谋学院受训。1935年升为陆军上尉，1936–1938年进入德国军事学院学习。美国退役陆军上将，盟军中国战区第二任参谋长。他在1947年第二次中国之行而写出的报告，揭露了国民政府的种种弊端，正确判断出两年之内中共军队将取得最终的胜利。

美国海军看到这一情况，准备自备飞机、车辆为中美所运输物资，事为魏德迈所知，利用权力坚决制止，气得梅乐斯浑身发抖，却毫无办法。海军上将尼米兹闻之大为气愤，也无可奈何。

美国海军原计划将3000人调派中美所，因与陆军矛盾激化，陆军不予支援，致使有2000人滞留印度，无法飞越驼峰，结果一直拖到抗战胜利，这2000人只好返回美国。

蒋介石批准戴笠将中美所情况在中国报纸上刊出以后，美国海军也想把有关情况和成绩在美国报纸上披露，却遭到美军方面主持新闻发布的机构反对。

这下，梅乐斯新仇旧恨一齐爆发，气得差点昏死过去。他筹备在重庆举行新闻发布会，想把中印缅战区司令部和战略局的许多丑恶内幕公布于世。会还未召开，即被中印缅战区司令部和战略局发现，马上宣布梅乐斯是“神经错乱”，将其押解回国。回国后，美国国防部立即撤销了他中美所副主任的职务，并将他的军衔由少将降为上校。

戴笠闻之非常气愤，胸中压了一股怒火。当战略局局长多诺万亲自来华商讨有关中美所事务时，两人爆发了一场硬碰硬的交锋。

多诺万在酒会上首先向戴笠挑衅说：“如果中美所阻碍战略局特工在中国搜集情报，战略局将单独行动。”戴笠微微一笑：“倘若战略局试图在中美所控制以外活动，我会杀死你们的人。”多诺万笑着威胁：“你若杀死我手下一个人，我就杀死你的一个将军来抵偿！”戴笠脸色冷峻，大声斥责：“你不能这样对我说话……”杜诺万不甘示弱：“我就是这样对你说话……”两人最后不欢而散。

这证明，戴笠一直站在梅乐斯一边，并不向多诺万、魏德迈服输。

争夺中美所，其实就是争夺军统，控制戴笠。美国陆军、战略局都很清楚，谁控制了军统，谁就有了在中国活动和扩张的工具和基础。

这场斗争直到中美所合作结束和戴笠死去，仍然没有结束。梅乐斯斗争失败被撤职之后，美国海军一直为他鸣不平。1946 年末，美国海军上将尼米兹得知戴笠飞机失事摔死的消息之后，立即准备派梅乐斯作为美国海军的代表来华致祭。

此事被刚从中国归来的马歇尔所知，马上急如星火地跑到海军部部长詹姆斯·福莱斯特的办公室表示坚决反对。他认为戴笠是中国最有名的反共特务首脑，如果美国派人参加戴笠的葬礼，将会影响他主持调处国共两党谈判。美国海军只好取消了梅乐斯的来华致祭之行。不仅如此，出于对美国海军的成见，马歇尔还联合其他人，使海军早已拟就的“战后海军援华法案”流于破产。

1947 年初，美国海军任命梅乐斯为“哥伦布”号巡洋舰舰长，并同意他的请求，在中国沿海巡弋一年。这使梅乐斯得以利用这个机会，参加戴笠的葬礼。他匆匆由上海赶到南京，一下飞机就泪流满面。在戴笠墓前，更是痛哭流涕。梅乐斯吊唁之后，仍对军统局的继承人毛人凤、郑介民表示，他仍然会履行当年和戴笠的诺言，重新和军统进行更亲密的合作。由于美国海、陆军之间深深的矛盾，梅乐斯的愿望最终没有实现。

总的来说，无论美国各方矛盾如何激化，蒋介石还是很满意中美所的成立和戴笠的努力。军统的力量也由此得到了更大的发展。

这里有个小插曲：军统局西南特区区长、西南长官公署二处少将处长徐远举在新中国成立后作为战犯被关押服刑，此人即为小说《红岩》中徐鹏飞的原型。他在监狱中读到《红岩》，大为不满，倒不是因为小说将他作为徐鹏飞的原型，而是认为小说中关于中美合作所的描述是错误的。他认为，中美合作所的成立并不是为了反共，其目的是为了中美两国情报机关共同合作对日获得情报。从中美合作所最初成立的目的来看，徐远举的看法应该基本是正确的。但是，徐远举本人并非决策者，实际上蒋、戴和美国方面的意图在抗战结束前夕就有意使中美合作所发挥对中共的斗争作用，只不过抗战结束，再无借口使中美合作所存在下去。梅乐斯在中美合作所正式结束时曾对戴笠说过：我们一定会再回来合作，帮助你们战胜另一个敌人。这个“敌人”当然指的是中国共产党。

从美国一些学者来看，中美合作所从意识形态和美国利益出发是干涉别国内政的“危险先例……别无可取”。研究中美合作所的迈克尔·沙勒博士指出：“梅乐斯的许多勾当曾遭到其上司的反对，只是因为他干得太露骨，太性急，而中美合作所的基本方针是帮助国民党准备内战。”（《美国十字军在中国》，商务印书馆 1982 年版）费正清在《对华回忆录》一书中也说：“中美合作所的弊端在于，当 1945 年国共内战爆发时，它把美援全部用在国民党一边，这就在客观上意味着美国‘过早地’正式加入了反对中共的活动。这为中国共产党所深恶痛绝，并完全有正当理由把它看作美国帝国主义的不义行为。”（知识出版社 1991 年版）不争的事实是，中美合作所在抗战结束后如继续存在，必将成为对中共斗争的情报搜集单位。因而，夸大中美合作所在抗战中的作用或仅仅指责它的成立就是对付中共，都是不符合历史事实的。

第二十章　蒋、戴斗法

蒋介石怀疑戴笠功高震主，向戴笠指示，要求他撤销军统局。

1942年，蒋介石发现戴笠势力大为膨胀。这是他参加军统局成立十周年纪念大会时感觉到的。戴笠将军统前身特务处成立日——每年4月1日作为军统成立纪念日，每年都要大肆庆祝。军统不少所属机构如医院、图书馆、经济实体等皆冠以“四一”之名。

戴笠本意是通过大会展示军统实力。蒋介石很满意，同时他感觉到，戴笠的军统组织发展得太快，势力越来越大。军统的膨胀远远超过中统，军统的力量已由原来的纯粹特工组织渗透进军事、党务、政治、行政、经济文化、教育、警察、交通、财政、税务、外交、邮检、水路航运缉私等各个要害部门，在国际上越来越有影响。军统不仅有自己的武装部队、交通警察部队，还能调动税警、缉私部队，由军统掌握的武装有几十万人，而且大都是美械装备。军统组织严密，号令迅捷，其调动灵活快速，火力装备之强，已可以媲美国民党的任何一支正规军队。连抗战中唯一一条国际援助物资通道——滇缅公路物资运输也由军统的运输队控制。印制伪币扰乱日伪金融市场由戴笠一手负责。戴笠在国民党中上下左右关系无所不至，还要问鼎海军，连蒋介石的贴身警卫部队“随节警卫组”也由戴笠控制。在世界上很多国家和地区军统都有自己的站、组，国民政府驻外使馆的武官有不少军统人员充任。国民政府的一些部门如国防、海关、税务、缉私、交通等部门的厅局也由军统控制。这已引起了蒋介石的戒备和警惕。

蒋介石是一个猜忌心极重的人，他用人的历来作风是，防止部下自己的系统形成尾大不掉之势。他一生最重视特工和军事，最怕这些部门的人权重震主。

对特务工作，蒋介石控制最严。其次是军事和财政，后者他还能轮流交给别人掌管，如孔祥熙、宋子文，这都是他的亲戚。对于特工，他从来不交给别人，从不交给别人过问，只能自己掌握。由此可见他对特工的控制和重视。

蒋介石对特工重视之极，视之为生命，所以想出不少办法加以控制，以免出现问题。

首先是从思想上灌输忠诚思想。他后来极力学习德、意特工组织的经验，加强法西斯教育，使特务们对他产生崇拜心理，极尽忠诚之能事。1933 年，蒋介石派复兴社军统头目酆悌、唐纵任驻德大使馆武官、副武官，一再交代要学习希特勒的组织方法。言外之意，就是让特务们学习仿效德国特务如何效忠希特勒，用法西斯精神驾驭特务。但德国特务组织头目如希姆莱等位高权大，蒋介石又想出办法，那就是对特工头目可以给权，但绝不给高位，这就可以防止他们在政治上崛起，威胁自己。

其次，特工的一切重要事情、任命都要由蒋介石亲自决定，以防止擅权坐大。以戴笠而论，他干了 10 年军统头目，论职不过副局长，论军衔不过少将，论党内地位不过一个普通党员，而且他的职务始终是内部任命，

希姆莱（1900—1945），1918 年参军，第一次世界大战结束后退役，曾办过养鸡场。1925 年加入纳粹党，参加过啤酒馆政变。1927 年接任纳粹党冲锋队全国领袖。1934 年后任德国秘密警察组织（盖世太保）首脑、警察总监、内政部部长等要职，先后兼任德国预备集团军司令、上莱茵集团军群司令和维斯杜拉集团军群司令。战争末期，企图单独和英美媾和谈判，泄露后被免除一切职务，之后化装逃亡，途中被俘后自杀。

直到 1945 年 3 月 8 日才由国民政府正式公布，可见蒋介石的工于心计。

戴笠一开始就被蒋介石牢牢控制住。十余年来，蒋介石明白，他与戴笠的合作还是很默契的。戴笠靠蒋发家，为报蒋知遇之恩，是绝对拥蒋、忠诚于蒋的。蒋介石也很欣赏他的政治头脑、才干和善于揣摩自己心理的长处。当初戴笠住院期间，蒋介石派宋美龄去看望，表明蒋介石对戴的器重和关心。在戴笠看来，这是“旷世恩典”，在国民党内部是没有几个人能享受到的待遇。

另外，戴笠明白，以他自己的资历、水平、能力，绝对斗不过蒋介石，一是他没有这样的胆量；二是他跳不出蒋的手心。戴笠看过多少与蒋介石抗衡的英雄豪杰们，还不是一个个败在蒋的手下？即便军阀们联合起来，也还是被蒋一一击破。因此，戴笠早就看透了，他唯一的出路必须得到蒋介石的信任，否则没有出路。

戴笠多年来对蒋介石的思想、行动、心理、好恶、性格等无不研究透彻，揣摩迎合，所以他一直得到蒋介石的欣赏。在所有的特务组织首脑中，他最得蒋介石的信任。

戴对蒋的忠诚是无可挑剔的。西安事变后他冒死进入西安就是一个证明，这连蒋介石也不可否认。当年戴笠一下飞机即被关进地下室，他自觉必死还写了遗书。后来蒋介石出版《西安半月记》，特地提到戴笠，使得戴笠大为自豪。

戴笠确实有野心，他自认为有“治国平天下”的本事。他曾与胡宗南计划，将来接蒋介石的班。他也与汤恩伯、胡宗南秘密盟誓，以诗言志。但在蒋介石活着的时候，他并不敢推翻蒋，他还要依靠蒋发展势力。

蒋介石并不是等闲之辈，他绝不肯让一只猛虎睡于卧榻之侧而伺机咆哮。

当蒋介石逐渐怀疑戴笠有功高、权重震主之威时，便逐渐有意识地采取措施加以抑制。他首先任命唐纵为军统局帮办，加以牵制。同时借口抗战胜利，撤去戴笠的兼职，如缉私署署长等职，防止他继续渗透。在军统与中统和其他派系的斗争中他也稍稍抑制一下军统，如枪毙活埋中统人员的戴笠亲信赵理君等。

戴笠从蒋介石对他的态度渐渐感觉到蒋介石对他有所戒备和猜忌，不由得产生“飞鸟尽，良弓藏；狡兔死，走狗烹”的感慨。从此时起，戴笠开始“读史”，以求醒悟和借鉴。每有余暇，便让秘书、他的小学同学周念行为他阅读讲解《二十四史》《资治通鉴》等历史典籍。周念行在讲史过程中，每讲到历代暴君杀戮功臣，就会引起戴笠的叹息，尤其讲到武则天时代有名的酷吏、特务首脑周兴、来俊臣，为武则天忠诚效力、杀戮异己，但因知道武氏太多的隐私，最终被武氏所杀的历史时，戴笠更有毛骨悚然之感。以古鉴今，他更加惶恐和惧怕，他感叹道：“我将来不死在老头子手里，也会死在共产党手里。”可见戴笠已看出蒋介石对他的猜忌。

当然，蒋介石还不想除掉戴笠，他只是有所猜忌和戒备，从而对其加以抑制。戴笠看透了蒋的心理，开始防患于未然。他对蒋介石更加忠心耿耿，极力与宋美龄、宋子文密切关系，与胡宗南、汤恩伯、顾祝同等实力派将领联系以为后盾；同时挟洋人以自重，向海军发展，免得被蒋介石认为只是个特务而被铲除。广泛拉拢与蒋介石周围各色人等包括唐纵的关系，使他们为自己说好话；继续巩固军统局内部，培养毛人凤，以为退路。戴笠着手整肃内部，不给蒋介石任何口实。

蒋介石在抗战时期，有用戴笠之处，故一直没有大动作。

1945年10月10日，国共两党经过43天的谈判，正式签订《会谈纪要》(又称《双十协定》)。纪要的重要内容之一就是规定国民党迅速结束所谓“训政”，召开政治协商会议，“保证人民享受一切民主国家人民在平时应享受的身体、信仰、言论、出版、集会、结社之自由。现行法令当依此原则，分别予以废止或修正”，明确规定“取消特务机关，严禁司法和警察以外机关有拘捕、审讯的处罚人民之权”，并日指出应“释放政治犯”。这些条款主要是共产党针对国民党特务机关军统、中统等提出来的。

对蒋介石来说，他是靠特务起家的，何曾想到要“取消”？他绝不会放弃特务统治这一宝贝。从内心来说，签订纪要，只是应付，他从骨子里要打内战，消灭共产党。和谈只不过是缓兵之计。但是，他要做表面文章，不得不应付共产党和其他民主党派，同时他觉得正好赶上时机有了借口，可以抑制一下戴笠和他的军统组织，使其不能再继续膨胀发展。

蒋介石随即向戴笠秘密发出指示，要求他撤销军统局，化整为零，以减少中共及民主党派攻击的口实。

蒋介石的这个指示很高明。

第一，撤销军统，使他有履行《双十协定》的信誉，应付了舆论。

第二，抑制了戴笠，使军统再不能构成对自己的潜在威胁。

第三，化整为零，并不是取消，等于加强，将来可以东山再起。

第四，打着履行《双十协定》的旗号，戴笠无话可说。

第五，将戴笠捏在手里，将来撤销军统局，对戴笠用与不用，都在自己的手心之中。

蒋介石的这一步确实非常厉害。戴笠看到蒋介石的命令，心情极为恐慌。戴笠心里很清楚，他不可能抗拒蒋介石的命令，蒋介石终于动手了。

如果真的化整为零，戴笠就再也没有什么本钱了。戴笠考虑，先将军令部二厅、内政部警政司掌握起来，将军统控制的军事情报、稽查和国民党军队各级谍报参谋人员划归二厅，将特工警察划进警政司。另外加快成立交警总局，将军统掌握的忠义救国军、军统特务团、军委会别动军、交警总队、交通警备司令部所属各团及税警部队，加上接受的汪伪税警团和汉奸部队共 7 个多师，全部编成 18 个交警总队（相当于陆军加强团或旅的编制）和 4 个教导总队。这些机构全部美式装备，机械化程度很高，机动性极强。戴笠很重视这些军统掌握的武装部队，认为这是最重要的本钱。1946 年 3 月 1 日，交警总局正式成立。另外，戴笠计划将军统局本部及外勤机关划拨到司法行政部之下成立调查室。

尽管化整为零保住了大部分实力，但军统局一旦撤销，如被分割，戴笠将无处可去。关键还是要夺得海军司令的职位，这只能依靠美国人。

于是戴笠以视察为名飞赴青岛，与美海军第七舰队司令柯克上将加紧联系，并达成他为戴笠活动的许诺。随后，戴飞赴天津，受柯克要求，策划美海军陆战队于渤海湾登陆事宜。戴笠立即与美驻津司令、海军陆战第三师师长拉上关系，并设立机构居间联系。

戴笠依靠美国势力的活动，使得蒋介石有些顾虑，因为蒋很重视美国在华军事部队。蒋要打内战，一再请求美国部队登陆替国民党军抢占战略要道与铁路交通线。至 1946 年，在天津登陆的美军达 5 万人。蒋介石明白戴笠与美国人的关系与能量，所以觉得留下戴笠有作用。

戴笠抓紧时间在国防部二厅、全国警察总署、交通警察总局等公开部门合法安置军统特务。仅军统办的全国各特警班毕业生就达 15 万人，如何分配使用，这都让戴笠绞尽脑汁。戴笠一直在南京、上海、北平、天津、青岛等地来回奔走，研讨对策。

戴笠认为，只有寄希望于反共，军统才有出路。他认为军统的牌子由于反共太臭名昭著，但他明白蒋介石绝不会真正取消特务组织，只不过是否由他继续执掌尚未可知。

1946 年 1 月 10 日至 31 日，在重庆召开中国政治协商会议（简称旧政协），中共及各党派再次提出取消特务机关的口号。正在筹备的国民参政会第四届第二次会议，受国共和谈、政治协商会议影响，也准备提出取消特务机关、切实保障人民权利的议案。

就笔者所知，梁漱溟是第一个在报纸上公开抨击特务的民主人士。

李公朴、闻一多血案发生后的第三天，时任民盟中央秘书长的梁漱溟对新闻界发表讲话："李、闻两先生都是文人、学者，手无寸铁，除以言论号召外无其他行动。假如这样的人都要斩尽杀绝，请早收起宪政民主的话，不要再说，不要再以此欺骗国人。我个人极想退出现实政治，致力文化工作……但是，像今天这样，我却无法退出了，我不能躲避这颗枪弹，我要连喊一百声：'取消特务！'我倒要看看国民党特务能不能把要求民主的人都杀光。"

一时间，全国各党派、各阶层，包括国民党左派，甚至与军统有矛盾的顽固派，要求取消特务的呼声此起彼伏，连学生们"反内战"的流行队伍也齐声高呼马凡陀（袁水拍）的快板诗："狗特务，打打打……"

李公朴（1902—1946），原籍武进，生于淮安。中国民主同盟早期领导人，社会教育家。1946 年 7 月 11 日在昆明市遭国民党特务开枪暗杀，次日凌晨因伤重、流血过多逝世。

闻一多（1899—1946），字友三，生于湖北省浠水。中国民主同盟早期领导人，新月派代表诗人和学者。1912 年考入清华大学留美预备学校。1925 年 3 月在美国留学期间创作《七子之歌》。清华大学中文系教授。1946 年 7 月 15 日在昆明市被国民党特务暗杀。

戴笠的对立面和政敌陈果夫、陈立夫、陈诚、李士珍等党、政、军、警大员，趁机兴风作浪，妄图挤垮军统，致戴笠于死地。

1946 年 3 月，国民党召开第六届二中全会，大会开了近 20 天。国民党的权力机构代表——270 名中央执行、监察委员激烈辩论国民党从抗战转入战后的有关方针政策问题。会议期间，忽然有人喊出“打倒特务”的口号，并质问为什么《双十协定》、国民参政会、政协会议关于取消特务机关的三大决议没有得到贯彻实施？这一口号和质问得到大多数出于不同目的的人的双手赞成，这在国民党历届中央全会的历史上从来没有发生过。其实，这是很多人对蒋介石特务统治的不满。因为这 270 名国民党中央执行和监察要员，几乎没有一个人不厌恶、恐惧、仇恨戴笠和他的军统局。孔祥熙、陈诚等军政大员，拥护蒋介石，却极端仇视军统。至于其他与戴笠有刻骨仇恨的陈氏兄弟等，必欲除之而后快。一些稍有正义感的国民党人士，更以军统特务机构为不齿。蒋介石的一些黄埔嫡系将军们，也对军统特务瞧不起。蒋介石最信任的黄埔系将领黄维曾说：“……我从前就反对这种特务手段……戴笠红得发紫时敝人就离得远远的，只要我知道是军统的人，一律不交往，但蒋介石喜欢他们，我也没办法。”（《民主人士》，当代中国

出版社，2013 年版)

几乎全体中执委、中监委，此时分外团结，一致倒戴，其阵线之统一，前所未有。

更耐人寻味的是，特务统治的始作俑者、集大成者和保护者蒋介石居然并不反对，甚至持赞成态度。

其实，这并不奇怪。早在抗战结束前，戴笠负责肃奸和接收汉奸资产，想趁机扩大实力，安插军统人员抢占要害部门如各地警察局局长位置，就受到蒋介石的抵制。针对他扩张权力的势头，蒋成立了一个五人小组，对戴笠进行监视，并研究抑制他的策略。

五人小组由蒋介石领导，加上钱大钧、胡宗南、唐纵、宣铁吾共五人组成。宣铁吾是戴笠的死对头，任上海市警察局局长；唐纵早就负有监视戴的使命；钱大钧是蒋的亲信；胡宗南与戴笠为密友，但蒋介石正是为了分化戴与胡，才让胡宗南参加，并任命他为组长，以示信任，让胡汇报戴的行动。胡衡量他与戴与蒋之关系利害，自然会投蒋取信。

五人小组的成立，使蒋介石自以为可以控制和削弱戴笠，并对他全面监视，准备彻底解决对自己的威胁。

在第六届二中全会期间，蒋介石正好顺应形势，准备干脆“一锅端”。在会议中，蒋介石下手令，在原来监视戴笠的五人小组之外，又成立了一个八人小组，成员皆为特工、谍参、警界等机构的实力派人物。蒋介石交给他们的任务，就是彻底拿出对付戴笠和他所控制的军统的方案。八人小组虽然有戴笠之名，但小组的另外七人却排斥了戴笠，提前秘密搞成了一个“一锅端”的方案，准备在正式会议上发难。

蒋介石同意这个方案，并亲自数次电谕在平津一带滞留的戴笠赶回重庆，参加准备向他发难的八人小组会议。

这几次会议传来的呼声，形成了巨大的舆论力量，使戴笠寝食不安。戴笠权力很大，却没有资格参加这些会议，他不是中央委员，也不是政府官员，不过那种气势还是感觉到了。

1946年2月，蒋提升唐纵为内政部政务次长，为唐出任警察总署署长做了准备。唐纵不仅从职务上超过戴笠，而且蒋介石的真正目的是想把由军统控制的警察权力分而治之。

蒋介石指定的对付戴笠的八人小组有唐纵，其他人分别是宣铁吾、陈焯、李士珍、黄珍吾、叶秀峰、郑介民和戴笠。

宣铁吾、陈焯、黄珍吾分别是上海、北平市警察局局长和首都警察厅厅长，李士珍是中央警官学校教育长，这四人代表了蒋介石的意图，就是特工警察化。宣、李等人均与戴笠有矛盾。叶秀峰是中统局局长，中统一向与军统势如水火。郑介民、唐纵属于军统，但早被蒋介石笼络，两人早已不甘屈居戴笠之下，各自向军政界发展。

1946年3月初，蒋介石再次给戴笠发电报，命令他立即回渝参加八人小组会议。这期间，宣、黄、李等人已策划如何把军统彻底搞垮。毛人凤等已取得这些捣鬼计划，在蒋介石通过军统局发给戴笠的电谕纸背面，注上“重庆宣（铁吾）、李（士珍）、黄（珍吾）在捣鬼，谨防端锅，请亲自呈复”的警告。

戴笠见到蒋的电谕和毛人凤的警告后，十分气愤。但戴明白，宣、李、黄三人并不可怕，可怕的是蒋在利用他们整掉自己。戴笠遂回复了一封有愤激之词的电报，毛人凤认为用词不妥，压下未回复，去电请示修改。戴尚未收到，已经飞机失事一命呜呼了。

戴笠经过考虑，与蒋对着干不是上策，开始考虑“以退为进”，始有出国避风的打算。

就在蒋、戴之间斗法的关键时刻，飞机失事使戴笠突然死亡，他们之间的矛盾自然化解，云消雾散了。

第二十一章　戴笠之死

1946 年，戴笠乘坐的飞机在南京上空爆炸。

戴笠的死使蒋介石省去了很多麻烦。

他的死实则是一个很偶然的事件。当时他在北平处理有关肃奸事宜。这时，蒋介石已知悉美国建议和援助戴笠出任海军司令，但蒋介石没有答应对海军进行改组和撤换海军领导人，戴笠被甩到一边。蒋介石任命陈诚兼海军署署长。戴笠得知后，仍不死心，邀请柯克到北平，做最后努力，以图一搏。戴笠还命令负责军统总务的黄天迈等人专门为他制作海军制服，并且过问得很细（参见文强、程一鸣等人回忆录）。

偶然间，戴笠在提审日本间谍、汉奸金璧辉（川岛芳子）时，知悉军统布置处负责人马汉三曾叛变投日，还从金璧辉处搜去了一柄乾隆龙泉宝剑。这把剑是孙殿英让戴笠转交蒋介石的，戴当时交马汉三保管。马汉三叛变时，剑又为日本特务田中所得，田中将此剑交金璧辉保管。

马汉三叛变后，因献剑免去一死，被日本方面释放，以后侥幸过关，仍在军统工作，爬到军统局布置处处长、北平民政局局长的高位。马汉三知道以戴笠的精明，早晚会东窗事发，所以一直预谋逃亡国外。

戴笠在获悉马汉三匿剑、投敌之事后，又发现他还有贪污的劣迹，非常气愤。不过戴笠已焦头烂额，要应付蒋介石的“端锅”方案，又要赴青岛再次与柯克会晤，还要赶往上海与胡蝶办理结婚事宜，最后回重庆汇报肃奸情况并参加八人小组会议，实在无暇分身。因而戴笠决定，先施缓兵之计，待机再处理马汉三的问题。

戴笠采取了一些措施，稳住马汉三，先索回了宝剑，又散出口风要重用马汉三。有一种说法是，马汉三已看出戴笠在放烟幕弹，他明白戴笠早晚要收拾他。按军统纪律，他自己的下场必死无疑。无奈之际，他与亲信、军统局华北督导员刘玉珠密商，认为只有杀死戴笠，才可平安无事。他知悉戴笠将去青岛、上海等地，于是立即派刘玉珠去青岛，密施暗杀戴笠的计划——在戴笠的飞机上安放定时炸弹。

戴笠离开北平之前，已经充分预料“一锅端”方案将给他带来严重的后果。在 1946 年 3 月 10 日于北平怀仁堂主持军统北平办事处纪念周上，戴笠说了一番含有深意的话：“去年领袖叫我当中央委员，我坚辞不就，因为争权夺利，不配做一个革命者……最近中央开六届二中全会，十几天来所表现的情况，未出我预料。对调查统计局的问题，看来是毁誉参半的。有人叫要打倒我们，我不知道什么叫打倒，什么叫取消，我只怕我们的同志不进步，官僚腐化。如果这样，人家不打，自己也会倒的。所以我时刻所想的，是如何对得起先烈，如何保持光荣历史，绝没有想到别人如何打倒我。我个人无政治主张，一切唯秉承委员长的旨意，埋头去做，国家才有出路，个人才有前途。”

从戴笠的这番话可以看出，他已做好应付“端锅”的准备，也做好引退的准备。

从下列戴笠行程表的安排，可以看到他临死前几乎是马不停蹄，紧张之至。

3 月 12 日，戴笠约见郑介民（当时郑在北平执行军调处负责国共谈判），把军统家底和善后工作做了交代。

3 月 13 日，戴笠赴天津处理军统特务贪污等案件，同时处理国民党第九十四军军长纳妾案件。

3 月 15 日，戴笠返回北平，赴医院秘密看望正在治病的杜聿明，商谈有关军统在东北地区工作配合问题。

3 月 16 日，戴笠赴天津，于当日到达青岛。

3 月 17 日，戴笠决定 11 时起飞，赴上海与柯克会面。他最关心的一件事是胡蝶的离婚证书是否已经报到法院。另外，他还要飞赴重庆，主持 4 月 1 日军统抗战胜利后的第一次成立纪念日。

此时刘玉珠已到达青岛，以军统局华北督导员身份，借口登机检查“安全”，预放一颗高爆力定时炸弹。

11 时 45 分，戴笠登机起飞。起飞不久，即遇大雾，上海龙华机场下大雨，不能降落。戴笠决定直飞南京。

13 时 06 分，飞机到达南京上空。13 时 13 分，炸弹爆炸，飞机坠落于南京江宁板桥镇戴山。机上人员戴笠以下 13 人全部遇难。

3 月 18 日，蒋介石获悉戴笠失踪，非常恐惧与紧张，马上令各有关单位寻找。蒋介石怕戴笠落入中共手中，因为戴笠知道的秘密太多了！

3 月 19 日清晨，戴笠所乘飞机失事被证实。军统人员为戴笠等收尸。

3 月 21 日，军统局总务处处长沈醉专程去戴山勘查，找到了那把古剑，为以后查清戴笠之死找到了线索。

同时，各报刊载戴笠遇难消息，以飞机失事定调。

戴笠之死在国民党内部引起一阵混乱，有人欢喜有人愁。很多有贪污问题、心怀鬼胎的大军统特务们心中暗喜，再也不害怕戴笠会处理他们了。军统首脑如毛人凤、唐纵等开始瓜分戴笠的汽车等财产。

蒋介石刚开始如释重负，因为他不必再费尽心思抑制其人了。但是，随着时间的推移，蒋介石逐渐产生了痛惜、内疚和若有所失的感情。

蒋介石不得不承认戴笠是个特工奇才。蒋介石的江山稳固，戴笠是立下汗马功劳的。戴笠非常符合蒋介石的用人标准——人才加奴才。他的才干在蒋的心中比任何一个国民党内的官僚都不逊色。他能了解、揣摩、执行蒋介石的任何意图，防患于未然。他已成为与蒋默契之极的心腹，军统也成为蒋介石须臾不能离开的工具。

戴笠一死，军统的接班人郑介民、唐纵、毛人凤都不能与戴笠相比，工作处处被动，不仅不能开拓发展，稳固蒋的统治，反而连维持现状都很困难。戴笠死后，共产党地下组织的发展、各大中城市频繁的学潮、民主党派的活动，都使蒋介石十分恼火。他认为，这是军统接班人不具备戴笠那样的政治头脑和政治手腕所致。因而每逢遇到棘手的麻烦时，蒋介石总会想起戴笠，想起他处理事情干净利落、思考周全、不给蒋带来政治恶果、处处秉承旨意、时时体会自己苦心、双方默契协调几乎天衣无缝的种种长处。愈到后来，蒋介石愈感到戴笠的才干无人可以取代。蒋因此不时后悔把戴笠逼得太急，那时蒋介石还不知马汉三谋害内幕，总以为自己逼戴笠前来开会，才使他在恶劣气候中丧生。

蒋介石的后悔心情表现在他对戴笠悼念活动的态度上。

戴笠的悼念活动，在国民党历史上几乎是空前的，其规模、声势，大得吓人。

1946 年 4 月 1 日，军统局在重庆隆重举行了追悼会。蒋介石到会主祭，并在讲话中流下了眼泪。在祭礼完成后，蒋介石慰问军统烈士家属，大概是想起戴笠，再次含泪以泣。蒋介石很少流眼泪，这很可以反映他的心情。军统局的很多特务们痛哭失声。他们百感交集，对戴笠死后军统局和自己的命运有不祥之感。

随后，蒋介石下令在全国范围内为戴笠举行公祭。

从 4 月中旬到 6 月上旬，全国各省的各大城市纷纷举行公祭。北平、济南、贵州、重庆、成都、昆明、南昌、上海、合肥、无锡、兰州、广州、福州、厦门、长沙、桂林、西安、郑州、沈阳纷纷举行了数千人乃至 5 万人的悼念祭礼。各地主祭人均为国民党军政要员，如北平是军委会委员长北平行营主任、一级上将李宗仁；山东是省府主席何思源；贵州是省府主席杨森；四川是卫戍总司令王缵绪（上将）；安徽是省府主席兼第十战区司令李品仙（上将）；江苏是国民党第三方面军总司令汤恩伯（上将）……

因为蒋介石有旨意，所以这些要员明白蒋介石是有意把戴笠的追悼活动办得隆重再隆重。

6 月 11 日，国民政府发布命令，追赠戴笠为陆军中将。

第二天，蒋介石率数百名军政大员为戴笠送葬。陪同蒋出席葬礼的有宋子文、陈诚、白崇禧、陈立夫、邵力子等。蒋介石题送了“碧血千秋”的花圈，还书写了“雄才冠群英，山河澄清仗汝迹；奇祸从天降，风云变幻痛予心”的挽联，这可窥见蒋介石失去戴笠的痛悔心情。

蒋介石着特级上将制服，至南京中山路 357 号军统办事处戴笠灵堂吊唁，又护送戴笠灵柩至钟山灵谷寺志公殿。送葬队伍除数百名军政要员外，还有数万人参加葬礼。送葬队伍一律素衣白马。蒋介石在葬礼上致读长篇祭文。哀叹“唯君之死，不可补偿”。在朗读祭文时，蒋介石又一次流下眼泪。

两个月后，内战开始爆发。蒋介石专门抽出时间与宋美龄专程到灵谷寺凭吊戴笠，据说蒋介石一直面对戴笠遗像长时间凝视，没有说一句话。

蒋介石在戴笠死后，曾有一次对人慨叹：戴笠“生为国家，死也为国家”。因为蒋介石在他的政治生命中每每依靠戴笠化险为夷，每当风云变幻之际，戴笠也会以自己的政治敏感，为蒋提供情报，出谋划策。蒋介石在戴笠死后，愈发感到戴笠的重要性。因此蒋介石每每歉疚，也每每怀念戴笠。

凭吊之后，蒋介石决定为戴笠选择风水绝佳的安葬地。毛人凤、沈醉等陪同蒋介石走向灵谷寺后山选址。因宋美龄穿高跟鞋不适崎岖山路，蒋介石表示以后再来。

半个月之后，蒋介石在毛、沈陪同下，再到灵谷寺后山选址，走来走去，直到满头大汗。

1947 年 3 月 17 日，戴笠灵柩正式安葬。蒋介石派陈布雷为代表致祭。戴笠棺木入穴后，毛人凤与沈醉商定，用水泥炭渣搅拌灌注，将整个墓穴与棺木凝结为一体，以免被人破坏。

1949 年，毛人凤觉得戴笠生前与共产党作对，罪恶太重，怕解放军会掘尸毁墓，计划迁墓到台湾。因水泥灌注太结实，无法可想，只好放弃。其实，戴笠墓穴在新中国成立后并未遭破坏，一直完好。沈醉被关押 11 年以后特赦出狱，曾数次去探视，至今无损。

戴笠的老母一直不知道戴笠已死，由毛人凤一直模仿戴笠口气逢年过节发电报祝贺，以造成戴笠尚在人间的假象。戴母在20世纪50年代初期死于大陆，她一直以为戴笠无恙。戴笠之子戴藏宜与戴笠之弟戴春榜因杀害中共地下党员华春容等罪行，新中国成立后被政府镇压。戴笠儿媳郑锡英及三个儿子、一个女儿，回到衢州娘家，不久隐居上海。女儿在回衢州之前已送人。

1953年初，一直对戴笠不能忘怀的蒋介石，在台湾地区站稳脚跟后，开始寻找戴笠遗属，命毛人凤不惜代价将戴笠遗属和后裔从大陆接到台湾。

毛人凤奉蒋的指示，派保密局特工从台湾潜至上海，与潜伏在上海市公安局的特务接上关系，找到了郑锡英一家，并为四人办好了去香港的出境证。1954年初，因前来接应的特工必须带领他们出境赴台，郑锡英只好将次子送给别人，让特工顶替次子之名，带她和另外两个儿子，同至香港，再至台湾定居。潜伏在上海市公安局的保密局特工，因此事露出马脚被逮捕。起初毛人凤并不情愿启用潜伏在上海市公安局内的“深喉”，因为其已经占据了很重要的位置。

蒋、戴之间的恩怨至此结束。

1948年，马汉三、刘玉珠等谋杀戴笠内幕被发现，经毛人凤上报，蒋介石怕公布真相有损于军统和国民党声誉，只以贪污罪等将马、刘等三人处决。

戴笠生前很迷信风水，很多人说他飞机失事摔死在戴山是命中注定，而且还与戴笠一生最忌讳的数字13有关：13人、13时13分。实际这也是一种巧合。依笔者分析，如果戴笠飞机到达上海或南京上空，不遇大雨，不用盘旋而直接降落，依当时时间看，很可能戴笠下了飞机后炸弹才爆炸，戴笠可免于一死，因为在两地空中停留时间太长了。

同时，戴笠如果听从部下的劝告，也可以不死。3月16日，戴笠乘222号专机从北平飞天津，于此过夜。第二天天气变坏，飞行员担心不能起飞，但戴笠急于赶到上海与胡蝶会面举行婚礼，因而不顾天气恶劣飞到青岛加燃料，这给了刘玉珠一个机会放置炸弹。

戴笠很固执，他制订了上海不能降落就飞南京，南京不能降落就飞重庆的飞行计划，总之不顾天气必须起飞，这就铸成机毁人亡的惨剧。

当时在空中飞往上海时，飞行员已获悉上海机场暴雨无法降落，故转飞南京，但此处也遇到雷电交加的大雨。当时国民党空军出动了军用飞机导航，因云层太低，无法与戴笠专机取得联系，如果联系上，由飞机导航，也许可能避免坠机惨剧。

在到达南京上空时是 13 时 06 分，机场曾得到戴笠专机信号，第一次是准备返回，第二次仍准备在南京降落，仅 7 分钟后联络突然中断。次日晚上 20 时，美国海军出动的搜寻飞机发现了飞机残骸。军统搜寻人员随后于 3 月 19 日赶到，经确认无一人存活。

除机组人员和戴笠本人外，还有 8 人同机死亡（总计 13 人）。职务最高的是军统局少将人事处处长龚仙舫，还有军统局专员金玉波，副官徐焱，戴笠与美军将领会晤的英文翻译马佩衡，以及戴笠专用的机要密码译员和三名戴笠的警卫。最倒霉的是戴笠的一位黄姓友人，本想顺程搭免费飞机，不料陪着命丧黄泉。幸运的是原 222 号飞机驾驶员，现在仍然不知是何原因，飞机从北京起飞至天津后，被换掉启用另一位飞行员。近年有些文章不知依据为何，暗示戴笠飞机失事是陈立夫兄弟谋唆飞机飞行员所为，并云飞行员在出事前跳伞逃脱云云。这一点因无任何证据可资说明，故只能置疑。假若说到天津后换下的那位飞行员放置炸弹或许可信。总而言之，目前较为合理的说法仍然是马汉三指使刘玉珠所为。

“人走茶凉”，这一俗语真正体现在戴笠之死上。

当时戴笠专机失去联系一天一夜后，蒋介石下令毛人凤选派军统局一名将级特务，携带电台及报务员、医生各一名，务于次日下午乘机出发前往估计失事地点降落，如不能降落即跳伞，核实情况后用电台向蒋介石报告。毛人凤随即召集局本部及驻重庆外勤机构少将级负责人 20 多人开会，传达蒋介石的命令。众人听到命令，没有一个人自告奋勇去可能的失事地点。毛人凤声泪俱下哀求大家："同志们，委员长再三强调，一定要派个高级同志去。如果没有一个负责人肯去，岂不是显得我们军统的负责人太胆小怕死了吗？如果我能走开，我一定去，可是戴先生临走时，让我在局里处理日常事务，离不开。你们叫我怎么去向委员长复命呢？"

哭也不起作用，仍然没有一个人站出来，因为毛人凤已同蒋介石分析了戴笠飞机可能出现的情况，除遇难外，还有一个可能是飞机迫降到中共武装控制的地区。有鉴于此，大家都盼着抗战胜利后熬出头要升官发财之际，谁肯冒险进入中共控制地区？

最后打破僵局的是 33 岁的军统局总务处处长沈醉。他非黄埔系小圈子，也非浙江江山同乡，只是为报戴笠知遇之恩，表示愿去"共区"寻找戴笠。毛人凤和其他 20 多人兴奋异常，随即蒋介石亲自接见沈醉，安排一切具体事宜。正待拟乘飞机前往时，飞机坠毁地点被发现。军统局少将级特务李崇诗、王新衡、毛森、邓葆光、王一心等纷纷赶到现场。这些少将都有自备高级轿车，当跟随戴笠当了十多年勤务兵和副官的贾金南抱着戴笠已烧焦的遗骸要求搭车回南京时，这些跟随戴笠多年受到提拔的大特务们，却没有一人肯让贾金南抱着对他们有恩的老长官遗骸上车。又恨又怒的贾金南，只能号啕大哭抱着尸体搭乘一辆大卡车回到南京。贾金南勤务兵出身，没有什么文化，以前给戴笠当勤务兵时，经常挨打受骂，被提成副官，也不过是一个小小的少校。相比而言，这些将军们的所作所为真不如一个小小的勤务兵！

据沈醉回忆，戴笠尸体被送回南京后，草草整容更衣，放置到灵堂后，军统局从上海、南京、重庆等各处赶来的大特务们聚集到豪华饭店，大吃大喝，心情极佳。只有沈醉、邓葆光等几个人因感念戴笠知遇之恩而吃不下饭。在座的绝大多数人觥筹交错，胃口大开。他们固然认为戴笠之死会使军统局的前途黯淡无光，但这些人在接收日伪财产过程中的贪污受贿再不会受戴笠的"家法"制裁了。戴笠生前最恨部下贪污，有时贪污几十元都会被枪毙。如抗日期间重庆有一位女军统邮检员，贪污款数十元，被揭发后，戴笠气愤之余下令将她处以死刑。大特务们的贪污受贿与此相比，简直是九牛一毛。他们时时惧怕戴笠查处，而戴笠一死，他们再也不用担惊受怕了！

戴笠若有知，他再也想不到平时以他意志为转移、说一不二有无上权威的恐怖王国的教主，竟然如此“人走茶凉”，如此被人蔑视！

军统局的绝密档案在新中国成立前夕已全部被运至台湾，至今仍未解密。相信以后若假时日，有关档案予以公布，戴笠之死的确切细节即可大白于天下。

戴笠的死因在各种研究及书籍中，也有否定是马汉三谋杀造成。例如长期在蒋介石身边工作的申元在《戴笠轶事·评戴笠坠机之谜》一书中认为，军统华北办事处处长马汉三及办事处主任秘书刘玉珠，在 1946 年 2 月已被戴笠宣布撤销职务，而戴笠于 1946 年 3 月 17 日坠机而死。马、刘二人无职无权，所以无法利用职务之便安放炸弹（引自《国民党特务活动史》，第 580 页）。但据该书所引的军统局青岛站站长梁若节交代，在上飞机前他与刘玉珠共同研究过爆炸时间，由此看来，又是言之凿凿，似乎铁案无疑。国民党军统一些高级干部在后来出版的回忆录中欲言又止，并不明说，但在字里行间极力渲染，如陈恭澍在《英雄无名》一书中故意卖关子：“刘玉珠因何被扣押”，大书“可惊”“可怕”等，令人有无限遐想空间。

国民党特工档案包括军统机密档案全部移至台湾地区，至今并未全部解密，2008 年李安拍摄《色·戒》，以中统特工郑苹如为原型，引起争议，台湾“军情局”才出面证实郑苹如确为中统特工。由此可见最终解密，还要爬梳有关戴笠在北平处理马汉三等人和毛人凤最后审问、结案的原始档案，才可将真相大白于天下。

现在关于戴笠之死的真正原因，没有真正的原始材料可供借鉴、参考。有的作者在写戴笠传记时，就不引用“谋杀”一说。如沈美娟，是原军统少将沈醉之女，掌握一些材料，她出版《孽海枭雄——戴笠新传》（北京十月文艺出版社 1992 年版）一书，根本未提到“谋杀”是戴笠致死的原因。

号称研究戴笠及军统的专家、美国作家魏斐德于2004年在中国出版《间谍王——戴笠与中国特工》（团结出版社，梁禾译本），虽然也引用了几种谣传，但只字未提马汉三“谋杀”之因（他只在注释中简短提及，而且认为是“其中最耸人听闻的说法”），他反而引用了沈醉所著《军统内幕》一书中沈醉对“听了很多谣传的胡宗南所说的话：‘我们告诉他（指胡宗南——笔者注），经过多方调查，证实没有什么人对他进行谋害，的确是由于气候关系，驾驶员不慎撞在山上失事’”。

魏斐德先生还引用几种说法，最引人发笑的是：“不久前被释放的重要共产党人叶挺将军也在飞机上。在飞行中据说叶挺和戴笠争执起来，并拔出了各自的手枪，随即而起的射击导致了飞机着火。”叶挺因“四八”飞机失事遇难已完全证明这是无稽之谈。

还有“飞机坠毁是共产党的破坏”“美国战略情报局在飞机上安置了炸弹”“飞机里一种气压计的保险丝被动了手脚，它被调成在1500米高度上爆炸”“那天戴笠根本就没上那架飞机，而是假造了自己的死来挫败他的敌人”，除了战略情报局稍微与戴笠沾边儿，其他根本不值得分析。美国战略情报局因与美国海军争夺中美合作所领导权，曾与戴笠发生矛盾，但不至于有如此深仇大恨，因为中美特工部门在总的战略利益上是一致的。中共痛恨戴笠，在军统也有长期潜伏的地下工作者，但并没有这种暗杀企图。中共在国民党特工部门打入和潜伏特工，总的宗旨是提供情报，并不以暗杀为目的。中共在与国民党长期的斗争中，白区工作总的是积蓄力量，提供情报，除早期中共特科“打狗队”暗杀叛徒外，并不对国民党军、政、警、特领导人施行暗杀，周恩来曾特别明确这一点。除了1931年，国民党上海市警察局督察处特务组两任主任、反共特派员马绍武（史济美）、黄永华，上海市警察局密查员雷大甫等数人对中共上海地下党危害极大，被特科“打狗队”击毙外，并无其他暗杀军统、中统高层领导的行动。中统是中共最凶恶的敌人，周恩来曾称中统最高领导人陈立夫“是一位值得尊敬的敌人”（“陈立夫：天涯涕泪一身遥”，载《东方文化周刊》2011年第32

期）。周恩来赴南京国共谈判时，首先拜访陈立夫，请他对国共合作助一臂之力。事实上，抗战期间，经陈立夫同意，最早秘密与中共谈判国共合作事宜的国民党代表就是中统高层张冲，周恩来对张冲的人品也是称道的。张冲曾策划“伍豪事件”，他在报上造谣称周恩来已叛变，这给周恩来造成极大被动。西安事变后，周恩来、张冲各为双方谈判代表，遂成好友。张冲病逝后，周恩来亲往哀悼并题送挽联“安危谁与共，风雨忆同舟”，并发表讲演。他在报上撰文说：“先生与我并非无党无见，唯站在民族利益之上的党见，非私见私利可比，故无事不可谈通，无问题不可解决。先生与我各以此为信，亦以此互信。”由此可见，中共与国民党只能是政治上对立，但尊重对手的人格，并不搞人身攻击，更不会搞暗杀。这一点中统的徐恩曾等领导人也是认定的。20 世纪 50 年代初，徐恩曾在台湾出版回忆录《我和共产党战斗的回忆》曾提及：“共产党人是反对暗杀手段的。他们自称：他们所反对的是整个‘社会制度’不是某些‘个人’，反对社会制度须要依靠‘群众的力量’，‘暗杀’是无用的。中共在过去三十年中，对于这个教条，大致是遵守的。”（孙果达：“周恩来怎样防止‘红色恐怖’”，《北京日报·理论周刊》2013 年 4 月 15 日第 19 版）

当然，魏斐德提出这几种说法，包括在注释中提到的是“陈氏（陈立夫、陈果夫）兄弟唆使飞行员干的，而飞行员自己在撞机之前跳伞逃脱了”，无非是行文笔法，他最终肯定的还是沈醉的说法。

近来，还有人提出戴笠在飞机上“自杀”说，殊堪一鸣惊人。1988 年 1 月台湾地区出版原军统局 82 岁女特工陈华的《陈华女士回忆录》（上、下两册）。在书中，陈华称戴笠是自杀，开枪打死驾驶员而导致飞机失控。她的分析是戴笠在北平期间与她临别说，“老头子不要我，我就死”，并暗示是在床第之间的密语。这未免有些哗众取宠。陈华在军统内地位并不高，涉及与蒋介石的关系，戴笠如何肯向她泄露？

也有的研究者从技术原因上分析，必是谋杀才致使如此结果，比如《特工之王戴笠》（上海人民出版社 1993 年版）采用马汉三谋杀说，并特别美国战略情报局：美国在二战期间成立的一个情报组织，由罗斯福总统下令成立，正式存在时间为1942年6月13日——1945年9月28日，局长一直由多诺万担任。该组织为后来中央情报局的前身，二战结束后杜鲁门总统将其解散。

分析戴笠所乘坐的飞机。戴笠所乘飞机为222号军用运输机，原由DC—3型民航机改装，1942年开始装备美军，安全可靠，可以全天候飞行。最大时速350公里，最大航程4900公里（一般飞行2500公里），续航时间为19小时24分（一般为8小时），可载重量2270公斤，有“空中列车”之誉。可见安全性能是很可靠的。因此，作者认为，完全是马汉三安放炸弹才导致了飞机的坠毁。

据台湾媒体报道，2012年台湾地区有关部门正式解密、公开有关戴笠“全部史料”59卷，内含政治、经济、军事、情报、组织、行动、训练、司法、电讯、人事、总务、一般指示、西安事变等手稿、电函等，总计2万多页。但有关戴笠之死的案卷不在其中。看来，有关戴笠之死的神秘面纱仍需时日才可能大白于世。

三、 军统档案

第二十二章　军统局、保密局的机构

1946年，戴笠死后，军统结束，改组为国防部保密局。

军统的雏形是蒋介石搞的军事委员会密查组，也称“调查通讯小组”，以戴笠为组长。全组仅有戴笠、王天木、唐纵、周伟龙、张炎元、徐亮(徐为彬)、梁干乔、马策、胡天秋、郑锡麟、黄雍等10人，但等聚餐时，马、郑二人申明退出。唐纵只好介绍刘恢先、裴西度补入。军统内部呼为“十人团”，颇受尊重。有的如梁干乔后来脱离军统；有的一直在军统，唐纵成为元老；张炎元去台湾后经毛人凤推荐，成为保密局改组后的“国防部”情报局局长。还有如黄雍、郑锡麟二人在大陆被特赦后，于20世纪六七十年代当选为全国政协委员。

1932年4月1日成立复兴社特务处，蒋介石任命戴笠为处长，郑介民为副处长，唐纵任书记长，这三人即为后来的“军统三巨头”。郑介民后任国防部二厅厅长（该厅也是军统控制的单位），唐纵后任蒋介石侍从室第六组组长、警察总署署长。4月1日成为军统局成立纪念日，以后每年4月1日都要隆重举行纪念大会（同时召开军统局全国工作会议）。戴笠死后改为3月17日，这是为纪念戴笠在这天坠机而死。

特务处下设行动等4个科，张炎元、徐亮、梁干乔、徐志道等先后任过科长，徐志道在抗战后升至军统局副局长。

特务处是秘密特务组织，只能刺探情报，没有公开捕人的权力。蒋介石经过考虑，于1932年9月，任命戴笠兼军事委员会调查统计局第二处处长，该局由陈立夫任局长，简称“军统”（非后来戴笠主持的军统局）。

1934年7月，蒋介石免去军委会南昌行营调查科科长邓文仪职务，命令戴笠继任，同时将该科内外勤特务并入特务处，归戴笠统一领导。

1938年3月29日，在武昌路珈山国民党临时全国代表大会上，蒋介石提议增设“国民党中央执行委员会调查统计局”，以陈立夫任局长的军事委员会调查统计局第一处（党务调查处）为班底，由该处处长徐恩曾领导。而原由陈立夫领导的军事委员会调查统计局全部移交给戴笠，考虑到戴笠资历较浅（黄埔六期），只任命他为副局长，少将军衔，负实际责任。局长由蒋介石的侍从室第一处主任兼，直到改组为保密局之前，历届第一处主任贺耀祖、钱大钧、林蔚，都兼任过军统局局长。但遵从蒋介石的意图，他们从不过问军统局的各项工作。

特务处升格为军统局后，原有情报、行动、司法、电讯、总务等科升为处。1942年，军统局扩大，前后机构为十余个处：情报一处（军事情报）、二处（党政情报）、三处（行动）、四处（电讯）、五处（司法）、六处（人事）、七处（会计）、八处（总务），号称军统“八大处”。以后又增设训练处、警务处、布置处（负责沦陷地区工作）。

贺耀祖（1889—1961），湖南宁乡人。毕业于日本陆军士官学校。1916年回国后，在湘军历任团长、旅长、师长。参加北伐，历任纵队指挥官、军长。1928年后历任湖南省政府委员兼建设厅长、徐州行营主任、国民党中央执行委员、参谋本部第二厅厅长、驻土耳其公使、兰州行辕主任。1938年2月加上将军衔，8月任军统局局长，1939年底任驻苏联特使，1940年回国后任侍从室主任、重庆市市长兼重庆防空司令。1949年8月13日在香港通电起义。新中国成立后任中南军政委员会委员兼交通部部长、中南行政委员会委员兼参事室主任、全国政协委员、全国政协地方政协工作委员会副主任、民革中央常委。1961年7月16日在北京病逝。

除此之外，军统局本部领导的机构还有设计、惩戒、考核、策反等4个委员会，抗战后成立财产清理委员会。与处平级的机构还有特种政治问题研究室、特种技术研究室、经济研究室、中山室（主管文娱活动）4个室。

其他机构尚有机要组、文书组、特务团、汽车大队、爆破总队、行动大队等。外勤在国内外设区、站、组等。武装部队有忠义救国军（后改称交警总队）、税警、稽查、缉私、水陆交通检查等部队。军统局全盛时期，除武装部队外，由局本部领导的内、外勤特务达5万多人。军统局领导的公开外勤机构还有各卫戍区总司令部和警备司令部稽查处、随节警卫组(负责蒋介石的保卫)、长官公署第二处、军委会检查处、水陆交通统一检查处、兵工署警卫稽查处、缉私署、航检、中美合作所、监狱等。军统内部就是一个小王国，医院、图书馆、印刷厂、招待所、运输公司、照相馆、渔业公司、文具公司、仓库等一应俱全。

戴笠死后，1946年10月1日，军统局正式结束，改组为国防部保密局，国防部第二厅厅长郑介民兼任局长，原军统局主任秘书毛人凤任副局长。

1947年12月5日，毛人凤被蒋介石任命为局长。

当时军统局直接领取薪金的在后方达17600多人，国统区6000多人，海外2000多人，其余皆在公开特务单位开支，武装部队也不由军统局直接开支。即便如此，保密局已无力维持现状，后经蒋介石批准，开始裁减人员。首先保留“核心分子”与“基本人员”，前者为抗战前参加军统者，后者为抗战期间军统训练班毕业生。抗战期间从国民党公开机关吸收、私人介绍、士兵提升等三类人送往军官总队转业，前后达2万多人。这些人保留军统组织关系，扩编时可优先使用，即可重回保密局工作。

保密局最终核定编制为内勤各处室为300多人（军统局时期为1000多人），外勤减为6000多人（其中含电讯部门1000多人），总计比军统时期相比裁去2万多人。后因业务需求大，1948年又增编外勤特务近3000人。局下设7个处：第一处情报处，下设军事、党政、国际、经济等科；二处为行动处，下设行动、侦防、策反、心理作战等科；三处为人事处，下设考铨、行政等科；四处为电讯处，下设通讯、机务等科；五处为司法处，下设审讯、狱管两科及重庆、西安、上海、北平、南京等地看守所和监狱；六处为经理处，下设审计、会计、出纳等科；七处为总务处，下设庶务、管理科及收发、交通股、汽车队、电话队等。

局本部设督察、总稽核、预算三个室及机要组、特种政治问题研究组、特种技术研究组、布置组 4 个组及设计委员会。其中机要组组长姜毅英是军统局唯一的女少将，国民党军去台湾后的三个女少将之一，是军统著名的老资格女特务。

局下设外勤各省站编制，以国防部核定分甲、乙、丙三种。分别为 160 人、110 人、60 人。海外站人数视工作需要。以后又设地区督导室、特区。这些都为秘密机关。公开机关不如军统时期多，只有警察系统、交通部交警总局及各地公路局警卫稽查组、各运输处警稽室、招商局（水运）警稽组，各地卫戍、警备司令部稽查处，各大城市刑警处、侦缉大队、兵工署稽查处，这些部门由保密局控制。另有 20 多万人的交警总队和水上总队，也由保密局领导。此外，还有“中国新社会事业建设协会”、通讯社、报纸等。保密局外围组织，如“建设协会”，实际上为领导各帮会的组织，由军统“十人团”元老徐亮担任领导人。保密局只有一个机构没有缩编，就是负责保卫蒋介石安全的随节警卫组，原编制 200 人，不但没有缩编，反而扩大至 300 人。

另外，军统局所控制的部门及武装部队中，并非所有人都加入军统组织，如交警总队，除连排及以上军官，一般士兵并不办理组织手续。军统所控制的警务部门如侦缉处或侦缉大队，除骨干外，一般警察也不是军统成员。戴笠有过指示，除非工作需要，一般不办理刑事警察加入军统组织手续。有些军统技术部门的人员也不是军统组织成员。

军统局、保密局控制的部门及外围组织极其繁杂，渗透进了国民党党、政、军、经济、文化及社会各个层面，一些军统老人都未必能叙述完整准确。军统的基层机构分秘密、半公开与公开三种，且繁杂之极。以军统局江西站赣州组为例，该组辖区含两个行政区，18个县市。1941年，军统局任命刘子洛为组长 (中校级)，掩护身份是蒋经国下属的江西三青团支团部机要室秘书，其军统身份对蒋经国也是保密的。但权力极大，其他军统公开部门和国民党机关负责人必须定期秘密汇报和配合工作，警察局则听从指示去逮捕人犯。

除军统局江西站赣州组，这个地区还设有以下8个军统秘密和公开机构：

第一，财政部税警第二总团，总团长中将衔。

第二，财政部税警第二团，团长少将衔。

第三，军委会特检处江西邮电检查所，所长上校衔。

第四，军委会运输统制局赣州检查站，站长中校衔。

第五，军委会特种工作队（侦察电台），站长上校衔。

第六，空军总司令部第十二总站，站长中校衔。

第七，空军总司令部第十二总站情报电台，台长中校衔。

第八，财政部缉私署江西缉私处赣州查缉所（见刘子洛回忆，载《蒋经国》，中国文史出版社2012年版）。

仅赣南一地就有军统如此之多的机构，可见军统控制层面之广。

本章除参考各种史料外，基本沿用沈醉的有关回忆，因为他多年担任军统局、保密局总务处处长，因工作业务与各部门皆有接触，故他的回忆应该说基本是准确的。

第二十三章　调查室和稽查处

蒋介石让军统人员渗透到国民党军队内部，成为自己监视部下、军队的特殊军事机构。

1942年，蒋介石为了防止中共渗透进军队和“防谍”，命令军统在各战区司令长官部、集团军总司令部、省政府机关成立调查室，由此军统人员开始渗透进国民党军队之中，成为蒋介石监视部队将领的特殊军事机构。

当时国民党战时序列分12个战区，设战区司令长官部，在每个司令长官部均成立调查室，由军统派员充任调查室主任，一般为少将衔。调查室人员为军统人员派任。方面军司令部还设有外事处，皆由军统掌握，目的是监控各级将领的内外交往。副长官部设第二处，集团军相应设立调查或情报处，军设调查室或参谋处第二科，师设联络参谋，各级国民党部队政工人员，皆由军统人员担任。

国民党的兵工系统属于军队性质，原归属国防部，后划归联勤总司令部，因而军统在兵工系统设立警卫稽查处、室、组及警卫部队。1946年改为警务处，仍归军统领导。国防部二厅由军统掌握，军队内的谍报参谋多为军统人员。

军统在军队、兵工系统的单位，名义上归属军队、兵工系统，但人事调升、业务范围上级部门均不得过问，而直接向军统局负责。同时，不仅在中央军系统内要成立军统调查机构，在各杂牌军队内也必须成立。

另外，军队系统的卫戍总司令部稽查处、各警备司令部稽查处及抗战后的长官公署第二处，都由军统控制。司令长官、公署长官无权过问。蒋介石常向担任司令长官的高级将领交代，这些部门要交予戴笠领导。

上述这些军队系统的军统人员，皆有军衔。表面看与军人无异，实际则进行秘密调查与监视业务，及至贪污腐化、对外交往等事均向军统局密报，军统局择要报呈蒋介石。军队将领被举报后，调查处理也交军统执行。如某军副军长娶妾事件，就是军统调查处理的。

只有一个例外，胡宗南因和戴笠私交甚密，在他任第一战区副司令长官时，他不同意戴笠派军统人员控制第二处，而由他自己培植的特务小组织掌握。他在第一军当军长时培养的参谋处第二科科长刘庆曾任处长，胡宗南不准这个特务班底参加军统组织。直到副长官部撤销，胡宗南任西安绥靖公署主任，国防部二厅任命军统的金树云任处长，胡宗南才无计可施，将刘庆曾调为少将高参，但仍保留第二处的特务小组织，由刘庆曾领导，并不合并于军统特务组织之内。这个特例一是胡宗南特别受到蒋介石的宠信；二是与戴笠交谊不分彼此。军统内部对此是不满意的，只不过不敢向戴笠建议收回而已。

其他派系将领若这样做，军统就不客气了。例如1939年抗战期间成立的重庆卫戍总司令部稽查处，是军统在重庆时最庞大的公开特务机关，下属部门遍布当时重庆的13个县，正规编制达500多人，其特权甚至超过了卫戍总司令。稽查处名义上是卫戍总司令部的一个部门，但卫戍总司令完全不能过问，全部人事安排由军统局统一办理，业务范围总司令也不能过问。前后两任卫戍总司令刘峙和王缵绪均为上将，而稽查处处长不过是少将，因蒋介石向刘、王都交过底，所以两人明白，根本不过问这个处的业务。处长表面尊重总司令，但从不向他们汇报业务工作。

1942年，以骄横跋扈著称的郭寄峤调任卫戍副总司令，刘峙很讨厌他，故意不把稽查处的真实情况交底，想让他碰钉子。果然，郭寄峤发现这个处有些奇怪，从没向他汇报请示过工作。某日，他听说稽查处逮捕了一些人，更觉奇怪：居然事先未经批准，事后也不报告。他马上叫来稽查处处刘峙（1892—1971），字经扶，江西吉安人。毕业于保定陆军军官学校，二级上将，历任黄埔军校教官、河南省政府主席，参与北伐、中原大战等多场战事。抗战时曾任第一战区第二集团军司令，第五战区司令。1948年被任命为徐州"剿共"总司令，被解放军全线击败。1971年病逝。

长陶一珊大加责问，陶很有礼貌地告之：是奉军统局的命令办理的。郭寄峤更加摸不着头脑，询问到底是怎么回事？陶一珊回答："请副总司令直接问军统局。"郭寄峤听后大怒，跳起来想痛骂陶，但陶一语不发戴上军帽昂首便走。此后郭寄峤盯上了稽查处，几次电话查问，副处长沈醉更不客气地回答："军统局交办稽查处的业务工作，按规定可以不通过总司令和副总司令，这是得到委员长批准的。"郭寄峤哑口无言，以后别人点拨他：不要过问军统部门的事自讨没趣。从此郭寄峤才不过问了。

刘峙之所以让郭寄峤碰钉子，一则为煞他的骄横之气；二则自己也被军统整过。刘峙在河南时，有自己的特务机构，共100多人。他调任卫戍总司令后，想将这个特务班底安插进稽查处，遭到戴笠的拒绝。刘峙明白军统的规定，只好作罢。刘峙的夫人却不甘心，一再怂恿。刘峙便在总司令部内另外成立一个侦缉队，将这些人全部安置进去。军统局发现后，立即向他提出意见：绝不容许成立与稽查处同样的组织。刘峙无奈只好将侦缉队撤销，将这些人缩编到参谋处，单为这些人成立了一个调查组。稽查处发现后马上又找到刘峙，要求他立即取消调查组，否则就逮捕这些人。刘峙在军统的逼迫之下，不得不想办法另行安排这些人。

刘峙老婆得知后，气愤难平，到总司令办公室指着刘峙的鼻子痛骂：一个堂堂的上将总司令竟然连这点事都做不了主，真是太不中用！刘峙再三解释：戴笠和军统局是惹不起的。副官们在一旁再三相劝，告之其中的利害。这位跋扈的总司令夫人才明白：蒋介石身边还有这般凶神恶煞般的人物。

军统人员，由于在军队里是监视者和告密者的角色，一般人都敬而远之，也得罪不起。除了胡宗南、汤恩伯、杜聿明等少数将领与军统关系密切，互相支持，军统局不向蒋介石密告，反而尽说好话。大多数将领很讨厌这些监视者，但也没有办法。

对杂牌系部队，不仅是调查室主任、处长由军统人员担任，蒋介石还会派军统人员担任更高级职务去监视高级将领。1946 年成立华北“剿总”，蒋介石任命傅作义为总司令，任命军统特务陈继承为副总司令兼北平警备总司令，掌握军事、人事、警备、舆论等各方面，以牵制傅作义。名义上傅作义指挥的作战序列部队有 60 多万人，但中央军序列只有陈继承才能调动，而对傅作义直属部队使用也要过问，二人因此发生争吵。傅作义三次向蒋介石辞职，表示坚决不受军统的“捆缚”，蒋介石为了笼络他卖命，不得不撤换了陈继承，以后又撤掉中统的社会局局长温崇信和军统的民政局局长马汉三的职务，以示信任。由此可见军统人员在杂牌部队里的骄横跋扈和蒋利用军统监视、控制的良苦用心。

在解放战争中，一些起义将领在决策时，都是先将军统人员扣押，但因起义是自愿的，军统人员往往不愿参加起义，只要不作对、不抵抗搞破坏，一般都将军统人员放走。1949 年 9 月 19 日，毛泽东邀请程潜、陈明仁等起义将领同游天坛公园。陈明仁向毛泽东主动检讨他起义后放走军统特务的经过：“蒋介石和李宗仁派黄杰和邓文仪到长沙去拉拢我，有同事劝我把他们扣起来，我不但没扣，还把他们放走了。更不应该的是还把已经扣起来的忠于蒋介石的特务头子毛健钧也放走了，错过了机会。”毛泽东则说：“革命不分先后，不要勉强人家嘛。……你那种搞法是可以理解的，不要怕人家讲闲话。”（董保存：《战将陈明仁轶事》，2013 年 5 月 20 日《北京日报·理论专刊》）毛人凤将这种情况向蒋介石汇报，蒋介石感到很惊异，毛人凤则吹嘘这是保密局在军队里工作做得好云云。其实并非如此，傅作义在召集所有将领开会宣布起义时，特别申明自愿，不愿者可乘飞机回南京，但是不能带走部队和武器。数位黄埔学生将领痛哭流涕，表示不陈明仁（1903—1974），湖南省醴陵人。1924 年毕业于黄埔军校第一期。历任国民革命军少将旅长、中将师长、军长、兵团司令官、湖南省政府代主席等职。1949 年 8 月 4 日率部在长沙起义，后任第二十一兵团司令员、湖南省临时政府主席、湖南省军区副司令员、第五十五军军长等职。1955 年，被授予中国人民解放军上将军衔。1974 年 5 月 21 日在北京逝世。

愿参加起义，傅作义并不为难，将他们送上飞机。在傅作义部队的军统人员也没有参加起义，一样被放走。傅作义平常很讨厌军统特务，并不借此为难他们。当然，也有例外，曾任戴笠机要参谋的戴以谦，在傅作义部队负责情报工作，即以“起义人员”身份领路费回家务农。

实际上在解放战争中也有军统特务参加起义，如湖南军统中将张严佛、军统少将刘人爵等于 1949 年 8 月随程潜将军起义，毛人凤气急败坏地组织过暗杀，如长沙军统负责人刘人爵，就是被毛人凤派特务暗杀的。

蒋介石很重视军统在军队中的工作。在一些重大活动中常常指派军队系统工作的军统特务参加。如派驻延安的联络参谋，实际上都是国防部二厅谍参部门的军统特务。又如解放战争初期，马歇尔调停国共双方，成立“军事调处执行部”，蒋介石即指派军统局负责人郑介民为国民党军调总代表，郑的公开身份是军令部二厅厅长，而二厅是由军统掌握的，所以郑介民从军统局和二厅抽调了 100 多名军统特务负责各地军调小组的工作，并将军统局中共科科长郭子明调去军调部任顾问，下令军统北平站成立特别小组，专门跟踪中共军调人员。

军调时期，曾发生国民党军调人员雷奋强少校未佩戴军调部标志，进入解放区拒不接受停车检查，强行开车横冲直撞，被解放军哨兵击毙的事件。三方成立山东特别调查小组，国民党方面代表为军统老特务温天和。因事先国民党大造舆论，认为是中共无理酿成流血事件。中共方面列举的大量事实使美国和国民党代表不得不承认错在自己。这使蒋介石大丢颜面，也没了挑起内战的借口。蒋一怒之下，大骂郑介民是饭桶、蠢猪，还下令将温天和押解南京，交军统法办。其实，温天和这次去山东调查，费尽心机制造伪证，还行刺中共军调人员，但在中共强有力的反击和列举的铁证下，最终未能得逞。郑介民下令北平警备司令部稽查处的军统特务秘密跟踪中共军调人员，如发现有去妓院或在旅馆开房间者立即逮捕，给中共以难堪，最终他们一无所获。

蒋介石想让军统监视部队将领，不能说没有作用，如破获第十二战区孙连仲部谢士炎中将、高参室余心清中将事件，牵扯 17 名将级人员，并致使北平、上海、西安、张家口、察哈尔等百余名中共地下人员被保密局逮捕。又如破获陈诚手下一批青年将校密谋“清君侧”的小组织等。在解放战争中，高树勋、张克侠、侯镜如、曾泽生、郑洞国等率部起义、投诚，军统特务未能防患于未然，更没能阻止，徒遗笑柄而已。

需指出的是，在对日作战中，国民党军队内的军统人员也有非常英勇的。淞沪战役中成立的军统随军调查组，在大量测量工作的基础上准确预测到日寇金山卫登陆的可能性。军统随军人员为国捐躯者亦不在少数。仅举一例，中国远征军入缅作战，军统人员随军出征。孙立人新 38 师退往印度，途中遇日军袭击，军统 7 名电台女译电员被日寇包围在一个山坡上，7 名女兵砸毁电台，高呼口号后拉响手雷跳崖壮烈牺牲。只有一位姚姓女兵因手雷未爆幸存，4 天后被缅甸克钦族游击队发现，但终因四肢骨折伤势过重，只留下七女杰殉国过程的叙述后牺牲。军统局后为 7 位军统女译电员举行了隆重的追悼会。

历史会铭记为抗击日寇牺牲殉国的烈士，无论其党派、职业。

第二十四章　保密措施知多少

特务系统是最黑暗、最不见得人的世界，它必须想方设法掩蔽自己的罪恶勾当。

军统由于其特务组织的性质，具有极大的隐蔽性、保密性。不仅外人不知其本质，就连军统内部人员也未必知其详。军统内部部门甚多，有的部门军统内部也不了解或不知道其性质，因为军统有一整套严密的保密制度，以掩盖其真面目。

周恩来有一次接见沈醉时特别对他说：军统和中统等特务机关搞的那套把戏，他知道不少，不过不能串联起来，有些关键问题还不十分清楚，所以希望沈醉把这些内幕如实地写出来。临别时，周恩来握着沈醉的手"吩咐了一句：'我等着看你的东西'"（《军统内幕》前言）。

周恩来是中共特科和隐蔽战线的创始人，建立了一整套完整、严密的中共隐蔽战线组织系统和各种保密制度，军统、中统都仿效过。他说"知道不少"，但"还不十分清楚"，这"不十分清楚"的"内幕"，我想不仅是军统那些暗杀、监视等行动方面的手段，也包括军统自己一套隐秘的保密制度。

沈醉 18 岁参加军统，从行动员干起，28 岁成为军统局少将总务处处长，他虽不是军统草创时期的"十人团"成员，但也堪称军统老人了。从他出版的《军统内幕》等有关军统的书籍看，他并没有系统、完整地叙述有关军统内部的保密制度。也许是职务所限，也许是没有时间写作有关这类问题。因为军统有一个严厉的规定，即各部门之间，尤其是行动部门之间不许有横向的关系，之间不能互相串联，业务保密。其好处是一个组被发现，无碍其他部门，缺点是没有互相通气，行动单位往往撞车或误会，军统发生过行动组间互以为是中共地下组织，相互打入而最终发现是自己人的闹剧。

军统内部为保护自己，从局领导到一般行动特务，都有化名，尤其往来发电报，也署化名。戴笠经常更换化名，据台湾地区出版的《戴笠先生与抗战史料汇编》中披露，戴笠的化名有 27 个，从一个字到三个字不等，如“冬”“雨”“涛”“灵”“雷云”“余龙”“裕隆”“张叔平”“马健行”等。郑介民、毛人凤则固定使用“杰夫”“以炎”的化名，唐纵使用他的别号“乃健”。下手令、批阅公文、对外行文都使用化名。电报本身就分级，最高密级是戴笠亲译。如他与胡宗南、汤恩伯等人皆为单编密码本。即便是最高密级，也署化名。不仅按期更换无线电密码，有些密码只用几次就更换。一个省站有好几套密码，密本翻译方法经常变更。单位化名每隔不久就会重新更换一次，由局本部列表通知外勤各省站。这些密码保密措施都是针对中共，唯恐被中共破译。军统局秘密站、组，也有化名，对外行文都使用化名，如军统掌控的重庆卫戍总司令部稽查处所属外事侦察组，化名毕公仇、毕孔殷，对外称毕公馆。军统局的机关甚至有些公开单位不挂牌，对外称呼各种公馆等，给人的印象根本不是特务机关。

除领导人外，一般行动特务必须使用化名。至于蒋介石，军统内部文件、电文、档案、命令中从不提到他的名字，只能见到“奉谕速办”“奉口谕”等字样。蒋介石给军统下达的暗杀任务等，从军统档案完全见不到军统的重大行动到底是奉谁的“谕”，军统报送蒋介石的情报称“报甲”(报送戴笠称“报戊”)，可见其隐蔽性。军统干部写工作日志、日记都会自觉保密，如沈醉在日记中凡提到戴笠，皆用“老板”“余先生”称呼。在重大暗杀行动的高层会谈甚至文字中，对被害人的名字从不提及。如蒋介石几次召见沈醉，密谋重伤宋庆龄，行动细节都会谈。据沈醉回忆，蒋介石没有一次提到宋庆龄的名字，可见蒋介石不授人以柄的隐秘行径。在蒋介石召见毛人凤，交办暗杀李宗仁时，也只字未提李宗仁之名。

军统各种电文、文件等行文，有自己惯用的行文语言，颇具隐蔽性和特殊性。沈醉在云南任保密局专员，领导云南站工作。新中国成立前夕，云南省主席卢汉决定起义，事先将国民党驻云南军、警、宪、特首脑包括沈醉等人以开会为名软禁，并代沈醉拟了一份对云南军统组织的通电，要求所有军统特务自首报到，交出武器、电台。沈醉看过后，发现通电文字与军统的行文习惯不同，军统特务们看了马上会知道并非沈醉所写，很可能产生事与愿违的后果。当然后来沈醉列名起义，将通电按军统行文习惯笔法重写。由此可见，军统的保密措施连行文习惯也与国民党军政机关不同，代写、冒充会被识破。军统局大量招收浙江江山籍（戴笠老家）特工、译电员等，因为江山话即使浙江人也十有八九听不懂，这是一个天然的保密屏障。

军统本身是军事部队编制，着军装，有衔阶。军统又是特务组织，内部分秘密单位与公开单位，所谓“秘密领导公开，公开掩护秘密”是军统的原则，所以军统秘密单位的特务并不穿军装，包括局本部文职人员，一律便装。陈恭澍刺汪失败后，受到冷遇，仍被任命为局本部三处处长（主管司法、行动），他在《河内血案——行刺汪精卫始末》一书中回忆：“因为大家都穿中山装办公，而我却没有，想做一套也做不起，他（毛人凤——笔者注）看不过去，就把他自己穿过的一套送给了我。”（档案出版社，1988 年版，237 页）另据 85 岁的原军统局本部译电科少尉译电员王庆莲回忆：在局本部工作的人，女穿旗袍，男着中山装。有一次总务处发给译电科每人一套军装，戴笠知道后马上命令收回，改发每人普通布料（方军：《最后的军统老兵》，辽宁人民出版社 2013 年版）。由此可见秘密单位不穿军装已成为军统局本部机关的一条保密措施了。军统局为了工作的隐蔽，还规定女工作人员除非特别工作需要，不准“穿红戴绿、擦粉、抹口红”之类，包括舞厅等场所也不准涉足，这都是为保密不泄露身份。

军统秘密单位分区、站、组等。按军统保密措施规定，区长的秘密住处或军统区部门只有下面的站长、组长知道，依此类推，一般特务都不知道上级机关的住址、办公点。

除共产党人和重犯需专人押送，军统内部犯了纪律的特务，在押送时也采取秘密手段，如派甲特务解送乙特务，并不明说押送，假以各种名目，但私下却被告知要监视乙，到目的地后甲出示介绍信将乙拘押。也有时甲、乙两人分别持介绍信互相监视，到目的地同时被拘捕。

军统主要任务之一是“防谍”，即防范中共打入国民党党、政、军内部，军统制订了很多预防措施和办法，但应为绝密，我们至今知之未详。也许这即为周恩来所说的“内幕”之一。

军统制订严格的保密措施，还有一个原因是怕受到中共地下组织的报复，所以谨而又慎。中共地下组织是有武器的，沈醉在一次指挥特务搜捕中共地下党组织时，遭枪击打中胸部，所幸只是小号勃朗宁手枪，加之距离尚远，才幸免一死。为了不暴露身份，按军统局保密规定，外勤特务不准带枪，只有执行公开任务的特务才能佩枪。戴笠有一次还专门对时任军统局总务处处长的沈醉做过指示，有的外勤特务单位惧怕中共人员，要求发枪自卫。戴笠指出，不能很好地隐蔽自己的身份，唯恐别人不知道自己是军统人员，所以不容易打入各阶层去活动，完全失去了做秘密工作的意义。如果他们自己暴露了目标，给人（指中共组织——笔者注）打死了，他没有脸去承认是军统人员（沈醉：《军统局的重庆特区》），可见不给外勤特务佩枪，完全是军统局的重要保密规定。

军统为保密起见，还制订了严格的纪律，如“六不准”等。主要之一是不准擅自脱离组织，请长假亦不许可，因为军统规定，凡入军统则为终身职业。其次是不准自由向外活动，军统人员未经批准不得与中统等外单位交往，私自往来要受纪律处罚，直至以泄密罪论处。其三是不准外宿。军统机关为防止泄密，严格规定每周只能有一天回家外宿，违者严惩。还有不准经商等，其出发点都是为维护军统的隐秘性。

在特务处时期，戴笠即制订《组织纪律条令》，诸如不准会客、不准泄露办公地址、通信需要转交、电话保密、家属不准使用机关电话等，一直沿用，并不断完善。1939 年戴笠撰写《政治侦探》一书，专有“政治侦探之‘铁的纪律’”一章，书后附有“政治侦探法草案”一章，再三强调“机密”为特工工作最重要的特点，也成为军统保密制度的宗旨。

军统唯恐外界知道它的隐秘，戒备十分森严。一旦涉足，后果非常严重。抗战胜利后，有 4 个学生放假到重庆歌乐山游玩，不想误入军统中美合作所禁区，马上被逮捕。尽管后来查明四人身份，并非中共人员，但唯恐放出去泄露军统禁区秘密，一直秘密关押在军统局监狱，新中国成立前大屠杀时被毛人凤下令屠杀。可见军统为了保密，不惜无法无天草菅人命。

为了严格执行军统局的保密规定，它还制订更为绝密、范围更小的秘密规定，如内部监视制度。军统局设有督察部门，负责公开监视军统人员和执行纪律。戴笠亲自单线设立监视网，如副手监视一把手，秘书、内勤监视副手，报务员监视所有主管等。甚至军统人员夫妻之间也负有责任，监视对方。军统有严酷的“家法”，凡违反制度、违反纪律者，会马上拘捕，经军统局司法科审讯，判刑后送到军统局自己的监狱（军统人员判刑入狱后也负有任务，监视同监的中共党员），被判枪决的军统特务由军统自己的执法队执行。正因为军统内部制度之严，很多军统特务时时胆战心惊。张蔚林在军统电讯总台潜伏，因烧坏电台发报用电子管被关禁闭，惊慌中跑出单位找叶剑英请示如何办（这其实严重违反了地下工作的纪律）。叶剑英分析，这是事故，至多纪律处罚，让他回去。等他回到机关，军统局已发现他逃跑，故而去搜查他的宿舍，发现了线索。张蔚林被逮捕，继而牵连整个潜伏小组被破获。

这个事例一则说明保密制度很严；二则说明张蔚林没有经验。如果张蔚林不跑出去请示，主动申报，至多数月半年军统内部服刑，不会暴露自己及全组同志。

从军统到保密局的保密制度、措施、纪律当然不只上述，但也可窥见这个特务组织的阴森恐怖。

第二十五章　军统内外的称谓

军统对内对外的真实称谓，可以成为当今拍谍战影视剧编导们的入门教材。

曾有一段时期，反映中共与国民党特务机构隐蔽战线题材的影视剧愈来愈滥，其中不仅严重胡编乱造我党隐蔽战线斗争情况，而且军统、中统的称谓亦不符合历史。军统及后来的保密局属国民党军事委员会和国防部，是军队性质，有编制、有军衔。但内外有别，秘密单位并不准穿军服。

国民党军队等级森严，“官大一级压死人”。军官虽称呼士兵为“弟兄”，但士兵则需称呼上级为“长官”。下级军官称呼上级在职务后加“座”字以示尊重，如“团座”“师座”“军座”等，参谋长称“参座”，副职称“副座”。蒋介石是军事委员会委员长，国民党军队最高统帅，故高级将领称其为“委座”。国民党军队（含军统）设有组长、处长、局长，也均加“座”字。但后来明令一律称职务，下级对上级无论口头或文字均在职务前加“职”，不少影视剧动辄称“卑职”，这是错误的。“卑职”原本是明代中下级武官对上司的自称，到清代文官也如此。辛亥革命后，民国政府正式颁令，废止这一封建色彩浓厚的称谓，只称“职”。不仅口头，文字亦如是，如戴笠写给蒋介石的报告，文末均署“职戴笠”。公文至抗战后用“字”相称，以示尊重，如何应钦字敬之，公文即署“何总长敬之兄”。1947年后仿美军公文格式，此习惯才放弃。军统的公文习惯与军队一样，内部有自己的行文特点和口气。

一些反映我党地下斗争的影视剧，涉及军统和中统的称谓亦不符当时习惯。如军统人员对戴笠当面均称“先生”，背地称“老板”，称蒋介石为“大老板”。蒋介石因戴笠最初为南昌行营科长，所以一直习惯称呼他“戴科长”，有时为示亲近称呼他的表字“雨农”。戴本人是黄埔军校六期毕业，按黄埔系习惯，一直称蒋为“校长”。戴笠与军统高层背地里称蒋为“老头子”，这也是黄埔系将领们的习惯称呼。戴笠对宋美龄无论当面背后皆称“夫人”。中统是按国民党党务系统的习惯，称蒋介石为“总裁”，一律称局长徐恩曾为“先生”。军统、中统下级对高层领导也皆称“先生”，如郑介民、唐纵。毛人凤职务不高，因他在戴笠外出时主持工作，军统干部一律称他为毛先生，无论是任军统局主任秘书或继戴笠之后任保密局局长，下级皆称呼其为“毛先生”，一直没有改变。国民党内有一些特定语言，如将“撤退”称为“转进”、“计划”称为“想定”等。军统、保密局也有自己的专业用语，如“暗杀”称为“密裁”、“绑架”称为“密捕”、“侦查”称为“调查”、利用叛徒为“运用”、“眼线”称为“细胞组织”、违反军统纪律被处死称为“殉法”等。

蒋介石早年任北伐军总司令、国民政府陆海空军总司令，抗战中任国民政府军事委员会委员长，后任国民政府主席，20 世纪 40 年代末期又任“总统”，长期担任国民党总裁（国民党最高领导人原称总理，因纪念孙中山，故改称“总裁”），兼职有黄埔军校校长等，因而不同时期有不同的称谓，如“总司令”“总裁”“委座”“校长”“主席”“总统”等。另外，国民党党政军各类人员对蒋的称谓也不同，如国民党元老一般称蒋为“先生”，党务系统一般称其为“总裁”，将领一般按不同年代职务称他为“总司令”“委座”等，而黄埔系将领自诩嫡系，一律称“校长”，蒋介石最爱听这一称呼。当然，杂牌系的将领是绝不如此称呼的。军统领导人如戴笠、郑介民、唐纵等为黄埔毕业生，称蒋介石为校长。军统非黄埔毕业生者，如沈醉见到蒋介石，就称呼其为“委座”。国民党党务系统包括中统互称同志，老资历党务人员一般自称“兄弟”，对外称“调统人员”，而军统因自诩为“革命团体”，内部则互称“同志”。

戴笠对与他亲密者，如宋子文、张学良、汤恩伯、胡宗南等，则称兄道弟，或称表字，如胡宗南字“寿山”。军统其他人员称呼这些人，都按职务称，如对宋子文称“部长”、对张学良称“副座”等。唯独因胡宗南与戴笠关系亲密，军统特务无论高低，皆称“胡先生”。

又如张学良，一直是影视剧热衷表现的人物，但对他的称谓却错误百出。蒋介石在张学良东北易帜后，与其结盟为换帖兄弟。蒋介石、宋美龄夫妇包括宋子文、国民党元老如李烈钧等，一直称他的表字“汉卿”，张学良因蒋的地位，只称他的职务。对张学良最错误的称谓就是“少帅”。据朱启钤之子朱海北先生回忆：“学良将军最讨厌人家叫他‘少帅’，认为这和‘衙内’的意思差不多，令人感到他是倚仗父亲权势的人。也要求部属称他的职务，如‘军团长’‘司令’‘总司令’等。”（见《史迹文踪》，上海书店1994年版）张学良在西安事变后，蒋介石将他交军统局看押，军统高层、警卫等皆称他为“副座”或“副司令”，绝无“少帅”之称谓。

对军统囚禁的其他要犯如叶挺将军，军统人员自戴笠以下皆称“将军”。对关押的中共高级干部，一般都表面尊称“先生”。对参加军统的大叛徒如张国焘等，戴笠表面上很客气，以“先生”称之。其他特务或称“先生”，或称“张主任”。

抗战以后，军统开办了20多期特工人员训练班，军统局内部称谓发生了一些变化。这些训练班学员血气方刚，多有文化，不同于军统早期老特务。再因每期训练班，戴笠必兼主任。因花了大量心血，这一大批学员（特别是第一个“临训班”学员）均受到戴笠的宠爱，抗战结束时有的学员已爬到少将级阶衔。这些学员很多都得到戴笠的器重，成为保密局和后来情报局的骨干。故这些学员自认为是戴老板门生，见到戴笠，必称“主任”而不称“先生”。见到其他曾在训练班担任过老师的军统高级特务，也不按例称职务而是称“老师”或“教官”。学员们也不按军统局的习惯互称“同志”，而改称“同学”。这些学员自成系统，成立同学会，还时时汤恩伯（1900—1954），浙江金华人。陆军二级上将，黄埔系骨干将领。1937 年七七事变爆发后，指挥所部在南口地区抗击日军进攻，予敌重创。10 月任第二十军军团长。翌年 3 月率部参加台儿庄会战。6 月任第三十一军总司令，先后参加武汉和随枣会战。1942 年任第一战区副司令长官兼鲁苏皖豫边区总司令。1944 年 4 月在豫湘桂战役中溃败，受撤职留任处分。

胡宗南（1896—1962），字寿山，浙江镇海人。陆军一级上将。黄埔军校一期毕业生，号称“天子门生第一人”。是蒋介石最宠爱的将领，一生历经黄埔建军、东征、北伐、内战、“剿共”，直到 1947 年指挥进攻占领延安。任第一战区司令长官、西安绥靖公署主任。1950 年去台湾，曾在大陈岛指挥沿海游击部队。1962 年 2 月 14 日病逝。是国民党派系中最支持军统的将领。

同老特务们作对，根本不把老特务们放在眼里，甚至检举老特务们的劣行。戴笠最反对军统内部拉帮结派，但对学员们的活动却不禁止。这一切都引起了老特务们的反感。据沈醉回忆，逢有学员们到局本部办事，甚至分配在局本部工作的学员，见到沈醉都会亲热地称呼“沈老师”。沈醉因此经常受到其他处级老特务的嘲讽，一些局本部的处长也纷纷叫起“沈老师”来。据说，有的老特务看不惯这些打破军统局惯例的称谓，到戴笠面前告状，戴笠不置可否，反而会在开工作会时，将学员检举材料抖出来斥骂老特务。

军统分公开与秘密两部分单位，秘密单位不公开活动。公开单位的军统人员在外面活动时，也不会自称是军统局的。军统局的公开单位有军委会特检处（后改为军委会办公厅邮航检查处，这个处连军统内部很多人都不知道是属于军统局的单位）、卫戍区总司令部和警备司令部稽查处、水陆交通统一检查处、缉私署、货运局、警察局侦缉大队、兵工署警卫稽查处、长官公署第二处、中美合作所、国防部二厅、交警总队及国民党军队各级谍参情报军官、驻外武官，这些单位的军统人员对外只能自报所属的部门。军统局只有一个部门骄横无比，对外称呼自己是“望龙门的”！

军统局原有特务队，担负警卫等任务，抗战前皆为便衣。抗战后改为武装部队，着军装，正式番号为国民党军委会交通统一检查处第二巡查总队、军委会特务第五团等。军统内部称“特务总队”，下辖三个武装大队、一个便衣中队。它不同于国民党军队和机关中的特务团、营、连只担任警卫任务（国民党军队中有特务长职务，负责主管伙食生活），军统特务总队一部分人员担任军统局本部和戴笠、宋子文等公馆警卫，大部分任军统看守所、监狱看守。重要人物如张学良、廖承志、叶挺、杨虎城等“要犯”均由他们看守。军统处决人犯也由他们执行。尤令军统内部特务们心惊胆战的是特务总队行动组，这个组在社会上可以公开搜查，执行抓捕任务；在军统内部，凡违反纪律的特务，无论级别高低，均由该组拘捕扣押。因而在军统局内部有“锦衣卫”之称。特务总队还有自己的看守所，捕来的犯人都在此初审，然后才会根据案情转往白公馆和息烽集中营。军统局内部称此处为“小学”，后两者分别为“中学”和“大学”。

因而，这个军统部门的特务兼公开和秘密不同身份，有内外抓捕大权，比公开特务机关更凶狠。一般军统特务都会让三分。这些特务外出横行不法，听到被询问是何机关时，都会狂妄骄横地回答：“望龙门的”！因特务总队一直设在重庆林森路望龙门两湖会馆内，故有此称谓。

他们的横行，不仅殃及一般的饭馆、电影院、剧院、鸦片烟馆、妓院之类，连很多国民党政府机关也不堪其扰，常常向军统局本部告状。军统局对这些控诉，往往推诿，最终不了了之。当年，沈醉曾任军统局本部总值日官，多次遇到国民党其他机关状告这些特务的横行不法，他只能是一推了之。

由军统特务总队特务们对外的这种称谓，亦可以看出当年军统特务的嚣张气焰！

第二十六章　残阳夕照

军统的发迹和扩张，起到巩固蒋介石统治的重要作用，但也成为蒋介石独裁政权崩溃的发酵剂之一。

戴笠死后，军统局撤销，改组为国防部保密局。

1946 年，国防部各厅局正式于 7 月 1 日成立，军统局直到 10 月 1 日才宣告撤销，正式改称国防部保密局。蒋介石手令国防部第二厅厅长郑介民兼局长，原军统局主任秘书毛人凤任副局长。

蒋介石离不开特工组织，他准备对戴笠“一锅端”并不是取消特务组织，只不过对戴笠猜忌，嫌他权力过重，势力过大而已。所以呼吁取消特务机关日渐高涨之时，蒋并不是真心要取消，只是表面应付。

本来，中统、陈诚等派系均想打倒军统，进而瓜分。由于宋子文、胡宗南等实力派人物的保护，加上蒋介石觉得，打内战和维护自己的统治，军统还是有作用的，因而主张保留军统。但是，他考虑到军统的招牌已经臭了，所以很有必要改头换面，换个招牌，以遮人耳目。

当时，国防部成立时，各厅局名称、组织机构、人员编制、经费等都已决定，唯独军统局划归国防部起什么名称，大费脑筋。经过反复研究，蒋介石才批准使用保密局这一名称。

蒋介石最关心、最费神的问题是军统局的接班人能不能像戴笠那样，把经营了十多年的这一特工机构很好地领导起来，继续运转起来，以便继续为他效力。他一直认为郑介民、唐纵、毛人凤三人比不上戴笠，并不能使他完全放心，但他只能从矬子里拔将军。

另一个使蒋介石头疼的问题是军统开支问题。战时可以由他开特别费，戴笠也很有办法，靠自筹维持。战后不能再随便开特别费，毛人凤也没有戴笠那样的神通。蒋介石多次找毛人凤研究，最后决定军统接收的日伪敌产和现金不上交国库，由军统自己开办企业，将盈利作为经费。蒋介石煞费苦心研究出的这条计策，由于军统经营不善，利润越来越少。最后只好实行“汰弱留强”的缩编方针，大量裁员。仅军统送往各地军官总队的特务就达 2 万多人，机构有的合并，有的裁撤。军统再没有戴笠时期的鼎盛辉煌了。

在保密局成立不久，蒋介石便召集全局高级干部训话，除大力赞扬戴笠并强调要向他学习外，更着重强调保密局以后的工作任务。

蒋介石认为，以后主要的敌人是共产党，他强调同共产党的斗争比过去同日寇和汉奸做斗争要难得多，每个人必须全力以赴，如果稍有松懈，不只危及党国，而且会死无葬身之地。他反复要求保密局多研究一些办法，多出一些主意，随时总结经验和教训，更好地担负起这项直接与共产党做斗争的任务。

这是蒋介石为保密局工作任务定的基调。

军统局在戴笠生前，由戴笠手握生杀予夺大权，他的威望无人能与之匹敌。故而他的号令一下，军统特务们雷厉风行，效率很高。戴死后，群龙无首，军统内马上分成三派开始争权夺利。以郑介民为首的广东派，毛人凤为首的浙江派和唐纵为首的湖南派斗争颇为激烈。如以资历而论，郑、唐二人要远远超过毛人凤。郑介民是黄埔二期，后入莫斯科中山大学深造。1927 年在蒋介石身边以侍从副官的身份负责情报工作。1934 年去德、意两国学习特务工作，还受到希特勒、墨索里尼的接见。郑介民回国后对军统发展有过很大“贡献”。他对情报分析极其擅长，曾判定香港一月之内将被日军攻占、新加坡英军不能坚守等，结果均如他的判断，蒋介石称其“料事如神”。

唐纵出身黄埔六期，毕业后即在蒋介石身边做情报工作。1933 年，蒋派酆悌、唐纵分别任驻德国大使馆武官、副武官，目的是学习德国特工组织的经验。唐纵回国后大力倡导，使军统从过去学习苏联政治保卫方法有了新的转变。唐纵号称军统局的“智多星”，包括戴笠在内遇有疑难之事常常向唐纵请教。后唐纵兼任蒋介石侍从六组组长，专门负责向蒋介石汇总情报。毛人凤与这二人相比，简直不可同日而语。但最后毛人凤派获得胜利，成为一匹“黑马”，独掌保密局大权（保密局改组最初由郑介民任局长，不久即由毛人凤顶替）。

毛人凤的资历在国民党中不仅比不上郑介民、唐纵，也比戴笠要低。原先他只不过是县政府的小职员，后被戴笠吸收进军统。由于他是戴笠的小学同学，戴笠遂对其加以培养，让其做看家工作。他没有戴笠与国民党内部广泛的社交关系，与蒋介石不亲密，也不具备戴笠那种才干。因而他只能守成基业，而没有什么大的作为和发展。这是蒋介石不满意的地方。

不过，毛人凤在屠杀共产党人方面，比戴笠有过之而无不及，这受到蒋介石的欣赏。另外，按蒋介石任用特务首脑的一贯做法，起用资历低的便于驾驭，这是毛人凤胜过郑介民、唐纵的“优点”。还有一项长处是，因戴笠兼职过多，军统局一直由毛人凤看家，他对业务、人事非常熟悉。这是郑、唐二人所不及毛人凤之处。

蒋介石保留了军统，但吸取戴笠生前功高震主、尾大不掉、势力膨胀的弊端，保密局缩编后，在体制和权力方面都受到了限制。另外，蒋介石采取分而治之的办法，将原来由军统控制和掌握的公开机关都予以撤销，如货运局水陆交通统一检查处、经济检查队等。军统所控制的两个最大机关——警察系统和军队谍报参谋系统，也由蒋介石划出去，由警察总署和军令部二厅管辖（后期厅长由与军统毫无关系的侯腾任厅长）。

加上军统内部三派的斗争，一直争执不休，使军统实力大为消耗，从此一蹶不振。李宗仁上台任“代总统”后，蒋介石准备“隐退”，命令毛人凤将保密局撤出南京，局本部及档案先运至台湾。为应付李宗仁，蒋拨出数十人成立假保密局。毛人凤表面辞职，以原副局长徐志道为局长，下设若干处室。假保密局不执行任务，只领经费，更不接受李宗仁的指令。在成都解放后假保密局才撤销。

徐志道 (1902—1984)，江苏南通人。陆军大学甲级将官班第三期毕业。历任排长、连长、营长、团长、中央警官学校宪兵训练所中校教务主任。抗战爆发后，任军统上海浦东游击指挥官、第五战区司令长官部参谋处少将编练组长、军委会别动军第五纵队指挥官、军统局中美合作所参谋长。1946 年起任交通警察总局中将副局长，浙江省第九区行政督察专员兼保安司令，国防部保密局副局长、局长。1949 年到台湾，任“国防部”高级参谋。

李宗仁 (1891—1969)，字德邻，广西桂林人。陆军一级上将，国民党“桂系”首领。北伐前致力两广统一，奠定北伐的基础，促成北伐。九一八事变后，任第五战区司令长官。1948 年国民党“行宪”，当选副总统。蒋介石下野后，任代总统。国民党溃退台湾地区后出走美国，于 1965 年 7 月回到北京，受到毛泽东及其他中共领导人欢迎。他在代总统期间，曾下令保密局释放张学良、杨虎城等人。

新中国成立前夕，军统面临崩溃，不少军统老人感于蒋家王朝即将溃灭，纷纷自谋出路，脱离军统。有一部分人与中共早有联系，准备弃暗投明，如军统元老之一的余乐醒。一部分人参加起义投诚，如军统北平站负责人徐宗尧率部下起义，新中国成立后曾连任三届北京市政协委员。又如湖南长沙军统组负责人张严佛、刘人爵率部随程潜、陈明仁两位将军起义，刘人爵不幸被毛人凤派特务暗杀。也有军统老人如交警局局长周伟龙企图集结交警部队投向人民，被毛人凤发现，遭密捕枪杀。另外，一大批军统高级干部被解放军俘虏。也有的军统高级特务被国民党起义将领诱捕，如保密局中将专员、驻云南站站长沈醉，被云南省主席龙云策划起义时诱捕。

毛人凤在新中国成立前夕制造了多起屠杀事件后，率一部浙江派系军统骨干逃往台湾。戴笠、毛人凤视若看家本钱的交警总队基本被人民解放军消灭。

毛人凤在临逃往台湾前，奉蒋介石命令，在大陆布置了不少潜伏组织和特务武装，图谋建立所谓“反共基地”，但终被一一扫清。

保密局（后改为“国防部”情报局）逃往台湾后多次组织特务骚扰大陆，除少数活动如轰炸上海发电厂外，大都未获成功。保密局还坚持不懈地图谋中共领袖人物的暗杀活动。解放初期，预谋在国庆观礼时炮轰天安门城楼炸死观礼领导人，炸毁毛泽东访苏专列，行刺中共领导人刘少奇、上海市市长陈毅、广州市市长叶剑英等，均被我公安部门破获。另外，情报局还专门寻找到周恩来的衣物，并训练一只狼狗熟悉周恩来的气味，阴谋在周恩来出访期间扑杀致之于死地。这条熟悉周恩来气味的狼狗，一直繁殖了二代、三代，始终没有机会得逞。震惊中外的“克什米尔公主号”爆炸案，也是保密局的“杰作”，只不过周恩来临时有事，未乘坐这架飞机，才得以幸免。乘坐该机的记者及工作人员不幸遇难。

情报局总共训练过 4 批暗杀队，共 24 人。分 4 个工作队，代号分别为“91”“912”“913”“41”。其中“91”队 5 名成员全部挑自少年感化院，有案在身，却被“涂销案底、抵满刑期”。据说报名者达 1000 多人，多为黑道人物，挑选出不到百人，集中在感化院操场群殴，最后 5 名没有被打倒者选入军情局暗杀队。这是沿袭了军统的老做法，吸收帮会犯罪分子加入军统成为杀手。“41”工作队则是 4 名女杀手，后有 2 名派至香港，以舞女身份搜集大陆情报。轻歌曼舞中伴舞者竟为杀手，这使人不寒而栗。因为无论男女杀手，均精通暗杀技能，且不同程度擅长气功、铁砂掌、少林拳、壁虎功，直至刀枪棍棒。单单每天穿 50 公斤铁砂衣跑步，就非常人所能。何况总教练李达球是军情局传奇人物，精通南拳北腿。“91”工作队一位杀手姚海张，出身黑道，被判少年感化院 3 年、出院服刑 3 年，靠高超武功被选入暗杀队，即“海选”时最终未被打倒的 5 人之一。他曾在蒋介石面前表演过壁虎功。另外他还有飞刀与蝗石绝技，既使是在双手被绑后，仍能捡地上小石、瓦片之类反击。姚海张一直准备至大陆执行任务，始终未成行。只是曾被派往滇缅地区，炸毁过缅共游击区的铁桥。他唯一参加过的暗杀任务“白熊计划”是前往泰国，但事先并未交代被暗杀人之身份。事隔多年之后，姚海张才知晓他的暗杀对象是访问泰国的邓小平，只因大陆临时取消访问行程而撤销暗杀任务。几天后他接到命令取消任务返台。

毛人凤在军统撤往台湾前夕，还专门在监狱中挑选了一位飞檐走壁的江洋大盗段云鹏参加军统。依靠蹿房越脊的轻功，他侦查到北平中共地下电台，使之被破获（其中即有陈布雷之女）。新中国成立后他多次窜扰大陆，受到蒋介石的接见嘉奖，被晋升为上校。但终被我公安机关俘获。“文革”中被执行死刑。也有资料披露，段云鹏在监狱服刑期间我公安部门利用他的电台继续与台湾保密局联系，破获潜伏特务及侦查“克什米尔公主号”事件内情等。

2011年2月21日《参考消息》曾载文“台军情局暗杀队内幕”，首次披露“军情局”的暗杀队，其实只不过是军统、保密局一直固有的做法，由此看出，其暗杀中共领导人的做法直到20世纪七八十年代一直没有改变。

由蒋介石所授意，戴笠一手创建的在中国大陆纵横了18年的庞大特务组织军统局及随后的保密局，终于随着蒋介石在大陆彻底的垮台，被彻底赶出了大陆。

军统的后期领导人毛人凤、唐纵、郑介民到台湾后，逐步被蒋介石从特工系统边缘化，开始由蒋经国主持特务工作。郑介民逃台后被任命为“国防部”参谋次长兼“大陆工作处”处长。1954年任“国家安全局”局长，授二级上将，1959年去世。唐纵逃台后长期担任国民党中央党部代理书记长，1984年去世。毛人凤一直是中将军衔，1956年去世，死后才由家属哀求，蒋介石勉强批准给予“追赠陆军上将”的虚衔。也有坊间说毛人凤是让蒋介石毒死的，目的是为蒋经国执掌特工大权排除阻碍。不过台湾后来的特工单位特别是由保密局改成的“国防部”情报局，很多骨干仍是军统分子，如张炎元、叶翔之、沈之岳等，张炎元是军统元老，叶翔之原为军统局行动处处长，沈之岳原为军统局中共科科长，均爬到局长的高位。证明这一特务组织确实是蒋家王朝最得力的保卫者，在蒋介石的统治过程中，发挥了其他部门所不能发挥的作用。

蒋介石到台湾后，仍然在强化特务统治，只不过他将所有特工单位都由他的儿子蒋经国来主管，分而治之（如中统在抗战后易名为国民党中央党员通讯局，去台湾后划归“内政部”，改名“内政部”调查局），以防止危及蒋氏父子，尤其是接班人蒋经国的统治。

第二十七章　海岛余音

蜗居一隅，西风残照，曾经不可一世的军统最终分崩离析，走向末路。

蒋介石在撤离大陆前，曾布置了一系列暗杀活动，交毛人凤执行。毛人凤秉承了蒋的旨意，策划过暗杀李宗仁、傅作义及北平市市长何思源的阴谋，还暗杀了陆大校长杨杰将军，参加起义的军统老人、湖南长沙市警察局局长刘人爵等。特别是暗杀主张和谈的北平市市长何思源，毛人凤亲自策划，手段极为残忍。据何思源之子何理路回忆："1948 年 4 月的一天，父亲坐汽车行至景山东街，被人打了一枪，汽车有防弹玻璃，没有打中，显然是军统干的。"一计不成，毛人凤又策划了更狠毒的暗杀，在房上安放定时炸弹，要将何思源灭门。之前，军统特务、北平市警察局局长杨植清还假装到何家探望，咨询生活起居有无不便，并至各屋，观察何家各人床位。两枚炸弹爆炸，将何夫人及小女儿炸死，何思源及儿子幸免于难（《回忆先父何思源》，《文史资料选编》第三十九辑，北京出版社 1990 年版第 16 页）。

他遵照蒋介石的指示，更加疯狂地破坏共产党地下组织。1947 年夏，他指挥保密局特工破坏了中共北平地下党组织的电台，致使保定、沈阳、西安、兰州等地党组织被破坏，100 多名地下党员被逮捕杀害。只有极个别党员，如陈布雷的女儿陈琏等被释放。北京地下电台的领导人、已潜入国民党保定绥靖公署的第一处少将处长谢士炎等人，已打入沈阳城防司令部和东北行辕大本营的地下党员均被逮捕。周恩来得知后非常震惊。

在上海，毛人凤共指挥逮捕了各类进步人士包括中共党员3万多人，有13000多人被害。

毛人凤亲赴云南昆明，坐镇指挥，制造过数次血案，镇压学潮，屠杀共产党员和民主人士。

毛人凤在重庆军统监狱指挥进行血腥屠杀，杀害了杨虎城等知名人士。毛人凤屠杀成性，连关在监狱里犯了错误的军统特务一并杀掉，可见其狠毒。在白公馆监狱100多人被杀，而杀人的特务只有2块银圆的奖金！渣滓洞监狱进行了两次屠杀，共杀害300多人。新世界看守所活埋了200多人，这里的犯人都是不久前被逮捕的，大部分是嫌疑犯，但清理时不分是否是共产党，一律杀害。

这种血腥屠杀连军统的较高级干部也看不下去。当时执行屠杀任务的负责人之一、保密局二处行动总队副总队长钟铸人事后感慨不已说："我们这样杀人，如果共产党捉了我们，对我们还会饶恕吗？"一些特务刽子手非常惧怕共产党秋后算账。渣滓洞看守所所长陆景清在大屠杀后马上找到毛人凤，吵着要立刻飞往台湾："我们这样杀人，将来被共产党抓到后，还能活着出来？"

毛人凤的疯狂屠杀一再受到蒋介石的嘉奖。

但是再杀人也挽救不了失败的命运，蒋介石最终逃往了海岛一隅。

早在新中国成立前夕，毛人凤就随蒋介石去过台湾，寻找退路。蒋介石带毛人凤同去的目的，是决定在台湾地区全面推行特务工作。1949年7月，蒋介石在高雄召开秘密会议，成立"政治行动委员会"，其基本任务是："统一所有情报工作，并使之充实强化。"这次核心会议的主要目的，就是按照蒋介石的意旨，把蒋经国安插在特务系统，以加强控制，为将来蒋经国的接班打好基础。

蒋经国早年留学苏联，在莫斯科中山大学学习（同去的还有后来成为复兴社和军统头子的康泽、郑介民等），在上学期间由董必武的通讯员李绍鹏介绍加入中共。“四一二”反革命政变时，蒋经国发表公开信谴责蒋介石，宣布断绝父子关系。回国后，他逐渐受蒋介石的影响，开始做接班人的准备。

在去台湾前，蒋介石已有意让蒋经国进行锻炼，他开始接触特务工作。

这次核心会议蒋经国也参加了。8 月，“政治行动委员会”正式在台北圆山成立，蒋经国被蒋介石指定为委员会总负责人，并立即听取毛人凤的保密局近期在大陆的“潜伏计划”“应变措施”及台湾地区的“保安防谍”工作。

蒋介石是靠特工起家的，所以他有意让蒋经国从特工方面起家，以此为基础，全面接班。

之后，蒋介石又飞重庆，妄图最后一击，与逼近的人民解放军负隅顽抗。12 月底，在彻底绝望之后，飞回了台湾。

1950 年 3 月 12 日，蒋介石在台湾发表“复职文告”，恢复“总统”职权，并对党政军各部门整肃，同时，命令蒋经国全面控制特务机关，树立威信。

此后，蒋介石公开成立“台湾情报工作委员会”，负责协调指挥国民党政、军、警、宪、特各个机构。但蒋不放心，将原来的“政治行动委员会”改名为“总统府”资料室，原空军司令周至柔任主任。周只不过挂名而已，实际由蒋经国负责。周至柔很清楚蒋的用意，除了一年一度的工作检讨会上象征性露面外，其余事情概不过问，统由蒋经国大权独揽。

不久，蒋介石正式任命蒋经国为“总统府”资料室主任。在蒋介石的帮助下，蒋经国接管“台湾情报工作委员会”，掌管由军统班底组成的“国防部”保密局，由原中统班底组成的“内务部”调查局，以及“国防部”特种军事情报室、宪兵司令部、警备司令部、警察系统等情报机构的权力。这样，在蒋介石的帮助下，“总统府”资料室主任成了台湾地区所有特工情报机构的总负责人，蒋经国等于控制了台湾地区的各个特务情报机关。

起初，为加强控制，蒋经国规定所有机构搜集到的情报一并送资料室处理。为便于指挥，蒋经国将这些机构的工作范围大致划分：保密局以大陆情报收集和建立情报网为主；“内政部”调查局以岛内社会调查、防止经济犯罪、贪污、漏税为主；其他机构以岛内“防共”与“防暴”为主。

蒋经国受蒋介石的影响，非常重视特工的特殊力量。对于特务机构稳定和巩固统治的作用看得十分清楚。过去他基本没有领导、指挥过特务机构，原来的系统各自为政，也不便领导。因此他主持情报工作以后，为了更好地发挥特务机构的重要作用，便打乱以前特务机构的固定系统，建立以他为核心的特务情报系统。

蒋介石在负责全面整肃党、政、军机构的同时，命令蒋经国负责整顿清理特务情报机构。

不久，蒋经国的工作便初见成效。他建立了特务系统的新格局，基本恢复了特务系统在国民党溃败后失去的一些功能。初步形成了“国防部”保密局、“内务部”调查局、保安司令部、宪兵、台湾警务处、“国防部”政治部、“国防部”二厅等七大特工系统。

这其中，保密局很受蒋介石的重视。这与毛人凤与蒋经国私交很好有关。因此，对大陆的特工活动，主要依靠保密局去行动。

保密局撤到台湾以后，毛人凤继续参与破坏中共台湾省工委的活动，逮捕了“国防部”中将参谋次长吴石等人，并予以枪决，受到蒋氏父子赞美。对新生的新中国，毛人凤奉蒋氏父子之命，多次搞破坏活动。

1949 年 12 月，保密局密谋炸毁毛泽东率中共代表团前往苏联为斯大林祝寿的专列，因在北京的潜伏特务被抓捕而未得逞。负责炸毁专列的保密局东北技术纵队成员悉数被逮捕。

保密局还密谋过“萤火虫”行动，主要行动是暗杀中共华东局和上海市委党政军领导人和社会名流如陈毅、朱学范、荣毅仁、张承宗等人。在华南密谋暗杀叶剑英等广州市领导，但其杀手均被捕获，无一成功。

1950 年，保密局特务在香港炸毁“泽生号”商船。同年 6 月 14 日，北京中南海怀仁堂正在召开会议时，保密局策划了朝阳门外辅华火药厂特大爆炸案。

吴石（1894—1950），原名萃文，字虞薰，福建省闽侯人。毕业于保定陆军军官学校。1924 年历任第四师处长、北伐军总参谋部作战科科长。1929 年赴日本留学，回国任参谋本部第二厅处长；抗战中任第四战区参谋长、军政部主任参谋兼部长；1948 年参加民联，与中共华东局建立联系，提供重要军事情报；1948 年任福州绥靖公署副主任；1949 年 6 月去台湾，任“国防部”参谋次长；1950 年，因中共台湾省工委书记蔡孝乾叛变而被秘密逮捕；同年 6 月 10 日，与陈宝仓、聂曦、朱谌之（朱枫）在台北遇害。

1955 年，保密局密谋暗杀周恩来，炸毁“克什米尔公主号”专机，周恩来因临时改变行程幸免于难。但乘坐该机的中国记者，包括奥地利共产党中央《人民之声报》派驻中国的特派记者弗里茨·严森（严斐德）全部遇难。

1963 年 9 月，保密局暗杀了赴台湾的于右任友人吴季玉。吴季玉多次来往海峡两岸，为于右任与周恩来及于右任女婿屈武、邵力子、章士钊等传递信息。吴季玉被害后，于右任因哀伤而病卧，蒋介石派蒋经国慰问，保证将逃往香港的凶手“引渡”“法办”，但最终不了了之。蒋经国即为情报系统总负责人，让他来缉凶当然是一句空话。

同年，保密局利用周恩来出席亚非国家首脑会议之机，训练警犬，妄图利用狗携带炸弹暗杀周恩来。因中国和印度尼西亚两国有关方面严加防范，终未得逞。这条狗熟悉周恩来的气味，保密局在毛人凤死后仍保留这条狗，并用同样方法训练第二代、第三代，暗杀目标未改变，直到 1971 年利用周恩来访问法国之际图谋暗杀。第三代狗和暗杀小组均已到法国，但周恩来因故取消访法，而未得逞。

至 20 世纪 70 年代中期，已改名情报局的这个特务系统，仍然袭用军统和保密局的惯用伎俩，在香港暗杀了已被大陆方面特赦的战犯张铁石，引起舆论的强烈谴责。

1955 年 3 月 1 日，“国防部”保密局改为“国防部”情报局，专门负责对大陆的破坏活动。由于毛人凤向蒋氏父子建议，原中统对中共搞破坏的特工组织，包括原设港、澳和大陆从事特务活动的人和组织，全部移交给“国防部”情报局。

中统由“内政部”调查局改为“司法行政部”调查局，专门从事台湾地区“保安防谍”工作。“国防部”保密局的秘密保防组织也移交给“司法行政部”调查局。从此职责划清，蒋经国领导特工活动也加快了效率。

蒋介石此时仍不放心，怕老特务们妨碍蒋经国对特务机构的领导。据说郑介民受蒋猜忌，因吃了蒋介石送的一块西瓜一命呜呼。唐纵一直小心谨慎，后来调任国民党中央党部代理书记长，脱离特务系统而一直相安无事。1955 年，毛人凤患肝癌住院，宋美龄受蒋介石委托探望，后送美国治疗，医治无效回到台湾死去。毛人凤生前推荐张炎元接任情报局局长，张炎元也是军统早期骨干，经蒋介石同意，继任毛人凤为“国防部”情报局局长。

1960 年，张炎元调任国民党中央委员会第二组主任，由叶翔之接任情报局局长。叶翔之也是军统老人，在戴笠手下任行动部门负责人。叶翔之的一件未成功的“杰作”就是图谋暗杀周恩来。

中统特工系统在大陆未解放以前，已不受用于蒋介石。蒋介石一直认为中统不得力，主要负责人不务正业，一怒之下撤去徐恩曾“本兼各职，永不录用”，继任者叶秀峰还不如徐恩曾。

蒋介石后与陈立夫发生矛盾，因选票问题导致蒋的大怒。

蒋介石到台湾后，为蒋经国出山，开始排挤元老派人物。对陈氏兄弟的态度发生变化。国民党内三青团派系（为蒋经国掌握）、陈诚派系和毛人凤军统局派系等对陈立夫群起攻之。就连 CC 派系内部，也对陈立夫表示不满。

1949 年 5 月 20 日，国民党中央政治学校举行校庆，有人当着陈立夫的面指责：“由于 CC 集团上层顽固腐败，把国事党务弄得一败涂地，臭名昭彰，遭到人民的唾弃。”这弄得陈立夫下不了台。蒋介石赴台后，暗示失败由陈氏兄弟承担责任，陈立夫被迫赴美闲置。临行前，宋美龄送他一本陈诚（1898—1965），字辞修，浙江省丽水人。毕业于保定陆军军官学校。陆军一级上将。抗战中历任战区司令长官、中国远征军司令长官等职。到台湾地区后历任台湾省政府主席、中国国民党副总裁、台湾地区“行政院院长”等职。是蒋介石的亲信，也是自黄埔军校成立后蒋介石执政的心腹之一，有“小委员长”之称。陈诚自成派系，称之为“土木系”。

《圣经》说：“你在政治上负这么大责任，现在一下子冷落下来，会感到很难适应。这里送你一本《圣经》，你带到美国念念，会在心灵上得到不少慰藉。”陈感到无限凄凉，望着墙上的蒋介石像回答说：“夫人，那活着的上帝都不信任我，我还想得到耶稣的信任吗？”

1950 年 6 月朝鲜战争爆发后，蒋介石于 7 月 26 日宣布改造国民党，成立“中央改造委员会”。中执会、中监会被撤销，为 25 人组成的“中央评议会”所替代。原来在国民党中常委和党务上握有大权的陈氏兄弟被彻底抛弃，评议委员、“中央改造委员”均无陈立夫。虽然有陈果夫，陈果夫实已卧床不起，所以只是虚名而已。

蒋经国的三青团派系和陈诚的派系双面夹攻，彻底扫清了 CC 势力。蒋介石的意图很明显：就是要赶陈立夫下台，为“太子”上台扫清阻力。

蒋经国对于陈立夫领导的中统特务机构，一再加以改造。新中国成立后，中统在香港、澳门、台湾和大陆都有潜伏组织，尤其港、澳、台地区势力更为强大。蒋介石、蒋经国觉得应限制中统活动。中统在抗战结束后改为党员通讯局，去台后改为“内政部”调查局，后又改为“司法行政部”调查局。蒋介石以划清界限、提高效率为名，主张限制中统的权限。毛人凤也多次建议对中统实行削权。

蒋经国采纳毛人凤的建议，并按蒋介石的指示，命令中统原来所有反共业务、组织、人员一律移交军统的“国防部”情报局。中统的“司法行政部”调查局只负责台湾地区的“保安防谍”业务，专门对内。

这一方面体现了中统与军统多年的斗争画上了一个句号，以毛人凤为代表的军统局派系获得胜利，并大大加强实力。另一方面，体现了蒋介石、蒋经国对陈立夫派系包括属于他领导过的中统组织的排挤。

中统原来专以镇压、破坏共产党为业务专长，这项业务全部移交给军统系统，表明中统从此彻底走向了末路，彻底结束它作为一个特务组织的从发达走向衰亡的过程。

中统、军统均是蒋介石赖以发家的重要支柱，是一对孪生兄弟。为了使“太子”从容登基，蒋介石不惜另起炉灶，大加改造、排斥，这一点证明蒋介石对特务机构的控制简直到了得心应手、左右逢源的地步。

总的来看，军统的历史到此成了一曲“海岛余音”。蒋氏父子所领导的特务活动，在屡次受到中国共产党挫败之后，配合“反攻大陆”的高调越来越弱，基本上偏安一隅，再也成不了气候。

20 世纪 60 年代后，情报局与“国防部”特勤室合并，成立军事情报局，名义上由“参谋总长”指挥，实际上仍直接听命于蒋经国。军情局首脑不再由军统出身的人担任。如汪希苓是蒋介石的侍卫，受到蒋氏父子的信任而出任局长。

“天下没有不散的宴席”，蒋介石一手培植的特务王国从聚到散，随着蒋氏父子的相继死去，终于使“军统”“中统”“保密局”这些当年令人谈虎色变、残暴恐怖的特务机构成为历史上翻过去的一页。

第二十八章　“十三太保”和“十人团”的结局

历史最终会对一个人做出客观评价，大浪淘沙，时代的洪流将不以任何个人的意志为转移。

“十三太保”和“十人团”分别是创建国民党特工组织雏形复兴社和军统的元老，他们的结局荣辱不一，在一些人心里早就预料下场不会美妙。“狡兔死，走狗烹”是戴笠的预感，戴笠生前哀鸣：“自古大特务都是不得好死的。”

复兴社（之前已有力行社）成立时常务干事共 9 人（另一说为 13 人），候补干事有戴笠等 11 人。人数说法也不一，有说初为 3 人，也有说为 11 人。大概后来有所增加而已。中央干事会和中央监察会为领导机关，干事、常务干事、候补干事、监察互有重复。所谓“十三太保”应该只是概称而已。

“十三太保”中第一个死去的是梁干乔。他不仅名列“十三太保”，也是军统“十人团”之一。梁干乔经国民党元老邹鲁介绍入黄埔军校一期，并加入中共，任三师营党代表等职，后被派往苏联莫斯科中山大学学习，思想上追随托洛茨基。1927 年 11 月 7 日在庆祝“十月革命”十周年游行中，他和其他中国留学生经过主席台时，突然打出“执行列宁遗嘱，罢免斯大林，拥护托洛茨基”的标语，高呼口号并与游行群众发生冲突，酿成了著名的“红场事件”。梁干乔随后被中山大学开除学籍，遣送回国。他开始参加“托派”活动，因未被选入中委，一怒之下，投靠戴笠，成为特务组织的元老。他历任宪兵司令部少将政训处长，军统局上海区、南京总处黄埔军校：中国国民党陆军军官学校，简称黄埔军校，是1924年至1930年国民党在广东广州黄埔区长洲岛兴办的一所军校，中国近代最著名的一所军事学校，国共双方许多著名将领出自一期至六期。1924年国民党建校时期名称为“中国国民党陆军军官学校”，1926年改名扩大为中央军事政治学校，1929年改名国民革命军黄埔军官学校，1931年南京国民政府改制为中央陆军军官学校，到1946年末改名中华民国陆军军官学校。

书记长等，抗战后任军统局郑州办事处主任，军委会政治部第二厅中将副厅长、十战区政治部中将主任、陕西第二区行政督察专员兼第五区指挥等。因办训练班与戴笠发生矛盾，转而投靠老同学胡宗南。1945年梁干乔部下有两股士兵向中共陕甘宁边区投诚，受到胡宗南的训斥，梁干乔气郁生病，卧床不起，1946年1月死于西安。

不到3个月，戴笠于1946年3月17日坠机暴毙，此章不再赘述。

在“十三太保”中，生前最受蒋介石宠信和飞黄腾达的是黄埔一期生胡宗南。他是黄埔生同期中擢升最迅捷的，是黄埔一期同学中第一个升任军长的，也是同学中在1949年唯一晋升中将加上将衔者。他在投考黄埔军校前是小学教员，报考时因身材矮小，被淘汰。恰巧军校党代表廖仲恺听到他激昂的言辞，认为其乃可造之才，特批准其被破格录取。他参加发起复兴社，并未做职业特务，但对戴笠和军统的发展有特殊“贡献”。胡宗南在两次北伐中作战勇敢，1936年任蒋介石嫡系王牌军第一军军长兼第一师师长。在抗战中胡率40万大军围困陕甘宁边区，在抗日战场几乎未建寸功。戴笠因胡的推荐受知于蒋介石，因而戴、胡两人亲如兄弟；陈立夫是胡宗南的中学老师，所以蒋介石耳朵里听到的都是对胡的溢美之词。在解放战争中胡宗南损兵折将，一路逃跑到台湾。曾以“临阵脱逃”“尽失疆土”被弹劾。最终不被蒋介石所用，屈尊当过短期的“澎湖防卫司令”等职，后长期在家读报消磨时光。1962 年 2 月 14 日因心脏病发作去世，依其生前所嘱葬于阳明山，依山面海筑墓，以遥望故乡。

“十三太保”中资历比较老的是贺衷寒，他出身于士绅家庭，参加过五四运动。1920 年在武汉加入董必武、陈潭秋组织的马克思主义研究会和社会主义青年团。次年赴上海，结识了很多中共早期领导人，并作为武汉学生代表赴莫斯科参加远东各国共产党及民族解放团体第一次代表大会。因不屑傲慢暴躁的团长张国焘而与之发生矛盾，被张玩弄权术开除团籍。他还参加过恽代英开办的“共存社”，经董必武鼓励并介绍报考黄埔军校一期，随即加入国民党。因学习认真，与蒋先云、陈赓被誉为“黄埔三杰”(即“蒋先云的笔、贺衷寒的嘴，不及陈赓的腿”)。在蒋介石的支持下成立“孙文主义学会”、黄埔同学会，后赴苏联考察。贺衷寒进入中山大学学习后，又赴日本明治大学留学，回国后专门为蒋介石培养政工干部。他是创立复兴社骨干之一。1939 年贺衷寒访问延安，与毛泽东会谈。贺去台湾后任过“交通部”部长。1972 年 5 月 10 日因患骨癌去世。贺衷寒晚年戒烟戒酒，练字作诗，生活惬意，知道患绝症后还聊以自慰：“我已 72 岁了，不算短命吧!”

“十三太保”中唯一终身从事特务职业的是郑介民。他出身贫苦，是马来西亚的华侨，在橡胶园做学徒工。1924 年郑介民回国报考黄埔军校（与他同船归国的文昌小同乡黄珍吾后来成为首都警察厅厅长)，未被录取，后发愤考入二期，并读书不辍。他常说的一句话是：“一个人没有机会读书，是一件很不幸的事。”他的一生都阅读不倦。后来至莫斯科中山大学学习，与康泽是同学，归国后在蒋介石身边任副官，主管情报。在蒋桂战争、福建事变中他进行策反工作，受到蒋介石的重视。后参加特务处，一直做到军统局副局长、保密局局长，去台后任“国家安全局”局长、“大陆工作处”处长。

郑介民对情报工作颇有研究，在协同盟军对日作战中，提出很多预见性的情报分析，包括准确预测出诺曼底登陆的时间、中国香港与新加坡沦陷日期等，树立了中国情报的权威性。

去台后，蒋介石对郑介民有猜忌之心，一是郑负责与美国联络“军援”，蒋介石疑忌他是第二个孙立人；二是1959年大陆特赦郑的胞弟、国民党69军军长郑庭笈，蒋更加疑心。1959年12月11日蒋邀郑泛舟赏日月潭月色，并“赏吃”西瓜，当夜即暴亡。郑妻深恨并向蒋介石哭闹要人，蒋不过给了个“追赠一级陆军上将”，不了了之。不久，郑介民另一胞弟、任“国军”副军长的郑庭锋，忽被蒋经国遣人来让其去台北面见，欲升其为军长。郑庭锋一生没有任过正职，怨气甚深，遂当着来人大骂：“我做了蒋介石一辈子副军长，还要做蒋经国的军长？”愤而拒去台北领命。不日，郑庭锋看电影归来，亦如其兄暴亡。

“十三太保”比较有“福气”的是桂永清。与胡宗南一样，桂列名复兴社发起人和训练处处长，却与胡宗南一样，终生戎伍。虽然他效忠蒋介石，但不乏爱国之心。1935年，中国童子军举行大检阅，桂永清任检阅长。巡阅到伪满洲代表队时，想到东三省沦陷于日寇铁蹄之下，竟为之失声痛哭。蒋介石也眼睛湿润，走到代表队前予以勉励。事后蒋对他人感叹：“永清真乃黄埔之楷模！”从此此语广为流传。桂永清参加过淞沪战役、南京保卫战、豫东战役等，始终在前线指挥。后任驻德武官、驻英中国军事代表团团长。但桂永清在抗战中却有一段不光彩的历史。1937年，桂任教导总队总队长，负责保卫中山陵，与进犯紫金山之日寇激战四昼夜。桂永清在得知陵园腹背受敌时，自行潜逃过江，而后才向守卫部队下达撤退命令。这完全不是“楷模”之行事。1945年任海军总司令，因“重庆号”起义，其他军舰不愿奉蒋介石命令去围攻，桂永清也流泪湿襟。蒋介石大骂其是“败家子”“蠢材”，立法委员们提起弹劾，但桂永清却安然无恙，去台后仍任“海军司令”。1952年晋升二级上将，两年后任“参谋总长”，升一级上将。上任不足两个月却因病去世，时年54岁。

“十三太保”与桂永清一样腾达的还有葛武棨。他出身于贫苦农民家庭，考入黄埔二期，与郑介民、周逸群等是同学。葛武棨在北伐中表现英勇，被蒋介石选中到日本明治大学深造。回国后参与复兴社发起和组建，后任军委会侍从室第六组少将组长，成为蒋介石身边的大红人。1947 年授中将加上将衔。去台后仍不断献计献策反攻大陆。1981 年 9 月 16 日在台北去世，终年 80 岁，临死前还不忘反攻大陆，是一个反共至死的顽固派。

"十三太保"中不乏理论家。号称"小戴季陶"的萧赞育，当过小学老师。他考入黄埔一期，后留学莫斯科中山大学，与谷正纲、谷正鼎为同班。全班只有他们三人是国民党员，其余均为中共党员。萧是著名的国民党新右派，参与组织复兴社，后任蒋介石侍从秘书达 9 年，在西安事变中被扣押，抗战中任陆军军官学校政治部中将主任。1945 年萧赞育任南京市党部主任委员。去台后脱离政界，创办杂志，任"中华文化基金会"董事长，历时三年编纂《中华文化百科全书》。

还有一位理论家刘健群，是"十三太保"中唯一不是黄埔出身而受蒋介石器重的"螟蛉子"，是"十三太保"中唯一没有授军衔者。他是狂热鼓吹"一个主义、一个政党、一个领袖"独裁理论的专家。他既无大学学历，亦无留洋经历，但著文甚多。抗战初期，刘任过中央军校政治部主任。由于他非黄埔，在派系之争中心灰意冷，遂以生病为由，辞职退隐 5 年，吃斋念佛。1945 年，他重被蒋介石起用，相继任中央委员、三青团干事兼视察室主任、中央常委。蒋经国发起"三反"运动后，刘健群被当成"官僚"饱受攻击而被迫辞职。1948 年至 1949 年，刘健群出山，当选为立法院副院长、代理院长。去台后，当选为"立法院"院长。1951 年辞职，居家淡泊，研究佛经、读书写作，不闻纷争。1972 年 3 月 17 日因心脏病突发去世，终年 70 岁。

"十三太保"中的"理论家"还有滕杰。他出身豪绅门第，其父是清末举人。滕受过西化教育，在美国基督教会办的"英化职业学校"毕业，并以优异成绩考入上海大学社会系。后考入黄埔四期，被蒋介石派往日本明治大学深造。两年后回国，与贺衷寒等组织发起复兴社，被选为第一任常务干事兼书记。抗战时期任军委会政治部办公厅中将主任、第二厅厅长等职。负责监视中共谈判代表林彪等人。抗战胜利后任南京市党部委员兼南京市市长。去台后任“国大”党团书记长，著书10多种。他还兼任“光复大陆设计委员会”委员，提出“反共复国总体组织与总体战略”，影响颇大，但徒具哀鸣而已。

“十三太保”中比较正直的是酆悌，黄埔一期生。他受到蒋介石的欣赏，终遭猜疑，被蒋介石当作替罪羊杀掉。酆悌在军校中与中共党员学生陈赓、左权、宋希濂为密友，受陈赓影响尤深。经陈赓、左权介绍，结识了周恩来，立志以周恩来为榜样，读书报国。宋希濂与他同为湖南老乡，宋脱党后介绍他加入国民党。酆悌入国民党后，立志以后绝不加害共产党人和贫苦百姓。酆悌精明强干，善谈擅写，23岁即任第一军第一师代政治部主任。他对“清党”有看法，纵容部下放走被捕的周恩来，秘密保释中共党员华克之，后被密告于蒋介石，被怀疑“通共”，因而被监视。

复兴社成立后，酆悌任常务干事兼书记。当年被他释放的中共党员华克之参与刺杀汪精卫，被陈立夫CC系告密“通共”。蒋介石失望之余将其撤职，酆悌被调任驻德武官。回国后酆任侍从室秘书组组长，因看不惯张群贪污腐化，密谋将其刺杀。这引起蒋介石的气愤，戴笠又告发其放走周恩来的旧事，遂被蒋介石调离核心层，任军委会六厅厅长，两年后贬到长沙任警备司令。蒋介石密令火烧长沙“焦土抗战”，酆悌尽快向周恩来做了

宋希濂（1907—1993），字荫国，湖南省湘乡人。黄埔军校一期步兵科、日本千叶陆军步兵学校中国将校班、陆军大学将官讲习班第一期、陆军大学将官班甲级第一期毕业。1926年参加北伐战争。历任第七十一军军长、第十一集团军总司令、新疆警备总司令、华中“剿匪”副总司令兼第十四兵团司令。1949年被人民解放军俘虏，1959年特赦。1980年定居美国。1982年任纽约中国和平统一促进会首席顾问。1984年参与发起成立黄埔军校同学会，任副会长。

通报。长沙被焚后，舆论大哗。蒋介石本应密令湖南省主席张治中火烧长沙，却向酆悌下达命令，这是蒋介石为推卸责任，借机除掉酆悌。本来审判只判处酆悌10年徒刑，蒋介石于1938年12月17日来长沙视察时，却提笔加上“枪决”。张治中只是“革职留任”，回到蒋介石身边任侍从室主任。酆悌在行刑前泪流满面，唯低声哭泣：“我对不起长沙人民！张主席对不起我！”由此可窥他的人格。酆悌幼年在同龄中机智出众，其塾师通相术，曾对其父云，以后必将出人头地，但“功成之后，大祸难免”！

“十三太保”可称为善终的应该是曾扩情、康泽、邓文仪三人。

曾扩情出身贫农，北京朝阳大学法科肄业，后被聘为教员。1921年6月加入国民党，经李大钊等保荐考入黄埔一期。曾扩情在黄埔毕业，从事过特务、党务等职业，并非职业特务、党棍，亦非职业军人、政客，但又有20多年的中将军衔。

周恩来曾任黄埔军校政治部主任，能记住很多黄埔生。他最不能忘的唯有三人：曾扩情、范汉杰、李仙洲。20世纪50年代，他数次接见包括此三人的国民党特赦战犯，特意解释说，这三个学生都比他年龄大，所以忘不了。不过，周恩来的记忆确实是惊人的。曾扩情那时是政治部少校科员，周恩来的部下，时隔30年，现在已是头发花白，周恩来走到面前叫道：“曾扩情。”他泪流满面，抬起头半天只说了一句话：“周先生，我走错了路，对不起你！”曾、范二人均生于1895年，比周恩来大3岁，李仙洲生于1894年，比周恩来大4岁。周恩来1924年9月至1926年底在黄埔军校，包括曾扩情等三人的前四期学生均听过他的课。

曾扩情还有一个特殊之处是结婚生子后才考入黄埔，这是罕见的（李仙洲也是生子后考入黄埔），是名副其实的老大哥，很受黄埔生的尊重。从那时起，黄埔生皆称“况大哥”，“扩”不读本音而读“况”，以示尊敬。曾扩情是性情中人，多次惹怒蒋介石，所以一直不受重用。在西安事变中因受张学良委托向南京广播，被蒋介石下令扣押关入军统监狱。曾扩情不受蒋介石器重，在国民党各界却广受尊重。与他最要好的黄埔同学胡宗南不仅照顾他，还多次在蒋介石面前说情，最终被同意释放。在军统监狱中，戴笠更尊重这位学长前辈，百般照顾，令曾扩情刻骨铭心而不忘。

曾扩情名列复兴社创始人，但他一直否认自己是“十三太保”，理由是别人排挤他，所以不够资格。

曾扩情官运不亨通，一直做政训工作，20世纪40年代任四川省党部主任委员。不知何故，在成都解放前，他本可以逃掉，但认为已皈依佛门，解放军不会抓他，及至被捕，才懊悔不已。曾扩情在战犯所中忏悔了当年他用反间计致死他的黄埔同学、红一军军长许继慎的罪行。1959年他与杜聿明、王耀武、宋希濂、陈长捷、邱行湘等10人被特赦。他代表特赦人员发言：表示愿为祖国统一大业和建设繁荣强盛的社会主义贡献自己的力量！后与李仙洲同被特邀为全国政协委员。1988年去世，终年93岁。

康泽出身贫寒，曾被退婚，通过他在黄埔一期的亲戚李杲联系，由熊克武介绍考入黄埔三期。1925年至莫斯科中山大学留学，回国后任蒋介石侍从参谋，深得蒋赞赏。后成为复兴社的重要创始人之一，任书记长。康仿效德国党卫军，成立“别动总队”，参加进攻江西苏区。他极端仇视中共，甚至将红军战士剖心。后任十五绥靖区中将司令，固守襄樊，被解放军俘虏。经过改造，他认罪忏悔。1956年4月25日，毛泽东在著名的《论十大关系》讲话中，特意提到“康泽这样的人也不杀”，使他的知名度更普及。1963年4月9日，康泽被第四批特赦，分配到全国政协任文史专员，撰写了《我在国共第二次合作谈判中的经历》等大量文史资料，近来已被整理出版。

康泽的妻子和两个儿子被蒋介石带到台湾，一个儿子曾来大陆看望他，使渴望家庭温暖的他很感慰藉。“文革”伊始，周恩来为保护他，授意监护。1967年康泽因病去世，终年63岁。

邓文仪是“十三太保”中老资格的职业特务。他初中毕业后进入程潜在广东创办的大本营陆军讲武学校，后入黄埔一期。他是“孙文主义学会”的骨干，以鼓吹建立“国民党一党专政的三民主义国家”得到蒋介石的欢心。黄埔毕业后被蒋介石亲自圈定任黄埔三期步兵科中尉区队长。后被蒋介石特批保荐赴莫斯科中山大学学习，与邓小平、傅钟、李卓然、谷正纲、谷正鼎、屈武等编为第七组，邓小平为党组组长。在“四一二”反革命政变中，邓文仪起到了重要作用。蒋介石任命他为黄埔军校政治部主任，主持“清党”。因贪污被蒋介石撤职。后参与发起成立复兴社，与贺衷寒、刘健群被称为复兴社三大“理论家”和“宣传家”。1931 年任特务机构南昌行营谍报科（对外称“调查科”或“第三科”）科长，专职“剿共”与策反。1934 年因南昌机场大火案，被蒋撤职，后被派往苏联任驻苏武官。曾参与和中共的谈判合作。西安事变中因支持何应钦平定“叛乱”，再次被蒋介石冷落。抗战中，邓文仪被起用，任军委会政治部第一厅厅长等职。在第三战区任政治部主任时，成立调查室，专事迫害中共人员。1941 年参与策划皖南事变和袭击新四军作战方案，主持对新四军被俘人员审问、虐待。1945 年当选中央常委，出任国防部政工局局长，主持军队政训系统。去台后，任“行政院内政部”次长等。后退出政界，皈依佛教。1987 年后数次到大陆参观旅游，并为祖国统一奔波，相继受到邓小平、江泽民等接见。1991 年，联合在台 138 位黄埔同学，发起成立“中华黄埔四海同心会”，被推举为名誉会长，称其目的为“完成和平统一中国”。1998 年去世。

“十三太保”中唯一受到国共双方褒奖的是周复。他出身贫寒，为黄埔三期生。1931 年入日本陆军学校、日本明治大学法科学习。归国后参与发起成立复兴社，与贺衷寒、酆悌成为复兴社三任常务干事，并任书记长。此后他成为国民党内重要的军队政工人员。抗战爆发后他任第一战区长官部政治部主任，在中原城顶山之役中，被日寇包围，他亲率数十敢死队员冲杀，不幸胸部中弹牺牲，年仅 42 岁。

1943 年 10 月，国民政府在重庆召开周复追悼大会，追赠其为陆军中将，入祀“忠烈祠”，是抗战中国民党军牺牲的最高职级政工干部。1995 年 8 月 22 日，山东省人民政府追认周复为“革命烈士”称号。

“十三太保”的发起人还有邱开基、潘佑强、韩文焕（后来做到首都警察厅厅长）等，因不太为外界所知，兹不赘述。

“十人团”一直被视为军统草创时期的元老，从军委会密查组到特务处，都是戴笠手下的骨干。“十人团”说法不一，但大致应为唐纵、梁干乔、王天木、张炎元、周伟龙、胡天秋、徐亮、马策、郑锡麟、黄雍（也有资料说有王兆槐、陈恭澍等），郑、马二人退出，补入刘恢先、裴西度。后来郑、马二人又返回投靠戴笠。“十人团”与“十三太保”一样，只是一个称谓，前后应该并非只是十个人。

“十人团”中戴笠、梁干乔还列名于“十三太保”。除唐纵、陈恭澍、王天木较为知名外，其他大多为军统职业特务，并不为外人所知。因与戴笠同甘苦，基本上都升为将级特务，成为军统、保密局的高级干部。如马策，20 世纪 40 年代任警察总署主任秘书，后被解放军俘获。郑锡麟，任军统局训练处处长。与黄雍在新中国成立后投向人民，被聘为全国政协委员。黄雍资历很老，为黄埔一期生，曾加入邓演达的黄埔同学革命会，被捕后“自新”入复兴社。1949 年曾参与湖南解放，受到周恩来的当面嘉奖。与戴笠同为黄埔六期的周伟龙，在新中国成立前夕欲调集交警总队起义时被毛人凤发现并杀害。同是黄埔六期的徐亮，当过戴笠的秘书，与戴关系甚好，受到重用，任贵州息烽训练班副主任，主持工作。因徐平易近人，从而受到学生们的爱戴，昵称他为“妈妈”。小报告打到戴笠耳边，戴笠以为他在拉山头，心里猜忌。在徐亮患痔疮时，指挥军统局医官使用过期药物，致使徐亮下肢瘫痪。戴笠马上批准令其长期“休养”，徐亮一句怨言也不敢说。因为他知道一旦传到戴笠耳中，必致生命之险。戴笠死后，毛人凤才起用他任军统外围组织“人民行动委员会”负责人。

陈恭澍是黄埔五期毕业生，是军统局号称“天才”的著名杀手，人机敏而有指挥才能。军统历史上重大的暗杀行动几乎都是他主持或参与的，如刺杀汪精卫、王克敏、殷汝耕、石友三等，并暗杀了日本军官 60 多人。捕杀吉鸿昌也是他指挥的。陈任军统局上海站站长潜伏期间，被汪伪特工总部逮捕叛变，投靠了李士群。抗战后陈以汉奸罪被判刑 12 年，1 年后被释放，以利用他继续反共。新中国成立前陈逃到台湾，晚年撰写了 5 册回忆录《英雄无名》。其中不乏军统史料，国内出版有关军统书者多加引用。我个人认为有掩饰之辞，对他自己的下水轻描淡写，其史实叙述并不完全可靠。一个背叛国家和民族、甘心为日伪作伥者，其笔下可信度能有几何！

抗战中另一个下水的“十人团”成员是王天木（原名王仁锵）。他东北讲武堂毕业，后至日本明治大学学法律，回国后任浙江高等检察厅检察长，出任过中国驻智利大使馆代办。王阅历丰富，颇具才干。他被戴笠拉入特务处后，改名王天木。王一直能独当一面，受到戴笠重用，还与戴笠做了儿女亲家。在抗战中因内部人事矛盾，他为泄愤赌气而叛变投敌，致使军统大批地下潜伏人员和抗日锄奸团青年被捕牺牲，实在是罪不容诛。

“十人团”中的张炎元、唐纵一直稳健不倒。张炎元是黄埔二期生，曾加入中共，后失去组织关系，1927 年春被保送至莫斯科中山大学学习。后加入复兴社，一直受到戴笠的倚重。在抗战中他出任军统控制的权力极大的军委会水陆交通统一检查处副处长，主持工作，官至中将，实际等于替戴笠看家。他和继任的军统局头目毛人凤关系很好，逃台后，毛人凤临死前推荐他出任了“国防部”情报局局长。

唐纵比张炎元风头更健。他在黄埔军校时期就受到蒋介石的信任，几乎一生以特务为职业，担任公开职务也未脱离军统。他表面文质彬彬，性格谨慎小心，守口如瓶，从来不将蒋介石交办的事情透露，从而得到蒋介石的信任。他被调到侍从室第六组任中将组长，主管情报，兼军统局帮办，从不肯在中统和军统中偏袒一方。在军统局他被称为“智多星”，受到戴笠和军统特务的尊重。军统凡疑而不决之事，戴笠都会让部下去请教“唐先生”。他的性格执拗，但凡认为是正确的主张，会坚持到底。连脾气暴躁的戴笠也不得不同意他的意见。后来他兼任军统局副局长兼代局长。军统改组为保密局后，他被蒋介石任命为内政部次长，后于 1946 年 7 月被任命为警察总署署长。1947 年初，国防部增设保安事务局，蒋介石命他兼任局长，全国警察与保安团队皆归唐纵指挥。唐纵其人无野心，也从来没真正当过主管官，被蒋任命后非常高兴。他不遗余力推行“警保合一”的理念，他也很“敬业”，连几十元的报销费用，都要亲自批核，每每批改公文到半夜。当然，为了对付中共，他不断在警察系统安插军统特务。去台后，他仍然得到蒋氏父子信任，任过多年国民党中央秘书长，1981 年去世。

唐纵与戴笠、郑介民是军统的主要创业者，号称军统“三巨头”，对中共的罪行甚多，侥幸没受到惩罚。他有记日记的习惯，逃台前日记遗落在大陆，一直由公安部封存。20 世纪 90 年代公开出版，名曰《在蒋介石身边八年——侍从室高级幕僚唐纵日记》，成为研究军统的重要资料，从中不乏可见的特务机构内幕，其可信度要比陈恭澍行文啰唆、刻意掩饰的回忆录要高得多。

四、 中共与军统的较量

第二十九章　叛徒的价值

变节偷生的叛徒是革命事业最凶恶的奸佞，军统利用叛徒，对中共造成了极大的危害。

蒋介石最早成立特务组织并没有什么固定的模式。人员、组织、规模都很小。后来逐渐形成统一特务部门下的中统、军统两个派系之后，蒋介石觉得有必要借鉴别国的经验，以使他的特务组织脱离江湖帮派习气，更加专业、正规化。

国民党最早建立黄埔军校就是借鉴苏联的模式，聘请苏联顾问，邀请共产党人做政治工作，颇有成效。后来北伐军也因为政治工作（建立政治部和党代表制）的原因，部队提高了战斗力。因此，蒋介石在创建特务组织时，有意识仿效苏联国家政治保卫局和全俄肃反委员会及中共地下党组织的严密活动方法训练特务。军统初期成立特务处，戴笠确实仿照共产党地下组织的活动特点，规定特务处所属各级组织之间只准有纵的关系，不准有横的关系。特务之间不讲资历，一律下级服从上级。戴笠的这套办法往往使特务活动时互不认识，都以为是共产党，常常闹出假戏真做，等抓了人才知道是自己人。更有耗费长期精力、人力、财力跟踪，最后发现徒费力气，成了令人哭笑不得的狗咬狗。不过这种仿效中共地下党组织的活动方法建立起的特工体制，确实体现出更高的工作效率，在这方面，军统超过了其他国民党的特务组织。

中共中央政治保卫局负责人顾顺章叛变被中统接纳后，立即向中统特务机关泄露了中共中央组织、保卫、地下活动和特科的组织、活动情况等机密情况。顾顺章早年曾留学苏联，专学政治保卫。回国后专门负责当时上海中共中央的政治保卫，他领导的中央特科是中共地下党的秘密武装组织，专门负责保护中央安全和铲除叛徒。顾顺章叛变投入中统后，成为中统特工行家，他将训练特务的方法融入了中共地下斗争的经验，对中共的危害性极大。顾顺章先后担任中统特工训练工作，还编选了一套特务训练教材《特工丛书》，共分六册，内分“训练”“情报”“侦查”“行动”“说服”“内部”六类。

1934 年戴笠报请蒋介石批准，借调顾顺章担任军统特务处南京特训班顾问和教官，以中共地下斗争的经验融进军统特工训练之中。戴笠认为这一点很有用处，也很重要，因而对顾顺章大为赞赏。

蒋介石成立特务组织，本意是替他看家，所以对负责人人选很重视。戴笠就懂得蒋介石的这种心理，军统中高级重要负责人大都是黄埔学生。因特务组织早期学习苏联体制，蒋介石又一直主张“以毒攻毒”，即利用中共叛徒破坏共产党，因此，军统、中统特务组织里都有大量中共叛徒参加，蒋介石将此称之为“运用”。

军统特务处在创立初期，吸收了一些中共叛徒和脱党人员如余乐醒、谢力公、王新衡、王崇五、陆遂初、王班联、贺元、徐永年、吴景中等，成为军统重要骨干。这些人都曾留学苏联，有在苏联学习政治保卫工作的经验，因为他们熟悉共产党的组织和活动方法，危害更大。

军统第一个规模庞大的训练班——临澧特别训练班，于 1937 年创办。戴笠亲自选派这些人担任训练班重要负责人，由此看出这个训练班着重训练反共活动。训练班重视反共教育，副主任由余乐醒担任（戴笠名义兼主任，工作皆由余乐醒主持），教官由担任过黄埔军校政治教官的中共叛徒廖华平担任。在这个班还“诞生”了“班歌”，由留学德国归来的教官蒋镇南以德国纳粹党党歌为蓝本加以改编，并受到戴笠的欣赏，以后成为军统局“局歌”，凡军统人员必须学会这首“局歌”。军统局的“四一”大会、“纪念周”及任何集会结束时都要唱这首歌。临训班的学生后来都成为军统重要骨干，有10多名毕业生在抗战结束已成为少将级特务。

上海在20世纪30年代曾是中共中央所在地，蒋介石、戴笠非常重视特务处上海区的工作。上海区的历任书记、组长多为中共叛徒，如1934年任上海区书记的张师即为中共叛徒。蒋、戴的用意在于利用中共叛徒发挥反共作用。

戴笠本人一生没有进过任何特工学校，也没有经过什么系统的特工训练。他虽是黄埔六期骑兵科，但没有毕业，后来还是蒋介石下手令予以补授。在讲究资历的黄埔系，四期以后就算资历浅的。戴笠虽未受过专门训练，但他注意实践。他早期的所有特工理论和实践，主要是留俄学生翻译过来的介绍苏联“格鲁乌”“契卡”的几本小册子。戴笠通过搞特务组织的经验，认为异己分子如胡汉民、汪精卫等的政治派别都好对付，唯有中共地下组织最为严密、科学，也最有力量，不易被破坏和发现。因而，戴笠经过蒋介石的同意，一贯强调要“以组织对组织”，即仿效苏联国家政治保卫局和中国共产党组织的一套办法建立特工体制，与中共进行斗争。他遵照蒋介石的指示，广泛“运用”中共叛徒破坏中共党组织。

实践证明，蒋、戴的这些办法很阴险，中共不少地下党组织都是被叛徒破坏的。

蒋介石很重视对叛徒的“运用”，不过，对这些投降的叛徒很不放心。他多次指示戴笠，这些叛徒既然可以叛变共产党，也可以叛变我们。他要

格鲁乌：俄罗斯军事情报总局的简称。1918年10月，列宁签署法令，成立“共和国野战参谋登记处”，这是一个在俄国各红军部队已建的军事情报机构基础上建立的全国统一的军事情报最高领导机关，这就是最早的格鲁乌。后“登记处”进行了改组，组建了情报局，以代替“登记处”。后来这个机构被称为红军参谋本部第二局，最后定名为总参谋部情报部，即“格鲁乌”。

求戴笠对叛徒的“运用”要小心谨慎。戴笠对叛徒的“运用”很有分寸，大都不放在要害部门，往往还要暗中派特务加以监视。

戴笠不像徐恩曾那样对中共叛徒表面很客气，相反，他常对工作不得力的中共叛徒加以训斥、侮辱，动辄暴跳如雷。如中共叛徒王克全，因参与暗杀杨杏佛、史量才受到戴笠的赏识，抗战中升到重庆卫戍总司令部稽查处副处长的职务。在一次日机轰炸重庆的空袭中，他负责保管的新从香港购进的 100 支左轮手枪被炸毁。戴笠本是个爱枪如命的人，听到此事大为气愤，立即打电话痛骂王克全，并极尽羞辱：“不好好保管这批手枪，你是不是要孝敬你的老祖宗（指共产党，因王是叛徒，戴笠故意这样挖苦）!”王克全听了这番训斥和羞辱，无地自容，导致精神崩溃，接完戴笠的电话后便在办公室开枪自杀了。

徐恩曾就不同，表面上对叛徒很客气，尽管实质上他的阴险程度并不亚于戴笠。比如他发现顾顺章有投靠戴笠的企图，便动了杀机。

中统是专门搞党务活动、反共的特工组织，更重视对叛徒的“运用”。中统专设对付中共组织的第二组（后升为第二处）。有一段时期，从组长、副组长、科长以至总干事、干事、助理干事等，都是清一色的中共叛徒，如陈建中、杜衡、郭乾辉（郭潜）、周光亚、先大启、王维理、范振中、邹春生等。目的就是在侦察与破获中共地下党组织后，把抓到的共产党员，用威胁利诱手段争取“转变”，再为中统“运用”，根据线索扩大追捕，继续破坏中共组织。

这些叛徒很明白，徐恩曾表面客气，实际上很阴险。叛徒和徐讲话、汇报工作时，总是战战兢兢，唯恐讲错一句话、办错一件事招来顾顺章的下场。

徐恩曾很重视“运用”叛徒的工作，例如后来成为汪伪特工总部头目的李士群，也是留苏的中共叛徒，后来参加中统，任 CC 留俄同学会理事与留俄学生招待所副主任，专为中统特务组织勾引留学苏联的中共党员和青年，使之叛变革命，投入中统特务组织效力。又如中共中央特科联络员姚蓬子（1906—1969），原名方仁，诸暨姚公埠人。曾就学于诸暨县立中学、绍兴越材中学、上海中国公学与北京大学。1927 年加入中国共产党。1930 年，参加中国左翼作家联盟，任党组宣传部部长。1933 年 12 月，在天津被逮捕，入反省院。1934 年 5 月，在《中央日报》发表《脱离共产党宣言》，被释放，任国民党中央文化运动委员会委员、国民党中央图书杂志审查委员会委员。1938 年，赴重庆任职于国民政府军事委员会政治部文化工作委员会。1963 年后，任教于上海师范学院中文系。1969 年病卒。

姚蓬子（姚文元之父）叛变后被徐恩曾安排在中统局当科长，以“文化人”的面目出现起破坏作用。

徐恩曾秉承蒋介石的意旨，经常指示中统的高级骨干们说：“共产党在组织上、宣传上、工作方法上是有很多长处的，我们应当学它，学好了，就用来打它。希特勒国社党的组织、宣传和工作方法，便是从共产党那里学来的，并且用来制服了德国共产党。”徐恩曾认为：“我们对付共产党，必须以组织对组织，以宣传对宣传。以其人之道还治其人之身。”

由于共产党和国民党是阶级性质完全不同的两个政党，徐恩曾与戴笠一样，只能利用叛徒破坏共产党的一些组织，而不可能真正把共产党的一些法宝学到手。

举例来说，徐恩曾从叛徒嘴中知道“批评与自我批评”是共产党提高自身战斗力的法宝，于是他决定仿效。于 1939 年召集中统高级骨干学习共产党的批评与自我批评，他认为：学共产党的批评与自我批评可以提高个人修养和工作能力，进一步提高工作效率。他命令中统高级干部从即日起都开展批评，同时也要做自我批评，然后在全中统组织内推广。

徐恩曾不可能真正意识到，批评与自我批评是无产阶级政党站在大公无私的立场才能够运用的武器。那时的共产党员在白色恐怖下参加革命，本身就冒着生命危险，并不是贪图利禄官位，不为谋取私利，而是为了信仰和人民解放去英勇斗争和献身。大公无私才能开展批评与自我批评。

中统高级干部中开展批评与自我批评，马上成了互相攻击的场所，不但收不到效果，反而加深了特务之间的成见。徐恩曾觉得生搬硬套完全不能适应中统这帮特务们的身上。

后来，徐恩曾还办过所谓“集体生活”的公共食堂、车缝工厂等，这是仿效苏联的做法，美其名曰加强团结，但实行不了几个月便宣告解散。食堂成了吵架场所，还有人揭发经办人有贪污行为，只好关门大吉。

其实，徐恩曾明白，共产党人大无畏的革命精神、严密的组织纪律和纯粹高尚的信仰，是中统特务们永远也学不来的。他自己就多次目睹共产党人视死如归和勇敢的精神。恽代英烈士就义前大义凛然，高唱《国际歌》走向刑场的情景，徐恩曾永远不能忘怀，一提起来便悲叹：“共产党的可怕就在于此。”

这一点对戴笠来说也是如此，他很明白，共产党人的斗争精神、顽强的革命意志和严密的组织纪律是长处，他一再提倡学习，但他明白这不是仿效所能做到的。长期与中共为敌，并在军调部时与中共人员打过交道的郑介民，非常清楚对方的优点，他认为，共产党普遍的特点是生活朴素、勤俭刻苦、工作认真踏实、组织纪律性强、待人态度平和等，而这种工作精神和作风很值得国民党包括军统人员学习。

周恩来是中共隐蔽战线创始人，他总结过国民党特务组织在人力、财力、技术上都超过共产党，但并不能战胜共产党，因为有三点是国民党所不可比拟的：一是坚强的政治信仰；二是不靠金钱、美色收买的手段；三是严密的铁一样的组织纪律。尽管有叛徒为虎作伥，对于中共来说，并不起任何决定作用。

第三十章　张国焘叛变始末

叛徒的利用价值是有限的，最终会被主子一脚踢开，身败名裂。

皖南事变后，叶挺将军被俘，一直被囚禁在军统监狱中。戴笠多次派军统局总务处处长沈醉前去看望，表面以关怀生活为名，实质上妄图软化诱降，但一直没有成功。国共和谈后叶挺被释放，沈醉曾问他释放后第一件事想干什么，叶挺回答："我将来出去第一件要办的事，便是请求党恢复我的党籍。"戴笠后来听到沈醉汇报叶挺的话后，沉默了半天，许久才说了一句话："共产党人的可怕，就是在这些地方。"他和徐恩曾看到恽代英就义后所说的话几乎一模一样，证明他二人在与共产党长期的斗争中已领教了共产党人的厉害。

戴笠反共最坚决，他明白，共产党是"壮汉子"，以国民党"病汉子"

叶挺（1896—1946），字希夷，广东惠阳县人。所指挥的国民革命军第四军在北伐中被誉为"铁军"，后参加指挥南昌起义并出任前敌总指挥，参加广州起义时任起义军工农红军总司令，抗日战争中出任新四军军长，皖南事变中被国民党扣押，写下《囚歌》以明志。抗战胜利出狱后，被重新接纳为中共党员，1946 年 4 月 8 日与夫人李秀文以及秦邦宪、邓发、王若飞等在返回延安途中，不幸空难；1988 年，被中央军委确定为 36 位开国军事家之一。1989 年 11 月，经中央军委确定，被冠以"中国人民解放军军事家"的称号。

之躯去斗，不会有成功的希望，所以戴笠曾悲叹过：“我将来不死在老头子（指蒋介石）手里，也会死在共产党手里!”

以军统和中统相比较而言，中统更阴险，更注意从理论上、组织上破坏共产党，更注意巧妙利用叛徒。陈立夫就一直不赞成军统那种动不动喊杀喊打的做法。

徐恩曾很重视理论工作，他称之为“知彼知己”。在重庆期间，在他指导下，由中统的所谓理论专家编印过近百种书刊，名为“奋斗丛书”，指导中统特务如何与中共做斗争。一类是对内训练所用的，徐恩曾本人写了一本《知彼工作》；中统所谓的“理论权威”王思诚写了一本《怎样与中共做斗争?》；刘次箫写的《明大义，识大体，知进退，守分寸》等。第二类为诬蔑、攻击共产党搞欺骗宣传的书刊，如王思诚写的《中共理论的分析与批评》、万大鋐写的《中共的剖析》、周光亚写的《唯生史观与唯物史观》等。还有就是由中统局二组中共叛徒们所写的《如此边区》《边区全貌》《中共的整风运动》《中共的军事政策》《中共的文艺政策》等，皆为站在国民党立场上歪曲事实的诬蔑之作。徐恩曾、王思诚的书还被列为所有中统特务的必读课本，尤其王思诚的两本书积十多年反共经验，从“理论”到组织、行动，形成了自己的系列，被中统奉为“经典”。

戴笠的军统局也有类似容纳中共叛徒的机构。军统局有党政情报处，下设中共科，里面有不少叛徒为虎作伥。张国焘投降后，戴笠专为他成立了一个“特种政治问题研究室”，由张国焘任主任，专门开展和研究有关对中共进行特务活动的工作。

1942年以来，蒋介石多次指示戴笠，要他选派搞行动的特务混进延安，去暗杀中共领导人。戴笠做了很多准备工作，也让张国焘写过一本几万字的有关中共内部及边区情况的材料，军统曾专门抄送给蒋介石。

戴笠经常说：“对付共产党的最有效的办法，是叫共产党（指叛徒）去对付共产党。”军统局有不少叛徒，从高级干部到普通特务都有。军统局司法科就有叛徒当法官，专门审讯被捕的共产党员。军统专做延安情报活动的陕北站站长，也是中共叛徒。对于原在共产党内职务越高的叛徒，则越重视 (虽然从骨子里总也不信任)。

蒋介石在“四一二”反革命政变中叛变革命后，大肆屠杀共产党人，他的主张是“宁可错杀三千，不可漏网一人” (也有记载汪精卫的口号是“宁可错杀一千，不可放过一个”)，妄图将中国共产党斩尽杀绝。后来他发现，只靠屠杀的方法，并不能将共产党完全消灭。在顾顺章叛变后，顾表示可以抓到很多共产党员，当时蒋介石只是抱着试试看的心理。当顾顺章出卖中共中央少数机关和不少省、县、市地下组织被破坏，致使 200 多共产党员被捕，恽代英也被查出，蒋介石大为兴奋，对顾极为赞赏。从此他改变了抓一个杀一个的做法，开始利用叛徒破坏地下党组织，从而使更多的共产党员被抓捕。同时，蒋介石很重视共产党内职务较高的叛徒，利用他们的名气、地位和影响，破坏共产党组织。

对原中共领导人之一的张国焘的叛变，蒋介石就非常重视。

张国焘曾在中国共产党领导机关担任重要职务达 17 年之久。他早年参加过五四运动，是中国共产党最早的党员之一。早在 1924 年 5 月，他即成为叛徒。据北洋军阀政府内部档案 (1001) 3499 号记录：张国焘被捕后供出李大钊是北方地区党的领袖，并供出高君宇等多人共产党员的身份。后来他一直隐瞒了其叛变革命的罪行，有关他被捕的档案是在 20 世纪 50 年代后被发现的。张国焘一直在党内、红军和边区政府担任重要领导职务。

1937 年中共开始对张国焘进行批判斗争，批评他分裂党的错误路线。张表面承认错误，他的中央委员和中央政治局委员等党内职务均予以保留，后来还让他担任陕甘宁边区政府代主席。当时，蒋介石和军统等特务组织正对中国共产党实行“溶化”诱降政策，1938 年 4 月，国民党在陕西黄帝陵举行祭奠活动，张国焘利用代表边区祭陵的机会，图谋策划逃出陕甘宁边区，投靠国民党。

4 月 2 日，张国焘离开延安。4 月 4 日，张国焘与主祭的国民党西北行营主任蒋鼎文同回西安，后与国民党官员和特务机构多次密谈，密谋叛变。

4 月 12 日，他见到蒋介石，自称“在外糊涂多时”。后周恩来、秦邦宪、林伯渠、陈绍禹等多次做工作，但遭张国焘的拒绝。4 月 17 日，他在三名国民党军统武装特务的保护下仓皇出走叛变。

蒋介石获悉张国焘叛变后，非常高兴，认为这是一个反共的重要“法宝”。他很得意地对戴笠讲：“这是对延安的致命打击。”张国焘到达武汉后，蒋介石立即派中统的领导人陈立夫去找张国焘密谈，获取有关中共和边区的情况。随后蒋介石给张国焘以国民党中央委员、国民参政会参政员、军委会中将的职务，以示奖励。随后，他批准将张国焘交给戴笠“运用”。

武汉失守以后，张国焘随戴笠到达重庆。戴笠得到蒋介石赐给他的张国焘，如获至宝。在此之前，戴笠把张国焘藏在武昌一个极为秘密的地点严加保护。国民党的各个特务组织如中统等轮流找张国焘谈话，索取有关中共党、军队和边区的各种情报。现在，蒋介石把张国焘交给自己独家“运用”，戴笠不禁喜出望外。

如何“运用”张国焘，完成蒋介石交给的任务，戴笠费了不少脑筋，想了不少办法。首先，戴笠为了安置张国焘，特地在军统局成立了一个“特种政治问题研究室”，由张国焘担任主任。张国焘很卖力地为戴笠出谋划策，开展反共活动。张国焘向戴笠建议，军统应该专门举办一个“特种政治工作人员训练班”。张国焘对戴笠说，开展反共斗争，不仅要有专门的机构，还要有专门的人才，而军统特务一般是做不了这种工作的，必须专门培养。

戴笠听了很欣赏，马上下令筹办。由戴笠兼班主任，张国焘任副主任。学生从军统其他训练班受训或已结业的“优秀”成员中由戴笠挑选。每个学员均由张国焘亲自谈话进行考核，其选拔的严格程度是军统历年所办训练班从未有过的，可见戴笠的重视程度。

这期训练班加上第二期共招收了 200 多名学生。张国焘亲自讲课，除了讲中共问题分析并大肆诬蔑外，还讲授进入边区后应如何从事特务活动等。

戴笠对训练班寄予期望，盼望通过这些学生，对中共组织产生大的破坏活动，并建立军统延安站，进入边区搞破坏。结果完全出乎戴笠意外，不少“特种政工人员”进入边区，不仅无法“策反”搞破坏，反倒有去无回。军统打入延安的特务有数十名，皆被延安保卫部门侦破，一部分反正参加了革命阵营，只有一人（沈之岳）侥幸逃出。第二批学员无法派遣，只好派到兵工署警卫稽查处负责“防共”工作。

张国焘还向戴笠建议大肆开展“来归”活动。张国焘认为共产党有社会基础，不好消灭。军统人员在国统区所采取的逮捕、逼供、写自首书、登报脱党、迫使叛变等手法并不高明。虽然少数人叛变，仍然不能使大多数人屈服。张国焘认为，唯一的办法是从政治上争取和拉拢，发现共产党员不必强迫他们自首、脱党，如不愿说出同党姓名亦不勉强，只需捎带强制性地填写一份“来归人员调查表”即可。张国焘向戴笠解释“来归”的含义是，原本是国民党的公民，后误入共产党，现在改邪归正了。张的这个建议获得戴笠的赞赏，他马上批准实行。

为配合“来归”活动，联络“来归”人员，戴笠批准在华北、华中、西北等地成立“特种政治工作联络站”。其负责人多由叛徒担任，如设在洛阳的华北联络站站长由原红三十三军参谋长、叛徒朱德崇担任；设在鄂北老河口的华中联络站站长由原中共华中局友军工作部部长、叛徒项乃光担任；设在汉中的西北特联站站长由留苏学生、叛徒黄逸公担任。戴笠后来还在陕甘宁边区附近的榆林、洛川、耀县分别成立陕北、延安和耀县三个策反站，均交给张国焘亲自掌握负责。

然而，几年来，除了张国焘原来的亲信等少数人“来归”和被“策反”外，几乎没有人理睬。戴笠大失所望。张国焘后来经过戴笠安排，妄图向太行山区的八路军一二九师（由原红四方面军改编）进行渗透。张国焘当过红军总政委，领导过红四方面军，以为有空子可钻，但一年多来，不但拉不出人来，也无法打进去。戴笠仍不死心，又将一些叛徒搜罗到张国焘手下搞“策反”，如抗战时被捕叛变的南方工委组织部副部长郭潜、在新疆被捕叛变的八路军新疆办事处负责人徐梦秋等，依然毫无成果，各地策反站只好相继撤销。戴笠大为不满，开始对张国焘有些恼怒。

张国焘建议请陈独秀出山。戴笠和胡宗南亲自拜访陈独秀，但陈独秀不愿做蒋介石的反共炮弹。后来张国焘亲自找陈独秀，企图拉他另组织一个新“共产党”，以便和中国共产党唱对台戏，达到破坏的目的，遭到陈独秀的拒绝，陈独秀说：“我没有那个能耐。”

张国焘还担任中统的“反共设计委员会”委员兼主任秘书，任务是“策反”共产党员，做反动宣传和破坏活动，但同样劳而无功。

这一切越来越引起戴笠的厌恶。他和蒋介石一样，不但瞧不起这类叛徒，还不放心，时时派人监视张国焘的活动。戴笠恼羞成怒之下，经常对张国焘冷言冷语，极尽讽刺挖苦和训斥。有时几个月、半年都不肯见其一面。张国焘刚到军统局时，不仅是戴笠宴客时座上最受欢迎的宾客，也是戴笠最引为得意的部属。戴笠每次请客都爱带上张国焘，事前常常向被请者炫耀：“明天你来吃饭时，便可以看到共产党里面坐第三把交椅的人物了！”曾几何时，张国焘成了戴笠最厌恶的人。有一次，戴笠暴跳如雷拍桌大骂张国焘是“厕所里的石头又臭又硬”，吓得张国焘从此极怕见戴笠。戴笠愤恨之余，常对部下说：“校长对张国焘来投靠，以为是对延安的致命打击，交我运用。几年来大失所望，对校长难以交差。”这以后，不唯戴笠，连蒋介石也对张国焘失去了兴趣。

实际上，蒋介石对叛徒只是利用，内心也很鄙视。他常对戴笠叮嘱，对叛徒要小心，他们能叛变共产党，也能叛变我们。交给戴笠“运用”，只不过是当成“走狗的走狗”。一旦做不出成绩，戴笠马上就翻脸。张国焘原来在军统局所享受的“要人给人、要钱给钱、要物给物”的特权马上被取消，按规定应该给张国焘的个人待遇也基本享受不到。一般的特务也瞧不起他。张国焘因此常常受到军统局特务们的蔑视，张国焘因此哀叹：“我们这些人身家不清，在国民党里无什么出路。”不过，负责监视张国焘的黄逸公（也是叛徒）因为监视的缘故，还算了解，曾颇为不平地说过，张国焘为军统卖力，连吃饭睡觉都在想办法，实在是因为共产党组织太严，防范太周密，所以做不出特别的成绩。

张国焘最终在没有利用价值后，被蒋介石一脚踢开，致使其生活拮据，晚景凄凉。他曾一度通过渠道想回祖国安度晚年，但经研究要他公开承认错误，才能回国时，他又不肯。1979 年在加拿大一家养老院中张国焘被冻死（现在有史料称并未死在养老院，而是死在公寓中）。他的妻子（随张国焘叛党）曾哀叹："我们做共产党 20 年，反共 40 年，一生未享到半点幸福，天道真不平呀！"叛徒的哀鸣正好道出了他们必然的可耻下场。

第三十一章　叛徒的下场

血债必须要用血来偿还，这是叛徒应得的下场。

其实，投靠军统的中共叛徒再卖力气，往往下场并不美妙。像张国焘这样还算是善终的（他在抗战结束后靠关系脱离了军统组织，去江西当了救济署署长）。军统骨干李果谌的下场更惨。他曾在莫斯科中山大学学习，后到日本士官学校留学。毕业回国后他参加中共组织的广州起义，失败后叛党，被他的留苏同学邓文仪叫去加入国民党早期特务组织南昌行营调查科。调查科被军统（当时称特务处）合并后，受到戴笠重视，被任命为军统特务处书记长、北平区区长、晋绥察区区长等要职。抗战时被任命为军统武汉区区长。

武汉沦陷后，李果谌被部下出卖。当时逮捕李果谌的日本宪兵队队长恰是他的留日同学，故极力引诱其投降。李当时假意答应出任伪军司令，并在伪政权内进行分化瓦解工作。但当时武汉区与李果谌有矛盾的军统领导，却向戴笠报告称李果谌是“叛徒”，戴笠未做调查即派人将其刺杀（邓藻光：《军统领导中心局本部各时期的组织及活动情况》，《文史资料选辑》第 86 辑第 184 页）。当然也有善终者，如军统重要骨干余乐醒。他早年留法，北伐时是叶挺独立团教导员，后投入军统，对军统的发展做出重要贡献。他是沈醉的姐夫，将沈醉一家 20 多人拉入军统。新中国成立前夕，与中共地下组织联系欲弃暗投明，毛人凤密谋将其暗杀。因余乐醒任军统训练班副主任，学生无数，有一得知暗杀计划的学生向老师密告，遂得以逃脱。

其实，在1949年新中国成立前夕，不仅张国焘，就连保密局内的大批叛徒都被甩下，很多资历很老甚至是少将级的叛徒，跪下哭求，也不准撤退到台湾。这种做法得到了蒋介石的特别嘉奖。当然，这种情况并非绝对，对军统仍有利用价值或有后台的叛徒，会被允许撤往台湾，如王新衡到台湾后官运仍然亨通，并且知名度很高，成为“三张一王”（张群、张学良、张大千和他）诗酒酬酢“转转会”的新闻人物。王新衡早年加入中共，后赴莫斯科中山大学学习，当过杜月笙的私人秘书，与上海青帮关系极为密切，后被戴笠收买，加入军统。1935年，军统上海区改任王新衡为区长(原区长吴乃宪是黄埔一期，邓演达临时行动委员会成员，是出卖邓演达的叛徒。区书记长张师则是中共叛徒)。他利用特长曾吸收一批留苏的中共叛徒加入军统上海区，对中共地下组织造成了危害。

另如谷正文，早年留学莫斯科，与中共一些领导人及蒋经国皆为同学，后脱党参加军统。由戴笠推荐，谷正文很受蒋介石重视。他在军统局一直升至将级特务，主要以行动擅长。去台后任保密局侦防组组长，主导刺杀周恩来的“克什米尔号”事件是他的“杰作”。另一件“大案”是由他侦缉指挥，会同保安司令部、台北卫戍司令部、台北县警察局，共出动1.5万人，于1952年12月28日，围歼台湾中共地下党位于台北县石碇乡鹿窟村的武装基地，抓捕400多人，该村被“清乡灭村”。谷正文把指挥所、刑讯所、牢房设在附近的光明禅寺里。最后有35人被判死刑，百余人被判徒刑(起因是因为交通员汪枝被捕叛变)。谷正文后来出版口述回忆录《白色恐怖秘密档案》，他于2007年去世。

谷正文逃脱了中共对他的惩罚，但他晚景凄凉，多病在身，离过四次婚，没有一个亲人在他身边，只有一个养女陪他度过余生。他抓捕过200多名中共党员（牵连达2000多人），所以晚年的谷正文也并非心安理得，夜晚常常会被噩梦惊醒。

不过，据原军统局少将总务处处长沈醉回忆：“参加军统工作的大批叛徒中，有的是真心诚意投敌充当爪牙；有的是脱党（主要是失去了联系），却并没有出卖过组织，也没有出卖过其他党员，这种人在军统特务中占相当多数。也有少数是冒充‘叛徒’打入军统，利用军统作掩护，继续从事革命活动。解放后，我遇到一个人，过去在军统中工作多年，虽然特务们曾对他有过怀疑，但没有找到任何证据，所以只注意过他，却没有逮捕他。1963 年他来北京社会主义学院学习时见到我，谈到他过去把脑袋提着在军统中工作的情况，我才恍然大悟……”沈醉对叛徒、脱党者在军统中情况的分析是比较客观的。如文强，是毛泽东的表弟，经周恩来介绍加入中共。后来文强脱党参加军统，其间周恩来两次劝他回到党的队伍来，均被婉拒。他虽加入军统，却并未出卖组织和其他党员。经邵力子介绍加入国民党，在军统中文强受到戴笠信任，任军统局华北区区长，参与决策，升至少将，后任徐州“剿总”中将副参谋长。淮海战役中被我军俘虏，成为战犯。后被特赦，任全国政协委员。文强是文史专家，晚年还出版了回忆录。

又如董益三是黄埔六期生，1927 年白色恐怖最严重的时候，在武昌参加中共，上山打游击，负过伤。1931 年被捕，两年后保释出狱，与组织失去联系，后经中学同学、复兴社高干余洒度（黄埔二期）和军校同学刘子奎介绍，到复兴社报纸任副总经理。董益三参加军统后，历任浙江警官学校政治指导员、杭州军统无线电训练班主任等。抗战后，董被军统局保送到美国留学，与康泽相识。董归国后任国防部保密局少将专员。康泽任第十五绥靖司令官，因司令部二处处长必须由军统委派，康向郑介民要人，郑则介绍董益三出任。二人同在襄樊战役中被俘，成为战犯。董益三在功德林监狱时曾接受向有关部门提供军统局电讯机要的特殊任务，后被特赦，任全国政协文史专员。

中共上海中央执行局书记李竹声被捕叛变，供出中共在上海的大量机密及苏区中央红军的兵力和作战计划。同时叛变的还有上海中共中央局书记盛忠亮，他是莫斯科“二十八个半布尔什维克”的核心人物，被捕叛变后加入中统（他的妻子秦曼云也是叛徒），抗战中随郑洞国转战印缅，后任国民党外交部欧洲司司长，并出任驻乌拉圭和伊拉克大使，晚年定居美国，写作出版《莫斯科中山大学和中国革命》一书，成为中共党史研究的参考资料之一。在改革开放后，盛忠亮关心家乡教育，先后投入资金 50 万元，累计资助 70 名女生完成高中毕业、10 名完成大学毕业，也许是良心未泯，以赎前罪，盛忠亮夫妇最终得以善终。

蒋介石、戴笠及中统处心积虑地利用叛徒破坏共产党组织，虽然有一定效果，但对中国共产党来说，并不起什么决定作用。相反，中国共产党却多次成功打入中统、军统，使蒋介石等大伤脑筋。除了中共地下党员钱壮飞打入中统核心以外，1940 年中共地下党张蔚林（由叶剑英介绍入党）等 5 人打入重庆军统电讯总台。张蔚林发展了军统报务主任等入党，成立党小组，受中共南方局领导。这个秘密潜伏小组为党提供了大量情报，因偶然因素被军统局发现，后全部遇害，并牵连领导人张露萍被捕牺牲。这些烈士一直不被认为是打入军统的中共秘密人员，直到 20 世纪 80 年在叶剑英证明下，才被昭雪追认。蒋介石震惊不已，认为这是国民党特务组织所蒙受的极大耻辱。

戴笠不得不承认，共产党比他厉害得多，这次是他从事反共活动以来遭受的最大一次失败，为此他受到了蒋介石最严厉的痛骂和斥责。据说蒋介石跳着脚、咬牙切齿地斥骂戴笠："我天天叫你派人打进共产党，一直到今天，连睡在我们身边的重庆共产党许多公开机关你都打不进去，而他们却钻到我们心脏里这么久才无意中被发现，你还有脸活得下去吗？"（沈醉：《我这三十年》，湖南人民出版社，1983 年版，第 151 页）他不仅差点被蒋介石撤职查办，而且很长时间在蒋介石面前抬不起头来。据沈醉回忆，戴笠一两个月都没有笑过，脾气愈发暴躁，动辄打骂部下。蒋介石对他的斥责痛骂，他刻骨铭心引以为耻，对部下讲了许多次。

其实，蒋介石身边也潜伏了不少中共特工，如总统府中将参军韩练成，负责汇总全国军事情报转呈蒋介石，其汇总的情报同时还会被送往中共地工组织；如在蒋身边当了十几年机要速记员的沈安娜，所有机密会议记录都被整理送交南京地下党；总统府军话台的 7 个电话员专门窃听蒋与高层党政军人员的电话……他们都是为我党进行秘密工作的共产党员，直到南京解放，一直安然无恙，而蒋介石一直被蒙在鼓里。这些秘密活动，军统始终没有发现。只有韩练成曾被军统怀疑，但早年韩练成在中原大战中救过蒋介石的命，蒋介石不相信军统的密报。蒋介石若有知，会不会被气疯？因为在蒋介石身边这些中共特工的威胁，远远比军统局电讯总台的中共特工的作用要大得多！

军统和中统到底吸收、容纳了多少中共叛徒？鉴于军统等国民党特务机关的档案在新中国成立前被迁至台湾，至今仍在封存，从未解密，具体数字亦从未见诸文字。国民党特务系统老人的一些回忆录，如徐恩曾、陈恭澍、沈醉等人也从未详叙。

不过，国民党中统特务头子陈立夫在《中国调统机构之创始及其经过》一文中谈到受命创建特务机构时洋洋得意地谈道："我们的工作进行得非常顺利，我们不久就破获了若干共产党秘密机关，而青年共产党来归者每月有数百人（共计为16000多人），声势大振。"（徐恩曾等著：《细说中统军统》，转引自《国民党特务活动史》）

陈立夫在此谈到的"来归者"无疑是指中共叛徒和脱党分子，陈立夫所领导的中统最初成立时名为"党务调查科"。时为1926年5月，国民党召开二届二中全会之际，那时纯为对党员情况进行调查登记，应该说是纯党务工作的小机构，还未有丝毫特工组织之性质。那时人数不过十余人。1927年"四一二"反革命政变后才开始转向反共"清党"和党内派系斗争。1928年1月蒋介石重新上台，决定为维护其统治扩大特工机构。2月初正式任命陈立夫为党务调查科科长，人员始有所扩大。1929年改由徐恩曾任科长后，直至1931年7月，调查科人数不过50多人。那么多的"来归者"可见并未容纳到特工组织里。蒋介石一开始并不信任中共叛徒。1928年6月调查科扩充人员，新增加的人员都是蒋介石从中央党务学校的毕业生中挑选出来的。陈立夫所谈"来归者"的数字也许为了自诩而有所夸大，但是军统、中统容纳、吸收了不少中共叛徒，并利用他们进行反共活动，却是一个不争的事实。军统、中统正是依靠了这些叛徒，对中共组织产生了极为严重的破坏性。没有这些叛徒，中共在对国民党的地下斗争中的损失无疑会大为降低！

叛徒为表现自己卖身的忠心，是极其凶恶且不择手段的。像张国焘那样的大叛徒，毕竟有些地位，是不屑于做“包打听”工作的。很多小叛徒，没有什么本钱，只能到街上寻找过去有工作关系的同志，很多地下党就是这样被捕的。更有甚者，有的叛徒还会“双面”潜伏，这种人危害更大。

如臭名昭著的汪伪特工总部（76 号）头目李士群，早先出身贫寒，在上海求学时秘密加入共产党，与妻子叶吉卿同为中共地下交通员，1927 年中共派李士群赴苏联学习。李归国即为中统逮捕而叛变，被任命为中统上海区直属通讯员，公开职务是《社会新闻报》编辑。他不仅为虎作伥，为继续刺探中共地下组织情报，欺骗中共地下党谎称是打入中统内部。地下党为考验他，令其处死另一叛徒，在中统工作的丁默邨（丁与李士群同在《社会新闻报》工作）。李为继续欺骗，将中共交予的任务告诉丁默邨，二人共同商定让中统上海区区长马绍武替死。中共地下组织在李士群的指认下击毙马绍武。李士群玩弄的这套把戏被中统视为有最大嫌疑，又被中统逮捕，遭受酷刑。最后还是靠叶吉卿卖身于徐恩曾才得以保释。李士群比一般叛徒更奸诈、狡猾，他的这种双面人的卑鄙手法，不仅让收留他的中统吃了大亏，也险些让中共地下组织再次蒙受损失。

无论叛徒怎样卖命、为虎作伥，最终逃不脱历史的审判。

20 世纪 30 年代，中共在上海的机关遭中统破坏。总书记向忠发被捕，马上叛变，甚至跪下求饶。这引起蒋介石的极大鄙视，当即下令立即枪决。向忠发一向生活腐化，同时被捕的还有他的妓女情妇，此人并非中共党员，但知道向忠发的身份，特务审问她时，她坚决不肯说出向忠发的党员身份。周恩来得知此事后，曾痛恨地说道：“向忠发的节操还不如一个妓女！”这样一个毫无气节的无耻叛徒，引起蒋介石的厌恶，立即枪决真是罪有应得。按惯例，像向忠发这样的中共高层叛徒，应该是被特务们反复利用，不致马上枪决的。

向忠发（1880—1931），湖北汉川人。中国共产党早期领导人。1922年加入中国共产党，之后参加工人运动。在1928年7月召开的中共六届一中全会上当选中共中央总书记。1931年6月22日被军统逮捕，随即自首叛变，6月24日被蒋介石下令枪杀于上海，终年51岁。

齐亮，西南联大学生会三位常务理事之一，负主要责任，后被选为昆明市学联主席。被特务于夜间袭捕，地下党组织学生公开抗议，安全脱险。毕业后至重庆。后被军统密捕。1949年11月14日被特务杀害于重庆歌乐山。

但是，党绝不会忘记叛徒给革命带来的巨大危害。从周恩来创立中共特科打狗队开始，惩罚叛徒就是一条铁的原则。20世纪40年代，在重庆歌乐山军统局监狱中，牺牲在渣滓洞、白公馆两座监狱中的党员们，通过脱险同志向党提出意见和建议——《狱中建议》，第八条即为“惩办叛徒特务”。这是惨痛的教训和用生命的牺牲换来的遗言！

新中国成立后，中共开始点名缉拿军统特务和叛徒（特别是参加军统助纣为虐、罪恶累累的叛徒特务）。重庆军统监狱大屠杀的凶犯尤为重点。

军统特务依次为：

毛人凤：“国防部”保密局副局长。策划大屠杀首犯。

徐远举：西南特区区长、西南长官公署二处处长，破获中共地下组织和大屠杀的主持者，即《红岩》中的徐鹏飞。

周养浩：西南特区副区长，即《红岩》中的沈养斋。

雷天元：西南长官公署二处科长。

左志良：西南长官公署二处科长。

陆坚如：西南长官公署二处科长。

张界：西南长官公署二处主任法官。

漆玉麟：西安长官公署二处行动组组长。

李磊：渣滓洞监狱看守所所长。

徐贵林：渣滓洞监狱管理组组长。

白佑生：渣滓洞监狱前训导组组长。

陆景清：白公馆监狱看守所所长。

杨进兴：白公馆监狱管理组组长。

张鹄：白公馆监狱前看守所所长。

上述几位看守所所长、管理组组长即为《红岩》中“猫头鹰”“猩猩”等人的原型。

西南长官公署二处是军统（后改为保密局）的公开单位，其人员编制、资金、任务就连公署前后两任长官张群、朱绍良亦不得过问。在重庆被捕变节的叛徒也加入这一军统部门。与特务被同时点名缉拿的叛徒特务有刘国定、冉益智、李文祥、李忠良、骆安靖。他们是造成重庆、川东党组织大破坏的首恶，因“有功”参加军统，军衔由中尉至上校不等。

军统特务除毛人凤、陆景清、雷天元逃到台湾外，其余均被捕获。徐远举、周养浩因军阶为少将，被送入战犯管理所。陆坚如、徐贵林、杨进兴、张鹄被判处死刑。漆玉麟、张界被判死缓。左志良因走投无路畏罪自杀。

令人痛恨的特务叛徒刘国定、冉益智、李文祥、李忠良，于 1951 年“镇反”中被判死刑。叛徒中唯有骆安靖被判死缓。在狱中他多次立功被减刑，刑满释放后还分配了工作。

徐远举本来顽抗改造，后来悔悟伏法，交代过保密局潜伏人员和电台机密，对解放大西南有过特殊贡献。徐还写了回忆录，本来有望被特赦，但于 1973 年病死于狱中。

在“镇反”中被捕获的军统叛徒特务很多，如军统少将特务王少山，原为中共党员，在“四一二”反革命政变后，首次拉起游击队与国民党反动派对抗。后被捕叛变加入军统，解放战争中被我军捕获，作为战犯押往功德林监狱。大概是职业习惯，在战俘营中王少山仍然将其他战俘的言行向解放军“告密”。

又如投毒杀死蒋经国情人章亚若的军统特务黄中美，也是中共叛徒。黄是蒋经国在莫斯科中山大学的同学，参加过苏联情报组织“格鲁乌”，回国后在哈尔滨被捕叛变加入军统，1939 年任蒋经国为专员的第四行政区专员公署主任秘书。蒋经国在公署设立特务处，黄中美兼任处长。1951 年被我公安部门逮捕，一直服刑至 1975 年，特赦后病死。

还有一个在武汉叛变出卖了 100 多名中共党员的叛徒宋灰鹤，因为“有功”当上了军统局上校行动科科长。抗战胜利后，他拜南华寺虚云法师出家为僧，妄图隐遁，在新中国成立后一样落入法网。与宋灰鹤有异曲同工想出家逃避法网的还有叛徒廖宗泽。廖宗泽早年入黄埔四期，加入中共，后参加军统，一直得到戴笠的宠信，新中国成立前夕任兵工署少将警务处处长，因为卖力反共，两次获得蒋介石颁授的勋章。他是 1949 年 11 月 19 日重庆大破坏的罪魁之一。曾组织兵工厂警卫部队成立“独立师”，到华蓥山打游击，被解放军击溃后，组织“暴动”，后独身潜回四川老家农村躲藏。早在 1948 年，他经黄埔同学、已出家的仁修法师介绍，拜其师高僧能海皈依为居士。这次他决心削发，到成都南郊找仁修，未遇。又到彭县、绵竹，终于找到能海，要求出家。能海连连摆手，劝他向解放军投降才是活路。廖宗泽被拒后，化装成小贩随叔父贩货。1951 年 3 月 2 日，他终被解放军川西军区温江军分局侦捕队擒获。

“天网恢恢，疏而不失”“善有善报，恶有恶报，不是不报，时辰未到”，用在叛徒特务身上真是恰如其分。

第三十二章　中共与军统的较量

大智大勇的中共隐蔽战线的英雄，在与军统的较量中，上演了一幕又一幕惊心动魄的大剧。

过去出版的一些有关军统的研究书籍和传记，只注重军统渊流、发展、与蒋介石的关系、主要领导人及暗杀行动等描述，而对中共叛徒的危害，特别是中共对军统的反制措施和较量叙述不多。中共由周恩来成立特科，是早于军统组织的。特科的任务之一就是潜入国民党特务组织以获取情报，起到保卫党中央和向我党军队提供情报的重要作用。中共与军统一直在做殊死较量，潜伏与反潜伏、破坏与反破坏的交锋从未停止。在中共与军统的较量中，戴笠不得不承认军统是处于下风的，尤其是张蔚林等打入军统电讯总台一案被戴笠视为“奇耻大辱”，他因此受到蒋介石的痛骂而垂头丧气。军统延安潜伏站被一网打尽使戴笠对中共边区保卫部门的能力感到震慑，从而停止了向延安派遣特工的计划。军统一直梦寐以求暗杀中共在延安的高层领导，但无一次成功，均被我边区中央社会部和保卫部门破获。如军统“汉中训练班”潜入延安的32名特务均被侦捕。潜入延安妄图刺杀毛泽东、朱德、周恩来等中央领导的特务也被中央社会部挫败。军统潜伏打入我要害部门的特工无论隐藏多深，只要一露头，即被抓获。军统局用心良苦，有长期潜伏特工蛰伏至新中国成立后，如潜伏在上海公安局的军统特工，在护送戴笠遗属去台湾时露出破绽被捕。又如潜伏在北京市公安局内的军统特工，在“炮轰天安门”一案中暴露蛛丝马迹被我公安部门破获。军统在新中国成立前夕布置的各类潜伏人员、电台直至游击部队，几乎无一漏网。

同时，中共的撒手锏是直接潜伏至国民党特务等要害部门，甚至蒋介石身边，及国民党党政军领导人身边，国民党高级将领和党内高层如刘斐(参谋次长)、邵力子、贾亦斌、侯镜如、张克侠、韩练成（总统府参军)、郭汝瑰（国防部三厅厅长)、屈武（国防部干部局局长)、赵寿山、何基澧、孔从洲、曾泽生、王昆仑、王以哲、阎又文（任傅作义政工处少将处长)、许锡缵（国防部六厅三科科长，许广平的堂兄）等皆为长期潜伏，或提供情报，或关键时刻率先起义。张学良、陈布雷、胡宗南、卫立煌等高层人员身边皆有共产党员潜伏，包括国民党最高层的核心人员的子女，也被发展为地下党员。如陈布雷之女陈琏，抗战初期上中学时加入中共，参与北平秘密地下电台工作。傅作义的女儿傅冬梅，以地下党员身份动员傅作义起义，起到了他人不可替代的作用。又如山西阎锡山倚重的军政要员赵戴文，其子赵宗复也是潜伏的地下党员，卫立煌身边的中共地下党员赵荣声回忆赵宗复“在山西做过许多别的人无法完成的工作。”（《文史资料选编》第三十九辑，北京出版社 1990 年版第 16 页）简而言之，中共的潜伏艺术，如水银泻地，“无孔不入、恰到好处”（周恩来对打入中统的中共潜伏人员的评价)，使担负“防谍”任务的军统处处被动。当然，军统并非一事无成，对西安事变以及中共高层潜伏人员胡宗南机要秘书熊向晖等有所察觉，但总的来看，军统包括后来改组后的保密局确实要甘拜下风。1949 年 10 月，在保密局撤往台湾前，毛人凤与沈醉谈到当年陕西军统特务对延安中共渗透、暗杀活动无任何效果时，不得不承认，在与中共的地下斗争中保密局是失败的。反过来在军统内部，中共却能打入潜伏人员，使军统防不胜防，包括军统的上级部门军委会，中共也早已渗透。新中国成立后任全国政协副秘书长的史永（行政九级)，人们都知他 20 世纪 20 年代初即参加革命，辗转江、浙、沪、渝等地从事地下工作，但他从不向人道及内情。

“文革”中史永被发配到“五七”干校，在一次同宿舍“学员”们聚会中，因被迫与他“划清界限”的妻子终于来信，他分外高兴，在畅饮后说出了他的惊险潜伏经历：史永本名沙文威，出身于宁波大家，长兄沙孟海任职蒋介石侍从室，专职为蒋氏写贺词、悼文、对联、挽联，并主持编修蒋氏家谱，深受蒋的信任。他和二哥、三哥、五弟均为共产党员。三哥沙文汉新中国成立后任浙江省省长。史永由于大哥的关系，奉中共指派打入国民党军事委员会机关，任专管总务工作的干事。史永的直接领导原为潘汉年，后为刘长胜。

军委会机构重要，名义上还是军统的上级机关。中共命令他做好本职，取得信任，不被怀疑，获取情报。军委会不是特务机关，但军统在机关里建有"防谍防奸小组"，安插有军统特务，任务是防止中共打入并监视机关的上下级工作人员。隐蔽在军委会的军统特务身份是机关最高领导也不知晓的。中共却将这些军统特务的双重身份通知了史永，以利于他开展工作并加以防范。这是最绝密的情报，可见中共情报系统的神通广大，也可推断出在军统中枢必有潜伏接触军统机密的中共党员，才能将这类绝密情报提供给中共。不仅是国民党嫡系部门，在杂牌部队中的军统特务，中共也了如指掌。2013 年 3 月 21 日，一批与西安事变有关的秘密信函在美国纽约拍卖，其中署名毛泽东、彭德怀致张学良信函，除谈及共同合作事宜外，"并写有张学良部队中重要共产党人与国民党特务的秘密代名"（见《北京青年报》2013 年 3 月 25 日 C2 版）。

军统埋伏在国民党军事机关的特务，其侦查对象是否共产党员的第一步，就是观察言谈举止是否反常。言谈中对国民党统治不满或高声赞美国民党，都会引起特务注意和怀疑。史永本身不善言谈，故从不与同事外出应酬，也从不谈论时事。他只是埋头工作，除节假日，晚上均在办公室读书看报，因而他获得了上级和同事的认可。在采购办公桌柜时，史永皆多配一把钥匙，在晚间窃取军统局下发给特务的机密文件及其他重要情报，从无失误。史永所获得的情报在中共与国民党的斗争中发挥了重大作用。

1940 年夏秋之间，国共双方正在重庆谈判，蒋介石不断发给军统等部门指示，借制造摩擦逮捕共产党员。

史永在机关军统头目的文件柜中发现蒋介石给军统的一份绝密件，他略去发文编号，全文抄录蒋介石直接下达给军统的“绝密通知”。通知要求凡发现打入国民党机关的中共党员，各单位有处决权，可先斩后奏。第二天，情报密件送中共长江局。周恩来将抄件出示给蒋介石，因正在国共谈判期间，蒋介石尴尬之极。蒋后来雷霆震怒，彻查绝密文件的泄露者，最终无果而终。一时国民党军委会、中央组织部等各机关人心惶惶，因为文件发给国民党各要害机关，彻查之下，人们都知道中共已打入“我们的心脏”（汪东林《民主人士》，当代中国出版社 2012 年版）！

史永一直没有暴露，抗战胜利后他一直辗转在上海、南京国民党内部工作，直至 1949 年南京解放，他出任中共南京市委统战部部长，其他人包括他的大哥沙孟海才得知他的真实身份！

还有一位最富传奇色彩的中共秘密潜伏人员沈安娜。她出身名门，才华、气质、容貌皆佳，并没有在国民党政府中谋职。在中学时代她即接触共产党人，立志革命。1934 年 11 月，沈安娜根据党组织指示，应考国民党浙江省政府，被录用为秘书处速记员，成为中央特科潜伏于国民党的秘密人员。1938 年 10 月，在周恩来的指派下，打入国民党中央党部秘书处，任机要速记员。1939 年秋沈安娜加入共产党，同时成为国民党特别党员。从此至 1949 年，在国民党中央长达 11 年的潜伏中，沈安娜在蒋介石主持的国民党党、政、军各种高层会议上，特别是蒋介石主持的高层小范围秘密会议上速记，接触大批国民党机密，甚至绝密文件，向中共组织提供了大量有价值的国民党中央党、政、军各方面高层内幕机密情报，尤其是 1946 年 4 月，在重庆国共和谈、全国内战爆发之前，向党中央提供了一批有战略预警价值的重要情报，配合中共应对国民党发动内战起到重要作用，因此受到周恩来的表扬，称赞沈安娜等中共地下工作人员的情报工作“迅速、准确”。她的丈夫华明之 1934 年入党，也长期从事隐蔽战线工作，担负指导、协助、掩护沈安娜的潜伏任务。

严格说来，军统的主要任务之一是“保卫领袖的安全”，即保卫蒋介石的安全环境，严密防止中共特工打入国民党核心部门，并负有审查、侦破中共潜伏人员的任务。对沈安娜，军统始终没有怀疑，沈安娜在11年的情报生涯中一直受到国民党核心部门，甚至蒋介石本人的信任。当年国民党机关报《中央日报》发表蒋介石主持各种会议的照片，常见有沈安娜在蒋介石后面埋头记录，她从未暴露过身份。1999年，沈安娜、华明之夫妇为纪念中共南方局和八路军驻重庆办事处成立60周年题词“既要大胆又要谨慎”，这也许就是沈安娜从事隐蔽工作的座右铭！在敌人心脏从事秘密工作，险象环生，需要何等勇敢机智、沉稳巧妙、不怕牺牲的大智大勇！罗援少将（他是我党情报工作的重要领导人之一罗青长之子）在2010年6月24日《北京青年报》撰文纪念沈安娜时，谈到她住院期间，处于昏迷状态时，“嘴里还在喃喃自语，讲一些早年白色恐怖时候的话：‘我暴露了？他们抓人了，从后门跑……’”由此可见中共地下工作者，尤其是潜伏在敌人内部的特工，其脑神经永远处于高度紧张之中，多少年后都不会松弛。所幸沈女士一直无恙，新中国成立后，历任中央军委联络部上海联络局副局长，上海市委调查部办公室主任、处长，调查部顾问等职，1983年12月离休，1989年获国家安全部颁发的荣誉奖章和荣誉证书，2010年6月16日在京逝世，享年95岁。

获取国民党中央高层情报，中共常常会以不同的渠道获得，并加以印证，以保证情报的可靠性。周恩来亲自发展的地下党员韩练成，长期潜伏，官至蒋介石总统府中将参军，负责汇总全国军事情报给蒋介石过目，并负责过目蒋介石下发的各种军事命令，同时也传递给我党。这些情报的价值珍贵无比！1996年，蒋纬国不无心悸地说：“韩练成是潜伏在老‘总统’（指蒋介石——笔者注）身边时间最长、最危险的共谍！”1943年5月至1948年10月间，韩练成从国防研究院毕业，被蒋介石调入军委会委员长侍从室任高级参谋兼参谋总长办公室参谋组组长。韩被分在主管军事委员会侍一处侍二组（主任为林蔚上将，林兼军统局局长）。1945年侍从室撤销，设部级特任机构参军处、文官处、主计处。1947年3月，蒋调韩入国民政府参军处任中将参军（参军长为上将薛岳）。参与机要程度更高，也更为机密。蒋介石看过的战报经韩之手，蒋介石批出的军令先经韩练成过目才下达。参军处、文官处分别由原侍从一处、二处组建。军统业务由参军处军务局主管（中统由文官处政务局主管），具体由第六科负责，军务局局长俞济时还领导秘密派遣的对各地军统、保密局进行秘密调查的“视察官”。身为中将参军的韩练成能接触大量军统、保密局情报。

韩练成在“四一二”反革命政变后经刘志丹介绍入党，但失掉联系人，没有履行入党手续，后刘志丹将这个关系告之周恩来。1942 年，韩练成任第十六集团军参谋长，找机会在重庆于伶住所与周恩来见面，接上关系“归队”。周恩来特别向韩练成交代了今后的任务，即“实行‘长期埋伏、蓄积力量、等待时机’的方针，你留在这里，就不要再和党的其他组织、其他同志建立联系了。……善于使上层和下层工作相配合、公开工作和秘密工作相配合、党外联系和党内联系相配合——但配合不是暴露。对你这样特殊身份的同志来讲：生存就是胜利”“……从今以后你要少一些和他们接触（指公开身份的中共党员——笔者注）”“你，身居要津，又能得到蒋、冯（玉祥）、李（宗仁）、白（崇禧）这些派系的信任，就要争取在战役、战略的层面上为党多起作用，许多事要靠你独立去做，完全独立地去做。有时候，一支铅笔可以胜过百万大军。但是，‘谋，成于密，败于泄’，你要马上中断所有横的联系”（《隐形将军》，群众出版社 2008 年版，第 62-63 页）。从此，韩练成严格遵循周恩来的重要指示，成为在周恩来直接绝密领导的“隐形”地下秘密工作者。除了周恩来本人或他指定的王若飞、董必武、李克农、潘汉年进行联系外，绝不接触其他中共地下组织和人民解放军及地方武装。从整体大战略的高度，直接参与制定或影响国民党中枢的战略方针。解放战争中的莱芜战役、消灭 74 师、保护琼崖纵队……都有韩练成的“隐形”力量发挥关键作用。

1948 年，韩练成由香港转道赴解放区，朱德称赞他：“为党、为革命可是立了大功、立了奇功！”在西柏坡，毛泽东与他谈话，特别指出：“蒋委员长身边有你们这些人，我这个小小的指挥部，不仅指挥解放军，也调动得了国民党的百万大军哪！”韩练成当时就想：他“不知道‘蒋委员长身边’还有谁是和他一样的‘这些人’，他知道除了自己之外，一定还会有其他人”（《隐形将军》，第 145 页）。周恩来称韩练成是“没有办理入党手续的共产党员”。直到 1950 年 5 月，周恩来以证明人的身份委托张宗逊（黄埔五期）、甘泗淇为介绍人介绍韩练成入党。1955 年韩练成被授中将军衔、一级解放勋章。本来如按在国统区工作时间，可授衔上将，当周恩来征求他意见时，他说：“要党员不要上将！”韩练成于 1984 年病逝，中央政治局全体常委给他送了花圈。

蒋介石不相信韩练成是共产党，当何应钦报告韩练成已到解放区时，蒋震怒之极，挥手摔落玻璃杯。他指着何应钦大叫：“都是你们逼的！如果不是你们贬他一个中将当旅长，他怎么会走？”听过此事的张治中将军后来问周恩来：“韩是蒋身边的红人，并非常人从表面上看到的‘杂牌军人’，他不是受排挤、没出路的人，这样的人为什么会跟了共产党走？”周恩来只回答了一句话：这是信仰的力量（同上，第 150 页）。

韩练成一度受到中统、军统的怀疑。中统局局长叶秀峰曾到韩练成家里提出疑问；韩练成的顶头上司何应钦也向蒋介石提出质疑；杜聿明因与军统关系密切，向蒋介石秘密报告，但以韩练成的机智终于化险为夷。

毛泽东所说的在“蒋委员长”身边的“这些人”，当然还包括其他蒋介石身边机要部门的地下党员。在蒋介石总统府的军用专线军话台，也打入中共党员，共 7 人。军话台分重要军话台与次要军话台，是蒋介石的专用电话总机，共编制 9 人。军统对军话专线台戒备甚严。原有地下党员严继承在蒋介石专用电话总机潜伏，被军统侦破逮捕。中共南京地下市委因军统十分警惕，故变“打进去”策略为“拉出来”。中共南京地下市委得知经军统审查后调入的接话员是车大奎，其胞妹为中共地下党员车隶华，亦隐蔽于敌人内部南京电信局，未受军统注意。故由车隶华做胞兄工作，终于将其“拉出来”，车大奎于 1948 年冬加入中共。中共南京地下市委在受军统严密控制的电信局中仅单线联系的中共潜伏人员除车隶华外，尚有吴兆奇、李铮等人。车大奎的被“拉出来”，使中共地下党在蒋介石军话专线台有了更重要的耳目（《南京史话》1989年第5期）。

总统府军务局上校电话监察官、南京电信局话务科科长王正元的族弟王贵之、王正科也是地下党员。军话台成立地下党支部，重要军话台三人车大奎、钱慎龙、胡文杰，次要军话台孙德邻、汪文华、冯强及电信局监察台冯仲益、焦作圣亦为地下党员。除冯仲益曾被军统怀疑、审查过之外，这个监听小组一直战斗到南京解放。冯仲益还换上解放军军装，参加接管话务科事宜（《文史精华珍品书系1999·蒋介石电话监听员的独特经历》，中央文史出版社）。

军话台的重要性何在？请看一下军话台的接听范围就明白了。1946年，国民党交通部指令南京电信局扩充军用电话专线台，并分“重要台”“次要台”。重要台所属有约20户，包括蒋介石，宋美龄，国防部部长，参谋总长，参谋次长，陆、海、空、联勤4个总司令部，总统府军务局局长（即原侍从室主任）。次要台约80户，包括国防部各厅长、局长，4个总司令部所属各署署长。这些要害电话均由我地下党话务员昼夜在接听，这其中的情报量该有多么巨大和重要！

须知，电信、话务是军统重点监视、控制的要害部门，强大的军统监听台也昼夜不停地在监视，捕捉任何可疑的蛛丝马迹，但这丝毫阻止不了中共地下党在军话台的潜伏活动。

在军话台这一特殊的隐蔽战线中，军统依然败在了中共手里。军统本身的密电码防范极严，仍被中共情报机关破译。重庆谈判前夕，李克农指示延安破译了军统驻延安联络参谋周励武、罗伯伦（表面身份是国民党军令部）与蒋介石的往来密电，摸清蒋介石假邀请的意图，为毛泽东赴重庆赢得了主动，也使蒋介石猝不及防。据说蒋介石读了毛泽东致蒋介石赴渝电报后，“咆哮如雷”，他万万没有想到他的一封封绝密电报都已被中共破译。

据沈醉回忆，新中国成立后他发现，有的所谓“中共叛徒”加入军统实际是中共地下工作者借“叛徒”身份打入军统内部，军统对此曾长期审查、监视，但从无身份暴露者。也有中共党员长期在军统内部潜伏，获取敌人信任，担任关键部门领导。如军统少将周镐，是邓子恢、谭震林亲自批准的特别党员，以军统人员身份又打入汪伪集团掌握权力和军队，在汪伪覆灭前夕准备将汪伪头目一网打尽，迎接新四军解放南京。不幸功亏一篑，他在策反工作中不幸被捕，英勇牺牲。另如中共党员施亚夫，逐步打入汪精卫身边，深得汪逆欣赏和信任，甚至参与汪逆的家务事。施亚夫利用这一条件，屡将重要情报送交新四军。后施亚夫掌握兵权率部起义。就连周佛海之子周小海也成为中共地下党员，从特殊渠道为党工作。又如著名演员金山，“在解放前的上海滩，是中共与青洪帮接触，可以直接影响青洪帮的重要级人士”（《隐形将军》，第 176 页）。军统与青洪帮的关系极为密切，多有勾结，中共由此可以不费力气地获得情报。

人们一般熟悉张蔚林等打入军统局电讯总台的中共地下潜伏小组，实际上军统局更高层的电讯密码机构也有中共党员打入。1940 年入党的杨肆，之前已打入军统局从事日本军事、外交密电破译工作，与八路军驻重庆办事处处长周怡单线联系，每周一次将破译的日本密电等交给中共地下党组织。1943 年杨肆被戴笠破格提升为特种技术研究室少将主任。他成功破译日本太平洋舰队、关东军共近 30 个密码及日本海军航空兵、特种兵、派遣军总司令部、陆军若干军队等密电码并及时复制提供给中共地下党，为中共八路军等部队对日作战立下大功。军统曾对他有所怀疑和调查，但他工作认真，多次受到戴笠表彰。破译的密电码提供给美国战略情报局和海军，对反法西斯战线做出了贡献。杨肆在新中国成立后由李克农安排在中央调查部技研司工作。

还有一位更传奇的中共地下潜伏人员袁殊，他具有军统、中统、青帮、日伪四重身份，任军统上海区国际情报组少将组长，抗战胜利后又任军统别动队第五纵队指挥、军统第三站站长，中将军衔。在潘汉年领导下为中共提供了大量有价值的情报。1949 年 2 月调北京在李克农领导下的情报部门工作，专门调研日美动向。1987 年病逝，享年 76 岁。

袁殊，原名袁学易，湖北蕲春人。曾是20世纪30年代在上海主编《文艺新闻》的左翼作家，秘密党员。40年代潜伏在汪伪内部，直接受潘汉年领导。在上海沦陷时，为江苏省教育厅厅长，是中共隐蔽战线的传奇人物。

这些中共地下人员如鱼得水，军统、汪伪特务均如盲人一般，一无所悉。其实，不仅对中共秘密潜伏人员，军统无处觅寻，就连军统负责跟踪、监视中共在国统区公开身份的领导人员，也常常白费气力一无所获。

周恩来作为中共谈判代表，曾在上海、重庆、南京公开活动，同时秘密接触中共地下组织人员。沈醉亲自率领军统特务侦察、跟踪、监视。1961年2月21日，周恩来和陈毅、罗瑞卿在中南海西花厅接见沈醉等特赦人员，还分别与每个人谈话。与沈醉谈话时他特别谈起在上海新亚酒店住宿时，他清楚地知道他住房的左右和对面房间都有军统特务在监视，甚至服务人员也由军统特务假扮执行监视任务。但是，他每天都在与上海工作的地下党同志见面、密谈、互换文件。他问沈醉："发现这些情况否？"沈醉答："没有发现，如果发现了，便会秘密逮捕。"

周恩来告诉沈醉，他一出门，会有大批特务跟踪，他于是在电影院约定见面。周恩来一进电影院，特务们就会守住前后门。周恩来的座位前后都是他要约见的人。散场后，周恩来先走出去，特务们马上盯住他。其他地下党员正好分散走开。特务们始终一无所获。

后来吃饭时，沈醉恰巧坐在周恩来身边，周恩来又谈起那次在上海的经历。他告诉沈醉，他明知道特务们在整天盯着他，他还是先后约见了在上海工作的几十位同志。他笑着问沈醉："你们一个都没有发现吧？""是的。一个也没发现。"沈醉很好奇地问周恩来："我们怎么没发现总理通过什么人在什么地方约见？"周恩来笑着说，他为什么到上海要住在新亚酒店里，就是因为那里有你们的人（指军统特务——笔者注），也有我们的人。

你们会化装成服务员来侦察我，我们的同志也会化装成服务员来保护我，并给我当交通联络。电话你们会偷听，所以我不打电话。每天我出去乘坐出租汽车、进餐馆时付账、买东西付钱等，我都可以找到我们的人把我要约会的人名单给我送去（《军统内幕·前言》）。由此可见，在创立了中共特科的周恩来面前，军统的监视手段简直成了小儿科。除军统外，中统“城分区”专门负责监视中共驻重庆办事处（曾家岩50号）。1942年，该部门花大力气跟踪乔冠华，认为“不是一般人物”，但最终不知被跟踪者为何许人。最后不得不将照片交给中统打入《新华日报》幼儿园的“特情”辨认，才知道是中共南方局的乔林（乔冠华的笔名——笔者注，乔松都：《乔冠华与龚澎——我的父亲母亲》，中华书局2007年版第61页）。由此可见军统、中统在监视、跟踪中共公开人物方面根本不得要领，更不用说监视、侦破中共地下工作者和潜伏在军统内部的中共地工了。其实，即便中共党员被军统逮捕收押之后，一样能将军统看守特务争取过来。息烽集中营及白公馆等军统监狱的看守特务，都曾被被捕的中共党员争取，传递信息。白公馆看守被争取后为保护中共党员避免被屠杀做出了有益的工作。张露萍巧妙利用特务看守传递情报，使地下党情报站安全撤离。后军统想顺藤摸瓜，却发现线索已断，戴笠一怒之下将看守特务枪毙。该特务还是军统大特务何芝园的小舅子，尽管很多人说情，最终难逃一死。渣滓洞烈士江姐为人们所熟悉。她被捕后，感化了军统渣滓洞看守黄茂才，为监狱地下党组织多次传递密信（《文史月刊》2014年第10期：《江姐与渣滓洞看守黄茂才》）。军统监狱看守都是经过挑选的特务，但在机智的地下党面前，无懈可击成为一句空话。

周恩来在接见沈醉时，要他把军统的种种内幕如实写出来，“让人知道革命的艰难和反革命的残暴，使大家懂得革命来之不易”。他还特别指出：“知道什么就写什么，过去有些同志为了革命工作的需要，冒着生命危险同你们打交道，那也是值得歌颂的。”如果没有理解错的话，周恩来所指的正是那些大智大勇潜伏在特务组织内部的地下工作者！

张露萍（1921—1945），四川省崇庆县人。1937年，参加了共产党的外围组织“中华民族解放先锋队”四川总队，积极投入抗日救亡宣传活动。1937年11月，在车耀先和党组织的帮助下，和同学一路奔赴延安，进入陕北公学，随后进入抗日军政大学，1938年10月加入中国共产党。一年后，受中央社会部委派到重庆中共中央南方局军事组，归叶剑英直接领导。受命联络已经打入军统机关内部的张蔚林、冯传庆。1940年张露萍身份暴露被捕，1945年7月14日的张露萍被杀害，年仅24岁。

潜伏的地下党员不仅需要大智大勇，在关键时刻更是会付出常人们难以想象的牺牲。1925年入党的地下党员项与年，加入周恩来领导的特科，潜伏于国民党内部。为了将国民党第五次围剿苏区计划的情报送达瑞金，千里迢迢，历险经难，自毁面容，装成乞丐，最终亲手将情报交与周恩来。项与年新中国成立后任辽宁省监察厅副厅长。

中共潜伏人员大智大勇、大无畏的斗争精神，是隐蔽战线领导者周恩来所一贯提倡的。他曾通过董必武对潜伏在胡宗南身边的熊向晖规定了必须坚守的三条原则，第三条可看作所有中共潜伏人员的原则：“把准处事原则。在国民党里，对人可以略骄，宁亢勿卑，卑就被人轻视，难以有所作为，但也不宜过亢。要善于适应国民党内部的复杂环境，同流而不合污，出淤泥而不染。处事必须谨慎，谨慎不是畏缩，革命者应有勇气，但不可鲁莽。”正是中共潜伏人员的大智大勇，战胜了极其凶恶、狡猾的军统、中统特务组织，其大无畏的革命精神和勇气使国民党特务头子如徐恩曾多年后还流露出余悸和敬佩。徐恩曾在回忆录中具体谈及了中共特科的威慑作用：“其选择的地点和时间，都经过周密的计算和布置，使人难于提防，这种情况引起其余的工作人员（指国民党中统特务）的不安，每个人的神经非常紧张，那些曾从共产党中转变过来，或是曾经参加对共产党地下组除我们熟知的吴晗、翦伯赞等，很多著名教授都是地下党员。如尚钺，1926 年入党，后被捕失联，1945 年重新入党。又如罗髫渔，1925 年入党，长期潜伏，任过国民党少将。后为四川大学教授，曾为中共四川地下党最后一任工委书记。新中国成立后任西南军政委员会委员。后为人民大学教授。

织的破坏行动的人，更人人自危，整日不敢出门，因为谁也料不到，何时会成了红队的下一目标，大家在紧张恐怖中生活，自顾尚不暇，当然完全丧失了向敌人还击的能力。”（《我和共产党战斗的回忆》）字里行间仍然可窥他那种心有余悸的哀鸣。中共潜伏人员在精神上早已战胜了对手，所以强大的军统、中统在与中共的较量中被彻底击败是历史的必然结局！

隐蔽战线的无名英雄们，有的直到胜利仍然隐姓埋名，不能解密。如执行秘密活动的中共党员梁金生，1945 年 8 月经中央批准，应胡志明请求，派往越南。1946 年，受越南劳动党委派与国民党谈判，竟被国民党特务毒死，年仅 40 岁。1983 年被民政部追认为革命烈士，但至今他的有关资料在中越两国仍为保密材料，他的英雄事迹仍不为人所知（2015 年 9 月 1 日《北京青年报》）。只有今天的中国人民抗日战争纪念馆的展厅，陈列着他在延安开中药方子时用的马兰草纸！

主要人物简表(至1949年)

姓名	字	籍贯	学历	党内职务	特务职务	最高军政职务	军衔	卒年
蒋介石	中正	浙江	保定陆军速成学堂 日本振武学校	总裁		军事委员会委员长 总统	特级上将	1975
陈祖焘	果夫	浙江	南京陆军第四中学	中央常委 中央组织部部长	中统最高领导人	教育部部长 中央财政委员会主任		1951
陈祖燕	立夫	浙江	北洋大学 美国匹兹堡大学(硕士)	中央常委 中央组织部部长	中央军事调查统计局局长	教育部部长 立法院副院长		2001
徐恩曾	可均	浙江	上海南洋大学 美国卡内基工学院	中央执委	中统局副局长	交通部次长		1985
戴　笠	雨农	浙江	黄埔六期(肄业)		军统局副局长	财政部缉私署署长	中将	1946
郑介民	耀全	广东	黄埔二期		保密局局长	国防部常务次长	中将	1959
唐　纵	乃健	湖南	黄埔六期		军统局帮办、代局长	内政部次长兼警察署署长	中将	1981
贺衷寒	君山	湖南	黄埔一期	中央常委 中央新闻检查处处长	复兴社中央常务干事、书记	行政院社会部政务次长	中将	1972
曾扩情	慕沂	四川	莫斯科中山大学 日本明治大学 北京朝阳大学 黄埔一期	四川省党部主任委员	复兴社中央干事	重庆绥靖公署政务次长	中将	1983
胡宗南	寿山	浙江	黄埔一期	中央执委	复兴社中央干事	西南军政长官公署副长官	中将加上将衔	1962
桂永清	率真	江西	黄埔一期		复兴社中央干事	海军总司令	中将	1954
康　泽	兆民	四川	黄埔三期	中央常委	复兴社中央干事、宣传处处长、书记	第十五绥靖区司令官	中将	1967
刘健群	席儒	贵州	贵州立法专科(肄业)	中央常委	复兴社中央干事	立法院代理院长		1972
滕　杰	俊夫	江苏	上海大学 黄埔四期 日本明治大学	南京市党部主任委员	复兴社中央常务干事、书记	南京市市长	中将	2004

续表

邓文仪	雪冰	湖南	大本营陆军讲武学校 黄埔一期 莫斯科中山大学	中央常委 中央执委	南昌行营调查科科长 复兴社第五任书记	国防部政工局局长	中将	1998
萧赞育	化之	湖南	黄埔一期 莫斯科中山大学 日本明治大学	中央执委 中央组织部副部长	复兴社中央干事	武汉行营政治部主任	中将	1999
梁干乔		广东	黄埔一期 莫斯科中山大学		军统局郑州办事处主任	陕西第二行政区督察专员 兼第五区司令官	中将	1946
周　复		江西	黄埔三期 日本士官学校 日本明治大学	南京市党部监察委员	复兴社中央常务干事、书记	第一战区司令长官部政治部主任	中将	1943
葛武棨		浙江	黄埔二期	国民党中央农工部副部长	复兴社中央干事	宁夏教育厅厅长 军委会“战干四团”教育长	中将加上将衔	1981
沈　醉	叔逸	湖南	高中		保密局云南站站长	国防部专员	中将	1996
唐生明	季澧	湖南	湖南陆军讲武学堂 黄埔四期插班生 陆军大学		保密局设计委员	总统府参军	中将	1987
张国焘		江西	北京大学理工预科	中央执委	军统特种政治问题研究室主任	救济总署江西分署署长	中将	1979
酆　悌		湖南	黄埔一期		复兴社中央干事、书记	长沙警备司令	少将	1938
毛人凤	齐五	浙江	上海沪江大学 黄埔四期(肄业)		保密局局长		中将	1956
汪精卫	季新	广东	日本东京法政大学	国民党副总裁		伪“国民政府”主席		1944
李士群		浙江	莫斯科中山大学		汪伪特工总部主任	伪“江苏省”省长		1943
文　强		湖南	黄埔四期		军统局北方区区长	徐州“剿总”前进指挥所副参谋长	中将	2001
廖宗泽		四川	黄埔四期		兵工署警务处处长	重庆卫戍区独立师师长	少将	1971
顾顺章		上海	苏联奥斯托兹那雅特工学校		中统特务			1934
陈恭澍		河北	黄埔五期		军统局上海站站长 汪伪第一委员会负责人	国防部绥靖总队第一大队大队长	上校	

续表

马汉三		北京	农林学校插班生		军统北平站站长	北平市民政局局长	少将	1948
丁默邨		湖南	湖南第二师范学校	汪伪中央特务委员会副主任	汪伪特工总部主任	伪“浙江省”省长		1947
杜月笙		上海		统一工作委员会主任	上海“人民行动委员会”副主任	军委会参议	少将	1951
周伟龙	道三	湖南	黄埔四期		交警总局局长		中将	1950
王天木		（不详）	保定军官学校 东北讲武堂 日本明治大学		军统华北区区长	浙江高等检察厅检察长	少将	1995
张炎元	炳华	广东	黄埔二期 莫斯科中山大学 陆军大学将官班		保密局广州站站长	国防部第二厅副厅长	中将	2005
贺耀祖	贵严	湖南	日本士官学校	中央执委	侍从室主任兼军统局局长	军委办公厅主任 重庆市市长	中将加上将衔	1961
钱大钧	慕尹	江苏	保定军官学校 日本士官学校		侍从室主任兼军统局局长	西南军政长官公署副长官	上将	1982
林　蔚	蔚文	浙江	江南水师学堂 陆军大学	中央监察委员	侍从室主任兼军统局局长	代理参谋总长	中将	1955
周佛海		湖南	日本京都帝国大学	伪“中央政委会”秘书长		伪“军委会”副委员长		1948
汤恩伯		浙江	日本士官学校			京沪杭警备总司令	上将	1954
宋希濂	荫国	湖南	黄埔一期			湘鄂边区绥靖公署主任	中将	1993
陈公博		福建	北京大学			伪“国民政府”代主席 “军委会”委员长 “行政院”院长		1946
陈济棠	伯南	广东	广东陆军速成学校	中央执委		海南行政长官兼警备司令	上将	1954
黄　雍	剑秋	湖南	黄埔一期	三青团总务处处长	军统“十人团”之一	军委会高参	中将	1970
郑锡麟		四川	中央军校六期		军统局训练处处长		少将	
宣铁吾	惕我	浙江	黄埔一期	三青团中央监察	复兴社中央干事	京沪杭警备总司令部副总司令	中将	1964

注：① 20 世纪 60 年代，曾扩情、文强、沈醉、康泽特赦后，均为全国政协文史专员，前三人后被增补为全国政协委员。
20 世纪 70 年代，郑锡麟特赦后增补为全国政协委员。贺耀祖拒赴台湾，留在大陆，亦为全国政协委员。
宋希濂被特赦后，当选为第五、第六、第七届全国政协常委。唐生明 1949 年参与策划湖南起义，任解放军 21 兵团副司令员，后任国务院参事、全国政协常委。
黄雍新中国成立后为全国政协委员。

② 国民党将军军衔分少将、中将、中将加上将衔、上将、特级上将。中将加上将衔是够晋升上将资格，但无空缺名额(上将有固定额数)，佩上将领章，享受上将待遇。

主要参考书目

《我所知道的戴笠》，沈醉著，群众出版社，1979 年版。

《戴笠其人》，沈醉、文强著，文史资料出版社 1980 年版。

《李宗仁回忆录》（上、下册），广西政协文史委编（内部发行），1980 年版。

《杜月笙正传》，徐铸成著，浙江人民出版社 1982 年版。

《张国焘和〈我的回忆〉》，于吉楠编著，四川人民出版社 1982 年版。

《将军决战岂止在战场》，黄济人著，解放军文艺出版社 1982 年版。

《我这三十年》，沈醉著，湖南人民出版社 1983 年版。

《军统内幕》，沈醉著，文史资料出版社 1984 年版。

《蒋介石生平》，宋平著，吉林人民出版社 1984 年版。

《浙江文史资料选辑》（第二十三辑），浙江人民出版社 1985 年版。

《记叛徒张国焘》，成仿吾著，北京出版社 1985 年版。

《回忆卫立煌先生》，赵荣声著，文史资料出版社 1985 年版。

《魔窟——汪伪特工总部七十六号》，蔡德金、尚岳编，中国文史出版社 1986 年版。

《魔窟生涯》，沈醉口述，沈美娟整理，人民文学出版社 1987 年版。

《陈布雷外传》，王泰栋著，中国文史出版社 1987 年版。

《陈恭澍回忆录》，陈恭澍著，档案出版社 1988 年版。

《戴笠别传》，韩炳勋著，黑龙江人民出版社 1988 年版。

《中统头子徐恩曾》，柴夫编，中国文史出版社 1989 年版。

《中统兴亡录》，柴夫编，中国文史出版社 1989 年版。

《民国高级将领传》，解放军出版社 1989 年版。

《八一三淞沪抗战》，中国文史出版社 1989 年版。

《民国暗杀纪实》，程舒伟、刘福祥著，团结出版社 1989 年版。

《权与钱——蒋宋孔陈聚财录》，匡长福等著，清华大学出版社 1989 年版。

《在蒋介石身边八年——侍从室高级幕僚唐纵日记》，唐纵著，群众出版社 1991 年版。

《沈醉日记》，沈醉著，群众出版社 1991 年版。

《江山戴笠》，申元著，中国文史出版社 1991 年版。

《中国革命史人物辞典》，何东等主编，北京出版社 1991 年版。

《蒋氏家族全传》（上、下卷），吴金良、朱小平著，中央文史出版社 1991 年版。

《蒋介石家世春秋》，《团结报》编辑部编，中国青年出版社 1991 年版。

《孽海枭雄——戴笠新传》，沈美娟著，北京十月文艺出版社 1992 年版。

《特工王戴笠》，杨者圣著，上海人民出版社 1993 年版。

《蒋介石特工密档及其它》，潘家钊等编撰，群众出版社 1993 年版。

《蒋介石与十三太保》，尹家民著，中共中央党校出版社 1993 年版。

《<红岩>中的徐鹏飞》，陈新华等主编，中国文史出版社 1993 年版。

《张学良的幽禁岁月》，王爱飞著，北方文艺出版社 1993 年版。

《毛森传奇》，申元著，山东文艺出版社 1993 年版。

《蒋介石警察密档》，侯俊华等编撰，群众出版社 1994 年版。

《陈公博传》，闻少华著，东方出版社 1994 年版。

《蒋介石政府和纳粹德国》，[美] 柯伟林著，中国青年出版社 1994 年版。

《蒋介石》，[美] 布赖恩·克罗泽著，内蒙古人民出版社 1995 年版。

《蒋介石“清党”内幕》，张瑛著，国防大学出版社 1995 年版。

《军统实录》，曹英编，团结出版社 1995 年版。

《中统实录》，戚伍编，团结出版社 1995 年版。

《军统教父毛人凤》，陈雪奇、江峰著，河南人民出版社 1995 年版。

《日本特务在中国》，萧宇编，团结出版社 1995 年版。

《梦幻石头城——汪伪国民政府秘录》，团结出版社 1995 年版。

《蒋介石和他的掌权术》，宋平著，黑龙江人民出版社 1996 年版。

《汪伪特工李士群》，周山著，中国社会科学出版社 1996 年版。

《蒋经国全传》（上、下卷），刘红著，中国言实出版社 1996 年版。

《蒋介石和他的对手们》，宋平著，黑龙江人民出版社 1996 年版。

《蒋经国晚年》，李松林著，安徽人民出版社 1996 年版。

《蒋介石与台湾》，高景轩、吴汝华编著，新华出版社 1997 年版。

《在最高统帅部当参谋——雷英夫将军回忆录》，百花洲文艺出版社 1997 年版。

《风流特使唐生明·暗杀大王王亚樵》，沈美娟著，群众出版社 1997 年版。

《特工老板徐恩曾》，杨者圣著，上海人民出版社 1997 年版。

《潘汉年传》，尹骐著，中国人民公安大学出版社 1998 年版。

《台湾政坛风云》，赵英伟、孙田编，台海出版社 1998 年版。

《我的情报与外交生涯》，熊向晖著，中共党史出版社 1999 年版。

《我来剥蒋介石的皮》，李敖著，内蒙古文化出版社 1999 年版。

《中共早期领导人活动纪实》，曹英著，改革出版社 1999 年版。

《姚文元传》，叶永烈著，新疆人民出版社 2000 年版。

《蒋经国章亚若在赣南的日子》，徐浩然著，华文出版社 2001 年版。

《我的父亲沈醉》，沈美娟著，中国文史出版社 2002 年版。

《文强口述自传》，文强口述、刘延民撰写，中国社会科学出版社 2003 年版。

《军统职业杀手的末日》，《文史精华》编辑部编，中国文史出版社2003年版。

《我所知道的政治暗杀秘闻》，文闻编，中国文史出版社2004年版。

《我所知道的复兴社》，文闻编，中国文史出版社2004年版。

《我所知道的中统》，文闻编，中国文史出版社2004年版。

《我所知道的军统》，文闻编，中国文史出版社2004年版。

《间谍王——戴笠与中国特工》，[美] 魏斐德著，团结出版社2004年版。

《莫斯科中山大学和中国革命》，[美] 盛岳著，东方出版社2004年版。

《韩练成画传》，韩兢等著，中央文献出版社2006年版。

《谷正文与特工生涯密档》，韩三洲，《海内与海外》2006年4月号。

《中国抗日将领牺牲录》，刘晨主编，团结出版社2007年版。

《正面战场大会战——国民党军队抗战纪实》，孙继业、孙志华著，团结出版社2007年版。

《国民党将领谈国共大决战·起义投诚》，全国政协文史委编，中国文史出版社2007年版。

《从大历史的角度读蒋介石日记》，黄仁宇著，九州出版社2008年版。

《台湾秘密档案解密》，高群服著，台海出版社2008年版。

《国民党特务活动史》，马振犊著，九州出版社2008年版。

《戴笠死亡之谜》，薛萌著，群众出版社2008年版。

《周氏三兄弟——周树人周作人周建人合传》，黄乔生著，浙江人民出版社2008年版。

《蒋介石十三太保的最后结局》，何明主编，中共党史出版社2009年版。

《军统档案：告诉你一个真实的军统》，朱韫、时攀编，中国友谊出版公司2010年版。

《中统档案：告诉你一个真实的中统》，时攀、朱韫编，中国友谊出版公司2010年版。

《毛人凤大传》，陈达萌著，华文出版社 2010 年版。

《文史资料选辑》，文史资料出版社。

《最后的军统老兵》，方军著，辽宁人民出版社 2013 年版。

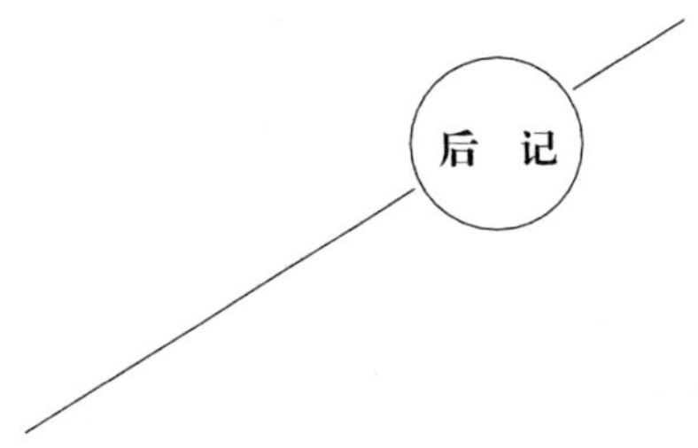

后记

2014年，拙著《从军统到保密局——1925至1949年国民党特工轶事》由西苑出版社出版。这次将由金城出版社再版，证明严肃的历史读物仍然也会受到读者的关注。此书初版即引起一定反响，其中章节亦被转载。

现在再看此书，当然会有遗憾。2014年书出版之后，凤凰卫视要做一档访谈节目《北平·1949》，通过有关部门找到我，主要谈北平军统站起义的史实。其实，在1949年国民党政权行将分崩离析之际，它所依赖的统治工具之一的军统也产生了分化。全国各地不少军统站、区、组及军队的军统机构，均有军统人员起义，包括北平、云南、长沙等地军统组织将官级负责人。尤其北平的军统组织，在站长徐宗尧率领下，整建制起义；云南军统组织在站长沈醉列名起义后，交出了完整的组织人员系统。这即证明，弃暗投明成为军统人员最明智的选择。当然，若干起义都有中共地下组织在背后的发力。军统人员的起义完全可以单独写成一章。军统渗透、控制警政系统，使警政系统几乎成为军统的辅助工具，也很值得成章，可以使人们了解国民党在控制政权方面的无孔不入。直到溃退到台湾，蒋介石仍然利用军统特务把持警界。一些大城市的警察局局长，蒋介石仍然任命军统老特务出任，如台北警察局局长王鲁翘、台南市警察局局长白世维等。限于时间，来不及补充，只好俟待来日。

除对少量错别字改正外，一些过于简略的事实也略做扼要的补充。有些史实有了新的发现，但由于是孤证，我仍然未加变动。如2016年8月2日《北京日报》第15版刊载车军文章《叶正大：一代飞机一代魂》，谈到叶挺将军之子叶正大披露的“四八”飞机失事内幕，兹引原文如下：“‘四八空难’真相一直无人披露，直到60年后的2006年，隐居台湾、当时亲自参加密谋的军统特务杜吉堂在临死前，才道出‘四八空难’幕后的秘密，让此事大白于天下。原来，军统特务对这次飞行进行了精密的暗杀策划——当时在中美特别合作所的特工队队长杜吉堂，找到其下属有关特务骨干，以检修为名在飞机的高度表和磁盘表反面放了磁铁，致使4月8日飞机从重庆飞往延安途中，导航系统失灵，飞机迷航，最终在黄河以东的黑茶山失事。”这段引文很值得商榷，一个如此巨大的针对中共高层，又是谈判代表的暗杀行动，没有蒋介石同意、军统局下达命令，是不可能由一个中美特别合作所的特工队长来指挥和决定的。况且，文中所引军统单位和职务都是不实的，军统局在抗战中与美国海军合作，只成立过中美特种技术合作所。军统局并无特工队长的职级，那时也并无特工的称谓，这都是时今一些影视导演想当然的“发明”。由此可见此文的“披露”，完全不足以对“四八空难”真正定论。包括刺杀周作人，究竟是否为军统策划的行动？黄乔生曾提供他翻译的一本书《黑暗的地下》（美国普特南公司1970年版），作者是卢品飞，自称为当年锄奸团成员，第八章称卢品飞是受军统命令刺杀周作人，但这也是孤证，实难定论。也许，将来台湾地区有关军统局的档案彻底开放于众，才有可能澄清一些谜团。

另外，中共在隐蔽战线与军统（包括中统）进行了大量的殊死较量，虽然本书有《中共与军统的较量》一个专题，但仍有很多大智大勇、可歌可泣的史料没有写入，惜乎再版不能一一毕现，只能留俟来日。我搜集钩沉了很多沉湮的史料，也许会写入一部有关中共隐蔽战线的书，俾使历史不被尘封、英雄不被遗忘。

近年来，坊间问世大量有关民国历史、人物的书籍，其中每有不可当信史所读者。一些有关戴笠与军统的评价，令人不敢苟同。见网上引用蒋介石逃台后的一句哀鸣，“戴雨农同志不死，我们今天不会撤到台湾”，姑不论真伪，即便戴笠其人幸存，他也不能挽救国民党政权灭亡的命运，更不可能阻碍或改变历史的进程。这是完全不以个人意志为转移的。何况据现有史料披露蒋介石自己的反省：国民党的失败，皆由于腐化堕落。“眼看他楼起了，眼看他宴宾客，眼看他楼塌了”，这是蒋介石、戴笠及军统特务组织的形象写照。

再次感谢金城出版社。感谢继续关心此书再版的吴志实先生，及为再版修订付出琐细工作的靳扬先生。

朱小平

2017 年 12 月 10 日写于北京至珠海航次

2018 年 1 月 1 日改于北京